KB196032

# 투자세대
# 대전환

**일러두기**

1. 매체 표시는 다음과 같이 했다.
   단행본 제목은 겹낫표(『 』) 논문·보고서 등의 제목은 낫표(「 」) 잡지·일간지·정기간행물 등
   의 제목은 겹꺾쇠(《 》) 영화·TV프로그램 제목, 웹사이트명 등은 작은따옴표(' ') 정기 및 비
   정기간행물 기사 제목은 큰따옴표(" ")
2. 단행본은 번역서가 있는 경우 번역서 제목을, 번역서가 없는 경우 원어를 그대로 번역해
   서 넣었다.
3. 인명, 기관명 등 주요 고유명사 원어는 처음 나올 때만 병기하는 것을 원칙으로 한다.
4. 저자 주석은 미주, 옮긴이와 편집자 주석은 각주 처리한다.

MZ세대로의 자산 이전이 기업과 금융에
미치는 영향

# 투자
# 세대
# 대전환

**켄 코스타** 지음 | 이선애 옮김

―――――――― The 100 Trillion Dollar Wealth Transfer ――――――――

MZ세대는 자본주의에 어떤 혁명을
일으킬까?

동아엠앤비

# 차례

## 제6장 세대 협력에 이르는 구체적인 해법

## 제7장 CO-리더십: 사이버 시대, 누가 위대한 리더인가?

## 제8장 CO-워킹: 대퇴사의 시대, 주목할 변화

# 100조 달러 넘는 자산이 MZ세대로 상속되고 있다

세상이 크게 변하고 있다. 아직 실감하지 못할 수도 있겠지만 곧 느끼게 될 것이다. 돈과 권력, 그리고 영향력이 움직이고 있다. 100조 달러에 달하는 자산이 한 세대에서 다음 세대로 이동하고 있다. 변화는 이미 시작되었다. 사람들 대부분이 놓치고 있는 사실이지만 미국에서만 84조 달러의 자산이, 2030년에는 65세 이상의 고령자가 될 나를 포함한 베이비붐 세대에서 그 자녀뻘인 밀레니얼 세대와 Z세대로 옮겨 가게 될 것이다.[*1] 영국에서 일어나고 있는 부의 이전 규모는 5조 5,000억 파운드이다.[2]

이는 인류 역사상 가장 큰 세대 간 자본의 흐름이며, 이것이 바로 우리가 목도하고 있는 부의 대이동이다. 그리고 우리가 이 흐름에 어떻게 대처하느냐에 따라 우리가 살아가는 방식과 글로벌 경제가 재편될 것이다. 사회에 만연한 새로운 형태의 자본주의, 즉 사회적 자본주의(socially energized capitalism)를 추

---

\* 세대를 구분하는 기준은 연구자마다 약간 차이가 있다. 저자는 밀레니얼 세대를 1981~1996년생(2025년 기준 29~44세)으로 구분한다. Z세대 연령은 따로 표기하지 않았지만, 일반적으로는 1995~2012년생(2025년 기준 13~30세), 베이비붐 세대는 1946~1964년생(2025년 기준 61~79세)에 해당한다. - 편집자

구하고 있는 젊은 세대가 이 변화를 주도하고 있기 때문이다. 이들은 부모와 조부모로부터 자본을 물려받고 있으며, 이런 자본의 흐름은 이미 진행되고 있다.

영국에서는 이른바 '엄마 아빠 은행'에서 자녀들에게 부의 사다리에 오를 수 있는 자본을 제공하고 있다. 젊은 세대는 막대한 금융 능력을 갖추게 되었다. 또 한편, 기술의 발전에 따라 Z세대는 이전보다 훨씬 더 큰 영향력을 행사할 수 있게 되었다. 이들의 영향력과 목소리는 경제와 사회 구석구석에 미치며, 그 숫자는 전 세계적으로 증가하고 있다.

Z세대의 행보가 변화의 지렛대를 움직이기 때문에, 이들이 새로 얻게 된 자산을 어떻게 사용하느냐에 따라 자본주의는 파괴될 수도 있고 존속할 수도 있다. 이것은 이미 현실이며 자본주의에서 일어나고 있는 중대한 지각 변동이다. 이런 변화는 앞으로 수십 년에 걸쳐 매우 상이한 원칙과 시각을 가진 세대에게 막대한 자산이 이동함에 따라 더 가속화될 것이다.

우리는 상속 자본주의의 시대를 살아가고 있다.[3] 새롭게 권력을 얻은 젊은이들은 사회, 정치, 금융의 지각을 변동시키고 있다. 우리가 현재 살아가고 있는 이 세계는 과거에 일어났던 지각 변동의 결과다. 과거의 지구는 하나의 초대륙으로 이어져 있어 샌프란시스코에서 도쿄까지 도보로 이동할 수도 있었지만, 지각 변동의 결과 우리는 여러 개로 나누어진 대륙 위에서 살게 되었다. 이 지각 변동은 히말라야산맥이 최초로 생성된 후 매년 점점 더 높아지고 있는 이유이며, 남아메리카 남단에서 북아메리카 해안선을 따라 베링 해협을 거쳐 일본을 지나 마침내 뉴질랜드에 이르는 452개 화산으로 이루어진 2만 5,000마일 길이의 '불의 고리'가 탄생하게 된 이유이기도 하다.

내가 지리학자처럼 새로운 대륙이 만들어진 기원이나 히말라야산맥의 융기 현상에 관해 이야기하려는 것은 아니다. 다만 이에 필적할 정도로 인류와 사회에 중대한 영향을 미치게 될 변화에 대해 생각해 보자는 것이다.

우리의 미래를 결정짓는 변화는 네 가지 동인에 의해 이루어질 것이다. 이는 부의 세대 간 이동, Z세대가 사회적, 정치적 목표를 실현할 힘 획득, 기술의 기하급수적 성장에 따른 영향력의 확장, 전 세계의 세대교체다. 역사상 전례 없이, 이런 요인들은 성년이 되어가는 행동주의적 변화의 주체들이 목적을 달성하는 무기로 사용될 것이다.

## 베이비붐에서 MZ로

시장경제의 미래를 결정짓는 주요 변화는 세대 간 이동이다. 젊은 세대로 흘러가는 것은 거대 자본만이 아니라, 권력도 수반된다. 2030년경에 이르면, 전 세계 노동 가능 인구에서 밀레니얼 세대가 차지하는 비중이 75%까지 상승하게 된다. 단순히 인구수로 보더라도 밀레니얼 세대가 사회의 주류가 될 것이며 가장 영향력 있는 의견을 피력하는 Z세대가 그다음으로 떠오를 것이다.

밀레니얼 세대와 Z세대는 놀랍도록 비슷하다(따라서 이 두 세대를 MZ세대라고 표현하겠다).* 이들은 기술에 익숙하고 기술을 기반으로 영향력을 획득한 디지털 네이티브 세대로, 2008년 글로벌 금융위기를 초래한 주범인 경제, 사회, 정치 시스템을 불신한다. 이런 불신은 MZ가 앞으로의 사업 계획을 구상하는 원칙으로 작용할 것이며, 실제로 이들은 이미 사업 계획을 주도하고 있다. 전 세계 경영진들은 사회적으로 깨어 있고 디지털에 의지하는 새세대가 구세대와는 달리 수동적으로 참여하는 데 만족하지 않으리라는 사실을 잘 알고 있다.

MZ세대의 대표자들은 향후 몇십 년 동안 전 세계의 왕좌를 차지하게 될 것이다. 사실, 이들 중 일부는 이미 권력을 획득했다. 칠레 대통령인 가브리엘 보리치(Gabriel Boric)는 37세이며, 핀란드의 전 총리 산나 마린(Sanna Marin)도 37세다. 넓게 보아서는 1980년생인 저신다 아던(Jacinda Ardern) 전 뉴질랜드 총리도 밀레니얼 세대에 속한다.

---

* 저자는 밀레니얼 세대와 Z세대를 묶어 Z세대로 표현한다고 했지만, 번역서에서는 국내 독자의 이해를 돕기 위해 MZ세대로 칭한다. - 편집자

요컨대 베이비붐 세대의 자금이 미래의 자산에 큰 역할을 하는 것은 사실이지만 이들의 영향력은 이미 쇠퇴하고 있다. 그 자녀 세대는 세계를 매우 다른 방향으로 움직이고 싶어 한다. MZ의 시대는 이미 시작되었다. 이들은 기술뿐 아니라 물려받은 자산을 통해 힘을 얻은 후 과거를 청산하고 자신들이 원하는 미래를 이루어나갈 것이다.

사회적으로 힘을 얻은 새세대가 자본 근육과 기술 자원을 바탕으로 자본주의를 마음대로 변형함으로써 자본주의가 변화하거나 멸망하는 시대가 왔다. 이들은 물려받은 세계에 좌우되지 않고 스스로 미래를 만들어나가고 싶어 한다. 이들은 세계를 바꾸고, 세상을 자신이 구상한 대로 다시 만들고자 한다. 이는 단순히 스쳐 가는 '밈(meme)'이 아니라 목적을 향한 하나의 사명이다. 지난 세대가 가졌던 모든 바탕은 이제는 중요하지 않은 일이 되었다.

그러나 여기에 위험의 씨앗이 자리하고 있다. 구세대의 모든 것이 파괴적인 것으로 치부될 필요도 없고, 새세대가 꿈꾸는 모든 이상향이 바람직한 것도 아니다. MZ가 새로운 힘의 물결을 보내겠지만, 베이비붐 세대는 잘못된 부분들을 바로잡으며 기여할 수 있을 것이다.

2020년, 샬럿 알터(Charlotte Alter)는 《타임(Time)》지에 "[밀레니얼] 스타트업들이 경제를 혁신했고, 이들의 취향이 문화를 바꾸었으며, 이들이 선호하는 소셜미디어가 사람들의 상호작용을 변화시켰다. 다음 변혁 대상은 미국 정치다"라고 썼다. 사실 그 영향력은 훨씬 크다. MZ가 상속받은 자산, 권력, 그리고 영향력은 모든 것을 바꿀 것이다. 새로운 세대가 가졌던 그 어떤 수단보다 기술은 효과적인 도구이므로, 변화는 더욱 급속도로 일어나게 된다. 우리는 이 변화에 대비해야 한다. 이런 변화는 우리가 알고 있던 삶의 방식을 파괴할 것이고, 혹은 더 나은 자본주의를 구축할 것이기 때문이다.

세대 간 이동은 향후 몇십 년 동안 일어날 가장 큰 변화다. 그렇지만 이것이 전 세계 자본주의에 중요한 다른 변화를 끌어내는 유일한 동인은 아니다.

## 경제의 축이 아시아로

21세기에 들어선 이후 세계의 변화에 대해 조금이라도 관심이 있다면 느끼겠지만 지난 20년에 걸쳐 세계 경제의 중심축이 바뀌고 있다. 세계 최대의 금융기관 중 하나인 알리안츠(Allianz)에서 이런 사실을 볼 수 있다.[4] 서구권 국가들은 여전히 금융시장의 주도 세력으로서의 지위를 유지하고 있지만, 글로벌 경제에서 가장 큰 역할을 하는 주체로서의 입지를 서서히 아시아권에 내주고 있다. 코로나19 팬데믹 이후 상대적 경제 회복 속도가 이를 가속화해 왔다.

2000년 선진국 경제는 글로벌 GDP의 약 80%를 차지했다. 2019년 그 비중은 약 60% 선으로 하락했으며, 2000년과의 차이인 20%포인트 중 8%를 아시아태평양 지역이 가져갔다.[5] 알리안츠는 1998년과 2019년, 세계 경제의 중심축이 지리적인 관점에서 미국의 동부 해안과 인접한 북대서양에서 중동 지역으로 옮겨갔으며 이 변화의 방향이 역행하지 않을 것을 알아차렸다. 알리안츠에 따르면 2030년 글로벌 경제 중심축은 "중국, 인도 및 파키스탄의 교차점 어디엔가 놓여 있을 것"으로 예상된다.

이 변화를 주도하는 것은 아시아의 MZ세대다. 이들 지역이 젊어지고 있다는 것이다. 2014년, 유엔인구기금(United Nations Population Fund)에 따르면 10~24세 인구에서 인도가 3억 5,600만 명으로 가장 많은 비중을 차지하고 있으며 그다음으로는 중국(2억 6,900만 명), 인도네시아(6,700만 명), 미국(6,500만 명), 파키스탄(5,900만 명)이 그 뒤를 이었다.[6] 당시 가장 어렸던 연령층이 이제는 20대가 되었고, 가장 나이 많았던 연령층은 30대가 되어 자신이 속한 사회의 미래를 움직이고자 하는 주체로 떠올랐다.

# 탄소 중립이라는 가치

〓〓—✦—〓〓

에너지 시스템 탈탄소화는 존재의 필수 요건이 되었다. 에너지를 공급하고, 이동시키며, 소비하는 방식에 근본적인 변화가 필요하며 이에 따라 석유, 석탄, 가스 같은 화석 연료, 즉 갈색 에너지가 녹색 에너지로 대대적인 전환이 시작되었다. 너무나 당연하게도 이 변화는 자본주의에 큰 영향을 미칠 것이다. 탄소 중립(Net Zero)*을 달성하기 위해서는 2050년까지 글로벌 공급망에서 100조 달러의 투자가 필요하며, 그중 절반은 중소 규모 기업의 몫이다.[7]

탄소 중립을 이행하기 위한 정책의 전체적인 영향은 경제적인 관점에서 대체로 긍정적으로 평가된다.[8] 그러나 이 과정에서 수혜를 입는 영역이 있는 반면, 석유와 가스 채굴 산업 등은 분명히 쇠퇴할 것이다. 탄소 중립을 달성하기 위해서는 막대한 자본이 이동할 것이며, 그 영향은 전 세계 경제의 모든 부분에 파급된다. MZ세대가 새롭게 얻은 힘과 영향력, 그리고 자본력을 이용하여 이 변화를 실현할 것이기 때문이다. 이들은 자신의 목표를 달성하기 위해서라면 기존의 질서는 주저 없이 무너뜨릴 것이다. 그리고 이는 자본의 분배 방법과 분배

---

* 탄소 중립: 대기 중 온실가스 배출량을 감소시키고 흡수량을 증가시켜 순배출량을 제로로 만드는 것을 의미함. - 옮긴이

처를 통해 실물 경제에 엄청난 영향을 미칠 것이다.

베이비붐과 MZ세대는 탄소 중립이라는 큰 목표에 대해서는 동의하겠지만, 변화의 비용을 어떻게 감당할 것인지를 놓고는 갈등할 것이다. 베이비붐 세대는 분배가 아무리 시급하더라도 부를 먼저 창출할 필요성을 이미 경험한 바 있기에, 세금을 늘려야 한다는 MZ세대의 공격적인 주장에는 쉽게 동의하지 못할 것이다. 이 두 주장이 조화를 이루지 않는다면 자본주의는 위기에 처할 수 있다.

## 자본의 여성화

향후 수십 년 동안 일어날 또 하나의 분명한 변화는 세계 자본을 움직이는 사람들의 성별이다. 이 변화는 빠르게 진행되고 있으며, 앞서 언급한 요인과 마찬가지로 이 변화에 적응하든지 아니면 아예 전면적으로 구조를 혁신해야 할 것이다. 이제 우리는 돈이 어떻게, 어디서, 왜 소비되는지에 대해 생각하는 방식을 근원적으로 바꾸어야 한다.

예를 들어 미국에서는 여성이 움직이고 관리하는 자산의 규모가 10조 달러에 이르렀다. 2020년대 말이면 이 수치는 30조 달러로 증가할 것으로 예상된다.[9]

이는 맥킨지(McKinsey)의 분석 결과로, 맥킨지는 "여성 고객을 유치하고 유지하는 것이 자산관리 회사의 성장을 위한 필요조건이 될 것"이라고 보고했다.[10] "기업이 성공하기 위해서는 여성 고객의 자산관리에 대해 차별화된 니즈와 선호도, 행동 양식을 깊이 이해해야 한다"는 것이다. 이 여성 고객들은 대부분 MZ세대다. 그러므로 MZ세대의 니즈, 선호도, 행동 양식에 대한 이해는 '성장을 위한 필요조건'이다.

이는 지금까지 이야기한 네 가지 변화에 모두 적용될 수 있으며, 다음 세기에도 자본주의가 존속하기 위해 우리 사회 전체가 받아들여야 할 개념이다. 이는 단순히 사회를 관찰한 결과 도출된 원론적인 주장이 아니다. 전 세계 모든 일터는 이 변화의 영향 아래에 놓일 것이다.

기존의 비즈니스 방식이 끝나가고 MZ세대의 목표를 반영한 새로운 방식이 나타나고 있다. 그리고 우리는 이에 대응해야만 한다. 지금 필요한 것은 심도 있는 이해이며, 이 책에서 제시하고자 하는 것은 그 이해로 이어지는 길이다.

## 세대 정체성에 갇힌 시대

정체성은 이 시대를 관통하는 핵심 사회 문제다. 소셜미디어는 사회를 집단으로 쪼개고 다른 집단을 공격하도록 부추기는데, 그 강도는 흡사 종교 갈등 수준이다. 소속감에서 비롯된 집단 사고가 앞서서, 이성적 사고는 뒷전이 된다. 어떤 집단에 소속될 것인지만 정하면 집단의 브랜드가 곧 자신의 신념이 될 것이다. 문제는 일단 집단을 선택하면 그 집단의 신념을 모두 받아들여야 한다는 것이다.

집단이 자기만의 세계에 갇혀 고립되면 스스로 선택하는 능력이 사라지게 된다. MZ와 베이비붐 세대(이들 집단도 만만치 않게 고집이 세지만 디지털 역량은 떨어질 수밖에 없다) 모두 서로에 대한 오해와 분노의 장벽을 허물기 위해 노력해야 한다. 현재 일어나고 있는 변화가 균열을 만들어내고 있기 때문이다.

이 균열은 어디에서나 볼 수 있다. 인류의 시야는 점점 좁아지고 있는 듯하다. 지금까지 21세기는 관용이나 화합, 개방적 사고와는 거리가 멀고, 심지어 단순한 낙관주의의 시대조차 아니었다. 오히려 자기만의 세계로 후퇴해 외부와 단절해왔다. 이른바 반향실 효과(echo chamber effect)다.* 냉소주의와 집단주의가 만연하고 있고, 정치적 좌파와 우파의 간극이 날마다 넓어지고 있다. 부유한 자와 가난한 자, 권력을 가진 자와 가지지 못한 자 사이의 격차도 마찬가지다.

애석하게도 세대 간 갈등은 특히 심각하다. 부모 세대는 자녀 세대를 가르치려 들고, 자녀 세대는 자신들을 현재의 혼

---

\* 반향실 효과: 비슷한 관점을 가진 사람들끼리 소통함으로써 한쪽 의견에 치우치는 현상이 심화하는 확증 편향 현상을 가리킴. - 옮긴이

란 속에 빠뜨린 부모 세대에게 분노하고 있다. 보기 좋은 그림은 아니다. 자신만이 옳고 다른 모든 이가 틀렸다고 확신하는 세상, 반대편에서는 배울 것이 없고 그들에게 나눠줄 것도 없다고 생각하는 세상이다. 모든 것이 이런 생각을 고착화하고 있다.

우리가 읽는 신문은 듣고 싶은 이야기만 늘어놓고 있고, 우리가 사용하는 기술은 우리 자신을 더 깊은 고립으로 이끌어간다. 거주지조차 사람들을 분리시키고 있다. 젊은 세대는 도시로 향하고 나이 든 세대는 도시를 떠나면서 이들이 지리적으로도 나누어지고 있다. 20세기에는 젊은 세대든 연장자 세대든 자신이 나고 자란 곳에서 함께 어울려 살아가고 일하곤 했다. 가까운 과거인 1991년 영국을 보면 시골과 도시의 연령비가 일정했다.[11]

지금은 사정이 달라졌다. 2020년 영국 인구의 나이 중간값은 40세다.[12] 그러나 런던에 사는 사람들의 나이 평균값은 35세다. 이에 따라 세대 간 대화가 단절되기 때문에 거주지의 차이는 큰 영향을 미친다. 《더 타임스(The Times)》에서 제임스 매리엇(James Marriott)은 다음과 같이 지적했다. "19세기 소설에 나오는 파티를 떠올려보라. 젊은이들이 춤을 추는 동안 나이 먹은 사람들은 파티장 주위에서 이들을 지켜보고 있었다."[13] 생활 전반에 걸쳐 세대 간 교류가 이루어졌다. 하지만 이제는 그렇지 않다. 이것이 문제다.

내가 금융계에서 일하는 동안 회사에서는 늘 '타운홀 미팅'*을 통해 직원들을 한데 모으고 원활히 소통함으로써 공동체 의식을 쌓는 한편, 기업이 나아가는 목표와 임원진이 하나가 되도록 해왔다. 그 결과 구성원들이 가까워지고 조직은 투명하고, 협의하고 어울림으로써 공동체로서 결속되는 바람직한 효과를 누렸다. 하지만 커뮤니케이션이 디지털화되면서 그 반대의 효과가 나타났다. 분열과 분노가 조장되고 있다. 상대의 관점을 반영하는 대신 자기 확신에 가득 찬 말만 속사포처럼 쏟아낼 뿐이다. 이는 대체로 X(구 트위터)에서 "짜증 나" "위선자" "역겨워" 같은 짧고 선동적인 문구로 표현된다.

## 사회적 자본주의

지금과 같은 길을 계속 걸어가면서 우리가 곧 직면하게 될 사회 전반적인 변화를 효과적으로 다룰 수는 없다. 적응하든지 아니면 멸망하든지 둘 중 하나의 길밖에 없다. 우리는 자기만의 세계를 벗어나 함께 공유하는 기반을 찾아야 한다. 우리 앞에는 두 가지 길이 있다. 하나는 좀 더 포용적이면서 좋은

---

\* 타운홀 미팅: 조직 구성원들이 한데 모여 자유롭게 자기 생각을 이야기하고 경청하는 모임.
 - 옮긴이

기업들에 동기부여를 해줄 자본주의로 가는 '좁은 길', 다른 하나는 세대 간 긴장 때문에 전 세계 경제의 안정성이 위험해지고 격렬한 이념 갈등으로 이어지는 '넓은 길'이다. 현재 일어나고 있는 변화에 적응하지 못하면 자본주의는 파괴될 따름이다.

그렇다면 답은 무엇일까? 앞서 언급한 MZ 자본주의의 핵심 가치인 사회적 자본주의가 일부 답이 될 수 있을 것이다. 사회적 자본주의란 돈을 버는 것에만 목적을 두지 않고 실질적인 변화를 가져오기를 원하는, 사회적으로 깨어 있는 새세대의 목적을 실현하기 위한 자본주의를 의미한다. 자기만의 세계에서 벗어나기 위해서는 세대가 협력해 노력해야 하며, 뚜렷한 목표와 이성적인 토론, 겸허한 자세, 다양한 견해를 진실로 존중하는 마음가짐, 그리고 헛된 구호만 외치지 않는 태도가 필요하다.

## 소유 본능의 극명한 세대 차

MZ세대에 대한 고정관념이 고정관념이 아니라 사실이라면, 이들이 실질적으로 지구를 물려받은 시점부터 진행되는 변화를 우리 모두 두려워해야 하지 않겠는가? 모두가 생각하듯 MZ는 게으르고, 특권 의식에 빠져 있고, 자기중심적이며,

물질만능주의라면 이렇게 막대한 책임을 감당할 능력이 없기 때문이다. 이들은 올바른 직업윤리가 없으니 돈을 아보카도 샐러드와 테라피 요법에 탕진할 뿐이지 않겠는가! 이런 상황에서 우리는 어떻게 해야 하는가?

하지만 나는 이런 의견에 반대한다. MZ세대는 부모와 전혀 다르기 때문에 오히려 이런 사회적 책임을 감당하기에 최적의 성향을 가졌다. 두 세대 간 소유 본능 차이를 보면 이를 극명하게 알 수 있다. 내가 속한 베이비붐 세대는 소유를 통해 삶을 정의했다. 소유란 발전의 증거였다. 차든, 집이든, 기업이든 말이다. 제2차 세계대전 이후 세대를 정의하는 핵심 요소는 자산을 보유하고 축적하는 소유였다. 자산 축적은 어느 나라를 막론하고 늘 최고의 투자라고 여겨졌다.

이런 관념이 바뀌고 있다. 사실 젊은 세대는 자산을 소유할 경제적 여력이 없기 때문에 어쩔 수 없는 선택이기도 하지만, 이에 따라 이들은 자산을 가능한 한 적게 보유함으로써 오는 경제적 이점과, 공동 소유가 주는 사회적 이점을 깨닫게 되었다.

2023년의 MZ, 적어도 내 자녀나 그 친구들은 1년 내내 자동차 보험에 가입하는 것이 어리석다고 생각한다. 차를 사용할 때만 보험 상품에 가입하면 돈을 절약할 수 있는데 얼마나 무의미한 일인가? 실제로 집카(Zipcar, 2000년 설립된 미국의 카세어링 업체) 같은 서비스를 이용하면 편리함은 그대로 유지하면서도 차를 소유할 때의 부담은 덜기 때문에 굳이 차를 소유할 필요가 없다. 이 예시에서도 MZ세대의 사회적, 환경적 인식을 엿볼 수 있다. 즉, 자원이 한정되어 있지만 이를 공유할 수 있으므로 기꺼이 소유권을 포기할 수 있다는 인식이다. 모든 사람이, 특히 대도시에서는 더더욱 차를 소유할 필요가 없는데 공유 서비스를 이용하지 않을 이유가 있는가?

독점 소유에서 공동 소유 개념으로 이동하는 현상은 눈에 띄면서도 의식적인 측면이 있다. 독점 소유를 할 수 없는 젊은 세대에게 소유권이라는 것은 성공의 척도가 아니고, 그다지 선망의 대상도 되지 않는다. 그런데다, 기술이 발달해 자산을 공유하는 것이 너무나 쉬워지면서 택시[우버]든, 사무 공간[위워크]이든, 심지어 자신의 집[에어비앤비]이든 간에 자가로 소유하고 싶은지에 대해 의문을 가지기 시작했다.

소유 본능의 상실이라고도 부를 수 있는 MZ세대의 소유에 대한 관점을 보면 향후 수십 년에 걸쳐 실현될 사회적 자본주의를 엿볼 수 있다. 흥미롭게도 이는 당대 최고의 은행가로 널리 인정받는 나의 첫 고용주, 지그문트 워버그경(Sir Siegmund Warburg)이 주장한 견해이기도 했다. 그는 마치 MZ세대처럼 자산을 최대한 활용해야 한다고 생각했지만, 여러 자산을 소유하는 것은 부담이 된다고 주장했다. 이런 생각은 이제 이 사회를 물려받게 될 세대 사이에서 지배적인 태도가 될 것이다.

우리 앞에 도전적인 미래가 놓여 있다는 점은 분명하지만,

나는 그 미래가 기대되고 앞으로의 시간을 탐구해 나가고 싶다. 왜냐하면 나는 우리가 새롭게, 더 나아진 상태로 거듭날 수 있다고 진심으로 믿기 때문이다. 물론 위험도 도사리고 있다. 지금 일어나고 있는 변화를 감안하면 위험은 필연적으로 존재한다. 베이비붐 세대와 MZ세대가 함께 공동체를 통해 배우고, 자기만의 세계를 가르는 벽을 허물고, 서로가 사회에 기여하는 바를 인정하는 상호성이 필요하다.

## '함께'의 중요성

다가오는 변화에 기민하고 효과적으로 대응하지 않으면, 자본주의가 파멸에 이를 만한 수준의 사건들이 발생하게 될 것이다. 왜냐하면 MZ세대는 요구의 목소리를 높여갈 것이며, 점진적으로 자본주의를 위협할 수 있는 자본과 영향력을 행사할 것이기 때문이다. 이들은 산업을 혁신하고, 새로운 환경을 만들며, 전 세계 기업에서 중요한 변화를 가져오고자 한다. 이들은 다가오는 수십 년 동안 시대에 뒤떨어지고 준비되지 않은 현재의 자본주의 시스템을 견뎌내기 원하지 않는다.

내가 사회 초년생이었던 1980년대 문화에 관해 이야기하고자 한다. 자기중심적이고 부를 자랑하던 문화, 영화 '월스트리트'에서 고든 게코가 한 유명한 대사처럼 "탐욕은 좋은 거야" 같은 문화 말이다. 마이클 루이스(Michael Lewis)는 1980년대 월스트리트의 모습을 적나라하게 묘사한 1989년의 저서 『라이어스 포커(Liar's Poker)』에서 "그곳[월스트리트]은 자신의 이익을 무분별하게 추구하는 행위가 건강하다는 단순한 원리에 의해 지배된 장소였다"라고 썼다. 그는 특히 자신이 일했던 투자은행 살로몬 브라더스(Salomon Brothers)를 콕 집어서 언급했지만, 그 책은 지금까지 자본주의를 뒷받침해 왔던 가치관을 상당히 정확하게 요약하고 있다.

그러나 이런 문화의 시대는 이미 저물었다. 앞으로 수십 년 동안 삶의 모든 영역에서 힘을 이어받게 될 세대는 이를 받아들이지 않을 것이다. 바로 이 점에서 자본을 넘겨주는 세대와 물려받는 세대 간 갈등이 발생한다.

2008년 글로벌 금융위기 이후 성인이 된 세대는 새로운 유형의 자본주의와 새로운 업무 방식, 그리고 새로운 정신이 시장경제의 구석구석에 스며들고 퍼지길 원한다. 그리고 나는 재앙을 피하기 위해서는 우리 사회가 이를 받아들여야 한다고 생각한다. 2023년 3월 실리콘밸리은행(SVB) 파산은 은행 시스템에 대한 불신을 더욱 가중하게 했으며, MZ세대 기업가와 스타트업 및 테크기업에 막대한 영향을 미쳤다. 은행 하나를 구제하기 위해 또다시 나랏돈을 써야 했다. 더구나 글로벌 금융위기에서 아무런 교훈을 얻지 못한 것처럼 세대 간 갈등은 커지고만 있다. 새로운 업무 방식이 필요한 시점이 왔고, 나는 이 새로운 방식을 CO*라고 부른다.

　본질적으로 CO는 제2차 세계대전 이후 세대의 급진적인 개인주의에서 벗어나 우선순위를 협력, 공감, 공동체, 그리고 집단적인 경험에 두는 변화를 뜻한다. 더 간단히 말하자면 '나'에서 '우리'로의 전환으로, CO를 통해 협업하면서 개인이 얻을 수 있는 것이, 포기해야 하는 것보다 더 많다는 사실을 이해하는 것이다. 함께할 때 얻는 것은 잃는 것보다 훨씬 많다. 윤리적인 관점뿐 아니라 경제적인 관점에서도 그렇다.

　과거와 같은 이기주의에서 벗어나 협업하지 않거나, 집단 이기주의를 탈피하지 않으면 "탐욕은 좋은 거야" 식의 자본주의가 돌아와 시스템을 완전히 파괴할 수 있기 때문에 이런 핵심 원칙은 절대적으로 필요하다. 그러므로 모든 사람이 협업하고 기여할 수 있다는 생각을 출발점으로 삼을 필요가 있다.

　세대 관점으로 치환하면 이는 젊은 세대와 나이 든 세대가 새로운 자본주의에 각자 기여할 수 있다는 의미다. MZ세대는 자신만의 통찰력, 에너지, 그리고 변화의 주체가 되고 싶은 의지로, 베이비붐 세대는 경험과 지혜, 세상이 잘 굴러가길 바라는 열망으로 말이다. 이들 세대가 함께하면 한정된 자원

---

* Cooperation, 즉 협력을 뜻하는 접두사다. 저자는 책 전반에서 CO를 주요 개념화해 단어처럼 사용하고 있어, 따로 번역하지 않았음을 밝힌다. - 옮긴이

을 경영하고 우리가 함께 살아가고 일하는 방식을 바꿀 선견지명을 얻을 수 있다. MZ세대 또한 자본주의 자체를 없애고 싶은 것은 아니기 때문이다. 다음 세대의 자본주의는 사회적 자본주의의 모습을 띨 수는 있겠지만 여전히 자본주의의 틀을 유지할 것이다. 그리고 MZ세대 또한 새로운 형태의 자본주의가 잘못된 방향으로 흘러가지 않도록 하기 위해서는 이전 세대의 경험을 받아들일 필요가 있다.

중요한 것은 CO가 사회주의를 의미하는 게 아니라는 점이다. CO는 기업이나 개인 활동을 중앙집권화된 국가에 넘기는 것이 아니고, 개인의 꿈을 말살하는 것도 아니다. 오히려 개개인의 꿈들이 전체의 이익을 위해 일하게 한다. CO는 경제가 제로섬 게임 이상이 될 수도 있다는 생각에 대한 헌신이다. CO는 단순한 '협력'이 아니라 진실로 동등한 위치에서 함께하고자 하는 의지다. 자산과 아이디어를 공동 소유하고, 벤처와 스타트업을 함께 이끌며, 공유 공간에서 일하고, 모든 다양성이 존재하는 사회 속에서 공존하며, 이 세계에서 미래를 함께 그려나가는 공동의 운명을 만들어나가고자 한다.

최대한 많은 사람을 의사결정 과정에 포용하고자 하는 힘, 즉 함께 일하고자 하는 바람은 계속되고 있다. 이는 '아이폰(I Phone)'에서 '위워크(We Work)'로의 전환이다. CO의 개념은 이 외에도 도처에 존재한다.

함께 일하고, 함께 이끌고, 공동으로 소유하고, 공동으로 창조하고, 공동으로 투자하고, 공동으로 창업한다는 개념은 이미 잘 알려져 있다. 새로운 세계 정치를 향한 '공동 결정'이나 오늘날 시민운동에서 '공동 투쟁' 같은 개념도 생기고 있다. 나는 이런 움직임이 단순한 마케팅 트렌드가 아니라 우리의 공동체와 리더십, 그리고 종교와 경제에 큰 의미가 있는 영구적인 추세라고 생각한다.

전통적인 형태의 리더십은 바뀌고 있다. 한 명의 '위대한 지도자'가 끌어가야 한다는 생각은, 여러 명의 공동 리더로 이루어진 네트워크가 경영해야 한다는 생각으로 대체되고 있다. 이제는 "당신의 대표와 만나게 해주시오"가 아닌 "당신의 네트워크에 소개해 주시오"라고 말해야 하는 시대가 왔다.

경제 영역에서의 CO는, 자산 성장이 지구와 사람들에게 유익해야 할 의무와 목표에 합치해야 함을 뜻한다. CO는 지구를 구하고 탄소 배출을 줄이는 데 수반되는 환경 변화를 이뤄내도록 국가 간 협력에 도움을 준다. 과거에는 자신의 이익에만 집중했다면 이제는 공동의 이익이 더 중요해지는 시대가 왔다. 새로운 자본주의에 대한 MZ세대의 비전에서는 '좋은 일을 하는 것'이 '잘하는' 것만큼이나 중요해졌다. MZ세대는 자본의 가치가 윤리적 가치와 조화를 이루고, 자본을 이용할 때는 공동체 전체에 미치는 영향을 고려하고자 한다.

우리 베이비붐에게는 윤리적 가치가 바람직한 지향점이기는 했으나 순수한 자본적 가치가 늘 우선순위에 있었다. 비용을 줄여 이익을 늘리고, 공감을 줄여 무지를 가장해 왔다. 그러나 MZ세대는 윤리 없는 이익이 지배하는 세상을 허용하지 않는다. 예전에는 "기업의 수익성을 우선 확보하고 목적을 부여하라"고 했지만 이제는 "기업의 목적을 우선 정하고 이익을 창출하라"고 한다. 이상주의적인 목표를 달성하기 위한 일에 수조 달러가 투입되면서, 사회적 자본주의가 마치 눈사태처럼 쏟아져 자본주의의 얼굴을 바꿔버릴 것이다.

나는 MZ세대가 선지자적인 세대라고 생각한다. 이들은 환경, 평등, 사회 정의를 지키기 위해 깊은 통찰력을 보여주고 있다. 이런 가치는 이제 경제 생태계에 부수적이거나, 단순히 있으면 좋은 것이 아니라 선두이자 중심이 되고 있다. 많은 이들이 세대교체에 실패했다고 목소리를 높이지만 그렇지 않다. 새로운 세대는 우리가 디지털 세상에서 살아가고 생각하고 공유하는 방식을 변화시키고 있다. 파괴적인 기술이 지배하고, 도덕적 미덕이 방향을 잃어 인간성을 상실하게 된 사회에서 사람이 어떻게 존재해야 하는지에 대해 근원적인 질문을 던지고 있다.

나는 MZ세대를 '광란의 20년대'*나 '질풍노도의 60년대'** 처럼 단순히 태어난 연도에 의해 규정되는 인구통계학적 집

---

\* 1929년 경제 대공황 직전, 사람들이 활기와 자신감에 넘치던 1920~1928년을 가리킴. - 옮긴이

\*\* 1960년대 중후반 런던에서 시작되어 현대성과 재미, 쾌락주의를 강조하며 탄생한 영국발 문화 혁명 시대를 가리킴. - 옮긴이

단이 아니라, 자본주의의 새 시대를 열어가는 세대라고 생각한다. 공감적인 대변혁이 진행되고 있으며 이는 향후 주류로 올라설 것이다. 이는 디지털 시대의 기업을 이루는 새로운 방식에 깊이 뿌리내릴 것이다.

변화에는 갖은 사건이 뒤따르겠지만, 우리는 자본주의가 유지될 수 있도록 이 변화를 효과적으로 끌어나가야 한다. 그리고 적절하게 끌어나가는 방법은 결국 힘을 합치는 것이다. '구세대 사람들'로 불리는 나와 동년배들이 시행착오를 통해 얻은 경험적 지혜는 CO를 실현하는 데 상상 이상의 가치를 가지고 있기 때문이다. CO는 젊은 세대의 통찰력만으로는 이룰 수 없다. CO가 변덕스럽게 방향을 틀거나 지나치게 이념적으로 치우칠 때는 더더욱 낡은 형태의 자본주의를 경험한 사람들의 경험, 지혜, 충고, 그리고 경고가 중요한 역할을 할 것이다. MZ세대의 통찰력과 베이비붐 세대의 경험이 합쳐졌을 때 탄생하는 선견지명이야말로 CO를 이루어내기 위해 반드시 필요하다.

우리는 자본이 획득되고, 투자되고, 사용되는 새로운 방식이 출현하는 중요한 기로에 서 있다. CO는 기존의 세계에 MZ의 가치를 강제적으로 주입하지 않고 함께 힘을 합쳐 앞으로 나아갈 방법이다. 베이비붐 세대와 MZ세대가 함께 노력한다면 새로운 자본주의를 공감과 지혜로써 함께 구현할 수 있을 것이다.

투자세대 대전환

# 이 책을 쓴 이유

———※———

당신은 내가 무슨 자격으로 자본주의의 미래에 대해 이런 평가를 내리고, 앞으로 나아갈 길을 제시하는지 의문을 가질 수 있다. 나는 거의 반세기 동안 금융 분야에 종사했고, 자본주의의 구세대와 신세대 모두와 함께 일해 왔다. 분명 나는 의심할 여지 없이 1980년대 금융계의 산물이며 베이비붐 세대다. 커리어 후반부에는 투자를 하거나, 코칭이나 멘토링을 하거나, 자문을 하거나, 필요한 경우에는 조언을 하거나, 이념적으로 극단적인 해로운 사고를 교정하는 등 MZ세대와 밀접하게 일하면서 이들의 지향점과 동기를 이해하게 되었다.

나는 경제학자는 아니지만, 다음 세대에 대한 예리하고 특별한 지식을 가진 금융인이다. 나는 그 지식을 바탕으로 앞으로 10년 동안 우리에게는 자본주의를 개선할 기회가 있으며, 이는 사실상 우리의 의무라고 확신한다. 다만 이는 구세대와 신세대가 협력하고 함께 노력해야만 달성할 수 있는 일이다. 별다른 노력 없이 얻을 수 있는 일이 아니다. 두 세대는 종종 반목하지만, 나는 자본주의에 대한 새로운 관점이 경제학의 주류로 떠오르고 있다고 생각한다.

그 한 예로, 나는 최근 수십억 달러 규모의 대기업을 소유한, 한 이탈리아인 가족을 만날 기회가 있었다. 오너는 2세 경영인으로 Z세대였는데, 그의 주된 관심사는 기업 자체의 앞

날이 아니라(그 기업은 현재 매우 성공적으로 경영되고 있으며 앞으로도 그럴 것으로 예상된다) 교육 목표를 달성하기 위해 그 기업이 가진 자원과 자산을 어떻게 활용할지였다. 만일 우리 세대였다면, 기업과 별개로 자선 재단을 설립해 이런 목표를 달성하려고 했을 것이다. 그러나 그는 자신의 회사가 비록 교육과 전혀 무관한 산업재를 다루는 회사이기는 하지만, 기업의 DNA에 교육에 대한 목표가 새겨져 있다고 주장했다. 그는 그 정도로 진지하게 임하지 않는다면 기업이 상당한 자원이나 인프라, 자산을 가지고 있음에도 불구하고 사회에 변화를 가져올 수 없다고 믿었다. 그 회사는 기업이 가진 힘을 활용해 커뮤니티에 기반을 둔 교육적 목표를 추진하고자 했다. 이는 사회적 자본주의를 잘 보여주는 예라고 할 수 있다. 나는 이런 모델이 앞으로도 지속될 것으로 생각한다.

옥스퍼드대 출판부 선정 '2022년 올해의 옥스퍼드 단어'는 '고블린 모드(goblin mode)'였다. 고블린 모드란 "반성하는 기색도 없이 방종하고, 게으르며, 지저분하거나 탐욕스러운 행동"을 가리킨다.[14] 사실 우리 세대는 이 단어가 전형적인 MZ세대의 행태를 가리킨다고 생각하겠지만, MZ세대는 베이비붐 세대가 이 단어를 사용하면 가차 없이 비웃을 것이다. 꽤 단순한 예지만 이는 두 세대 간 문화적 균열을 잘 보여준다. 우리는 이를 뛰어넘어야 한다. 이 책을 통해 나는 현재 상황과 사회가 직면하고 있는 장애물, 그리고 이를 극복할 방법을 제시하고자 한다.

　궁극적인 질문은 "다음 세대는 자본주의와 사회 전체의 미래를 어떤 방법을 통해 더 나아지게 할 것인가?"라는 것이다. 재편과 변화는 반드시 일어날 것이며 그 결과는 참담할 수도, 놀라우리만치 멋질 수도 있다. 그리고 우리는 반드시 후자의 결과를 도출해야 한다.

　본격적으로 시작하기에 앞서 독자들에게 한 가지 부탁을 하고자 한다. 세대를 묘사하면서 나는 쌍안경 방법론을 사용했다. 두 개의 전혀 다른 집단인 베이비붐 세대와 MZ세대를 한데 끌어모아 이들의 기여도를 비교하고 대조했으며, 더 또렷한 관점에서 두 관점을 하나의 형태로 나타냈다. 마치 쌍안경처럼 미리 설정된 거리에 있는 것들은 선명하게 초점이 맞추어지지만 그 사이의 공간은 흐릿하게 보인다. 즉, 각 세대는 필연적으로 일반화될 수밖에 없다.

　논점을 명확하게 유지하기 위해 나는 비핵심적인 사실을 하나하나 나열하는 대신 "천 가지 조건을 도외시한 명제(a proposition dying the death of a thousand qualifications)"라는 철학자 앤터니 플루(Antony Flew)의 표현처럼 핵심에 집중했다. 이 쌍안경을 통해 나는 베이비붐 세대와 MZ세대의 관점을 통합해 하나로 제시하고자 하며, 부디 이 책의 독자들이 찾고자 하는 가치를 줄 수 있기를 바란다.

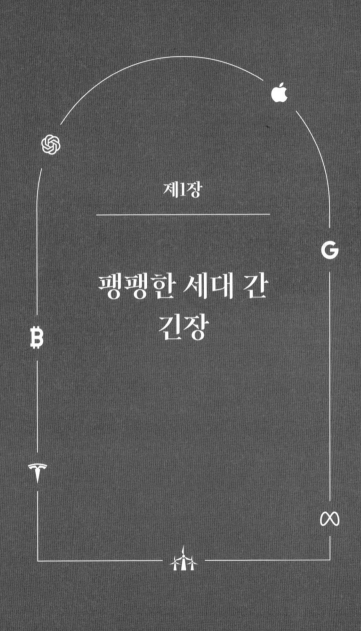

제1장

# 팽팽한 세대 간
# 긴장

2022년 1월 9일 설문 조사에서 기업 경영진 5명 중 1명은 "일하려는 사람이 없다"는 항목에 동의했다.[1] 이는 어느 시대고 연장자가 젊은이들을 향해 쏟아내는 불만으로, 새로운 이야기는 아니다.

1894년 캔자스주의 《룩스 카운티 레코드(Rooks County Record)》에 실린 한 기고문에도 "이 힘든 시기에 아무도 일하려고 하지 않는다"라는 불평의 글이 있다. 그로부터 11년 후, 이번에는 사우스캐롤라이나주의 《에지필드 애드버타이저(Edgefield Advertiser)》에는 인력 수급 상황에 대한 불만이 이렇게 표출되었다. "인력이 부족할뿐더러, 인건비는 비싸고 전혀 신뢰할 수 없다. 노동자를 도무지 구할 수가 없다." 2014년 테네시주의 《저먼타운 뉴스(Germantown News)》에는 이렇게 개탄하는 글이 실렸다. "미국의 노동 윤리는 어디로 갔는가? 이제 아무도 일하고 싶어 하지 않는다. 예전에는 이렇지 않았다. 내가 막 일을 시작한 십 대 때는 모두가 열심히 일했다."[2]

이처럼 오랜 시간 동안 사람들은 마치 자랑스러운 전통인 것처럼 노동자들이 게으르다는 불만을 이어왔다. 하지만 2022년의 불평에는 일리가 있다. 돈에 대한 부분은 아니다. 사람들은 사실 일하고 싶어 한다. 프리랜서 웹사이트인 Fiverr.
com의 성공은 이런 사실을 방증한다.[3] 또한 일부 사람들의 주
장과는 달리, MZ는 공공의 이익을 위해 일하고자 한다.

2018년 다른 19명의 밀레니얼 세대와 함께 처음 미국 하원
의원으로 선출된 밀레니얼 세대 헤일리 스티븐스(Haley Stevens)는
2020년 《더 타임스》 인터뷰에서 이렇게 말했다.[4] "사람들이
밀레니얼 세대에 대해 다소 오해하는 부분이 있는 것 같습니
다. 우리는 진정으로 사회를 위해 봉사해야 한다고 생각합니
다. 1990년대에 성장기를 거친 우리는 세상을 바꾸겠다고 생
각하며 자랐습니다."

사람들은 과거와 다른 방식으로 일하고 싶어 한다. 이 작
은 사실에서 엄청난 차이가 발생한다. 그리고 이는 자본주의
의 붕괴를 막기 위해 부와 힘, 그리고 영향력에서 도래할 전환
을 신중하게 다루어야 하는 핵심 이유이기도 하다.

내가 이 책에서 이야기하고자 하는 중요한 변화는 앞서 언
급했듯 세대 간 문제이며, 논의를 시작하기에 앞서 몇 가지 용
어를 정의하고자 한다. 왜냐하면 세대 문제에 대해 많은 담론
이 있지만 용어가 명확히 정의되지 않고 혼용되고 있기 때문
이다. 사일런트 세대, 황금세대, 중간에 낀 세대 등의 용어가
사용되고 있다. X세대, Y세대, Z세대는 알파 세대(스마트폰이 대중
화된 2013년 이후 태어난 세대)로 이어지고 있다. 2012년 런던올림픽은
"세대에 영감을 불어넣는 것"을 목표로 개최되어 다양한 형태

의 성공을 거두었다.[5] 저가 항공사인 이지젯(EasyJet)은 자기 회사가 전체 세대를 아우르고 있다고 주장했다. 전 세계의 논설 칼럼니스트들은 매일 세대 차이를 주제로 삼고 있다.

그렇다면 '세대'란 정확히 무슨 뜻일까? 세대에 대해 논의할 때, 모든 사람이 동일한 의미로 사용하고 있을까?

## 세대 정의하기

세대는 몇 가지로 정의될 수 있다. 우선 단순한 사전적 정의를 보면 "비슷한 시기에 태어나 함께 살아가는 모든 사람"을 가리킨다. 또는 아이가 태어나 자라서 어른이 되고, 부모가 되기 시작하는 약 20~30년의 기간이라는 뜻으로 쓰이기도 한다. 한편, 키케로(Cicero)가 "역사의 아버지"라 칭하고, 플루타르코스(Plutarch)가 "거짓의 아버지"라 불렀던 헤로도투스(Herodotus)는 세대를 단순한 시간의 척도로 사용했다. 헤로도투스는 기원전 430년경 "300세대는 1만 년을 이루고, 3세대는 100년에 해당한다"라고 썼다.

그러나 21세기에 이르러 세대는 주로 사회학적인 의미로 사용된다. 세대란 단순히 시간 단위나 자의적으로 나눈 사람들 무리가 아니라 '특정 행동 양식, 감정, 사고방식을 공유하는지의 여부'에 따라 분류되는 집단이다. 어떤 사람이 출생한 시기는 그를 둘러싼 세상을 경험하고 이해하는 방식에 영향을 미치기 때문이다.

헝가리 태생의 사회학자 카를 만하임(Karl Mannheim)의 1928년 작 『세대 문제(Das Problem der Generationen)』는 사회학적 관점에서 세대를 가장 체계적이고 포괄적으로 분석한 글로 널리 인정받고 있다.[6] 만하임의 관점에 따르면, 세대는 고정된 것이 아니다. 세대는 단순히 우리가 살아가는 시간대가 아니라 사회 변화의 지표이자 "사회 및 지적 변화의 구조를 이해하는 데 없어서는 안 될 가이드"이다.

나는 이런 관점에 동의하는 편이다. 한 사람의 출생 시기가 그 사람의 정치, 경제, 사회적 신념에 영향을 미친다는 것은 분명해 보인다. 1949년생인 나는 비슷한 시기에 태어난 다른 사람들과 공통의 문화적 언어를 공유하는 한편, 1980년대에 태어난 내 자녀들과는 다른 경험과 기회를 누렸다.

세대에 관련된 용어를 사용할 때 "전혀 다른 수천만 명의 대화 속 미묘한 뉘앙스를 모두 무시하고 이들의 경험을 동일시하여 사실은 존재하지 않을지도 모르는 공통점을 만들어낼" 위험이 존재한다.[7] 그럼에도 불구하고 세대라는 개념을 축소해서 받아들이는 것도 어리석은 일이다. 한 사람의 인격은 진공 상태에서 형성되지 않고 외부 사건에 영향을 받으며, 사건의 규모가 클수록 그 영향은 더욱 강하고 폭넓다. 한 연구에 따르면[8], 14~24세 때 경험하는 정치적 사건은 이후에 겪

는 사건보다 약 세 배의 영향을 미친다고 한다.[9]

이런 점을 감안할 때 코로나19가 절정에 다다른 시기에 성인이 된 세대는 흥미롭거나 또는 다소 우려할 만한 영향을 받았을 것으로 생각된다. 몇 달씩 학교에 가지 못했던 학생과 대학생들 말이다. 하지만 이 주제는 나중을 위해 남겨놓겠다. 여기서는 인격 형성기에 배운 교훈을 숙고할 여건이 되는 세대에 관해 논의하려고 한다.

## 베이비붐 세대 vs. MZ세대

내가 속한 세대의 출발점을 살펴볼 때, 전후의 출산 붐이 얼마나 대단했는지를 이해하는 것은 매우 중요하다. 제2차 세계대전이 끝난 직후인 1946년은 베이비붐 세대의 출발점으로, 미국에서만 328만 8,672명이 태어났다. 그전에는 한 해 출생아 수가 300만 명을 넘은 적이 없었다. 1946년의 미국 출생아 수는 전년 대비해서는 50만 명 이상, 10년 전보다는 100만 명 증가한 수준이다. 1954년에 이르러서는 한 해 출생아 수가 400만 명 이상으로 증가했고, 이 수치는 베이비붐 세대가 끝나는 1964년까지 유지되었다. 그 이후 미국의 출생아 수가 다시 400만 명을 넘긴 것은 1989년이 되어서의 일이다. 1989년 당시 미국 인구는 2억 4,700만 명에 육박한 데 비해 1954년에

는 겨우 1억 6,300만 명 남짓이었다.[10]

이런 모든 사실을 감안하면 베이비붐 세대의 규모는 상당히 크다. 그리고 적어도 서구에서는 부모 세대에 비해 점점 더 풍요로워지는 시기에 성인이 되는 행운을 누렸다. 성인이 되는 시점에 우리는 거의 빚 없이 대학을 졸업해서 노동 시장에 진입했고, 몇 년 안에 집을 소유한다는 것은 꿈이 아니라 현실적으로 예상할 수 있는 미래였다. 미국의 금융회사 핌코(PIMCO)의 CEO 이매뉴얼 로만(Emmanuel Roman)은 최근《파이낸셜 타임스(Financial Times)》와의 인터뷰에서 이를 이렇게 요약했다.[11] "볼커룰(Volcker Rule)[12]*이 완화된 이후 시대는 금융시장이나 우리 세대에 매우 우호적이었습니다. 저는 이를 우리 세대가 누린 행운이라고 부르죠."

이런 행운은 다음 세대까지 이어지지 못했다. 1981~1996년 사이에 태어난 밀레니얼 세대나 지금 노동 시장에 들어와 있는 이른 Z세대는 여러모로 2008년 금융위기에 많은 영향을 받았다. 이들 세대에게 금융위기란 원죄이며 이겨내야 할 질병이다.

MZ는 인터넷과 함께 성장한 디지털 네이티브 세대로, 디

---

* 볼커룰: 전 연방준비제도(Fed) 의장 폴 볼커(Paul Volcker)의 이름을 따 2010년 발의되고 2015년 7월부터 시행된 법안. 금융기관이 자기자본이나 펀드를 통해 직간접적으로 위험 자산에 투자하는 것을 규제하는 법안을 가리킴. 볼커룰이 영업 활동을 지나치게 제한한다는 주장에 따라 금융 당국은 2019년 볼커룰을 완화하는 개정안을 발표하고, 2020년 6월 다시 한번 개정하면서 수백억 달러 규모의 은행 자금이 금융시장에 풀리게 되었다. - 옮긴이

지털에 대한 두려움이 없다. 이들에게 기술은 '외부의 것'이 아니라 내재적인 것으로, 이들이 물려받게 될 힘과 자본을 다루는 능력에 엄청나게 중요한 역할을 할 것이다. 이런 유사점 때문에 나는 밀레니얼 세대와 Z세대를 MZ세대로 묶어서 논의하려고 한다. MZ세대와 베이비붐 세대가 도저히 가깝다고 말할 수 없는 반면, 밀레니얼 세대와 Z세대는 대립하기보다는 동맹 관계를 맺고 있기 때문이다.

MZ는 베이비붐 세대에게 상당한 분노를 품고 있는데, 그 이유를 짐작하기는 어렵지 않다. 밀레니얼 세대의 기업가 둔 로이신(Doone Roisin)의 다음 글을 보면, 베이비붐 세대는 엄청난 시기에 성인이 되었다.[13]

제2차 세계대전 이후 베이비붐 세대는 위대한 번영의 시기 속에서 일하고 살아왔다. 이들의 부모 세대는 자녀들에게 더 나은 삶을 주기 위해 전쟁 중에 이미 희생을 치렀고, 세금 부담을 지면서까지 대학 학비를 낮추었다. 그 덕분에 베이비붐 세대는 대학을 거의 빚 없이 졸업해 취업에 성공했다. 그와 동시에 충분한 주택이 공급되었고, 강력한 노동자 보호 정책 덕분에 고등학교만 졸업하고 최저 시급으로 일하는 사람들도 집을 살 수 있었다. 시간이 흐르면서 이때 구입한 주택의 가치가 상승했다. 수십 년 동안 베이비붐 세대는 경제 성장 속에 살았다. 이들이 누린 풍요의 결과 2020년 통계를 보면, 베이비붐 세대의 자산은 미국 전체의 약 57%를 차지했다. 대조적으로, 밀레니얼이 차지하는 자산은 전체의 약 3%에 불과했다.

적어도 MZ세대가 보기에 베이비붐 세대는 이런 행운을 겸허하게 받아들이지 않았다. 오히려 반대였다. MZ 저널리스트이자 팟캐스터, 그리고 저자이기도 한 올리비아 페테르(Olivia Petter)는 2022년 11월 3일자 《더 타임스》 칼럼에서 이렇게 썼다.[14] "오늘도 세상 문제는 다 젊은이들 탓이지."

왜 이렇게 분노한 것일까?

설문 조사에 따르면 MZ세대, 특히 그중에서도 '줌머스(Zoomers)'라고 부르는 Z세대는 다른 사람의 견해에 대한 수용성이 떨어지기 때문에 입스(Yips: young illiberal progressives, 젊은 비자유주의적 진보주의자)라고 불렸다. 페테르의 의도는, 자신의 세대가 단순히 신청교도로 분류되어서는 안 된다는 것이었다. 젊은 세대는 "연장자들보다 검열하는 성향이 강하지만, 이는 취약 계층을 지지하기 위한 방편"이기 때문이다. 이들 젊은 세대가 참지 못하는 것은 트랜스포비아(transphobia)*, 인종 차별, 여성 혐오, 동성애 혐오 및 기후 변화 부정** 같은 편견이지, 특정 집단

---

* 트랜스포비아: 성전환과 트랜스젠더에 대해 적대적이고 배척하는 태도와 감정을 가지는 것을 의미함. - 옮긴이
** 기후 변화 부정 혹은 지구 온난화 부정: 기후 변화에 대한 과학적 합의를 인정하지 않는 태도를 가리킴. - 옮긴이

구성원이 아니라는 것이다. 페테르에 따르면 베이비붐 세대는 이 둘을 잘 구분하지 못하고, 위의 설문 조사 결과를 액면 그 대로 받아들여 젊은 세대를 공격하는 무기로 사용하는데, 거 기에는 중요한 이유가 있다. 페테르의 동년배들은 "소셜미디 어와 함께 자라나기만 한 것이 아니라, 소셜미디어를 통해 대 화하면서 성장"[15]했기 때문이다.

따라서 베이비붐 세대와 MZ의 소통은 원활할 수가 없다. 이는 기술 때문이기도 하지만, 세대의 운 때문이기도 하다. 영 국의 60대는 다른 연령대보다 100만 파운드 이상 더 많은 자 산을 보유하고 있다. 페테르와 로이신이 속한 세대와 그보다 어린 세대는 이전의 부모 세대 같은 행운을 누리지 못하고 있 다. 대학 등록금 부담이 과중하고, 주택 공급이 충분하지 않 으며 주거 비용도 높다. MZ세대가 보기에 부모 세대는 희생 을 하기는커녕 경제를 망가뜨리면서 그 과정에서 큰 이득을 챙겼다.

1998년 전까지 영국의 공립대학 학비는 전액 무료였다. 2022년 현재 영국 공립대학 등록금은 연평균 9,250파운드(한화 로 약 1,700만 원)다.[16] 이는 대학생들이 엄청난 부채를 져야 한다는 뜻이다. 2021년 정보 공개에 따르면 영국에서 가장 많은 빚을 지고 있는 학생의 부채는 18만 9,700파운드(약 3억 5,000만 원)에 달 했다. 물론 이는 예외적인 경우다. 그러나 부채가 10만 파운드 (약 1억 8,000만 원) 이상인 학생은 흔하며, 2020년 졸업생의 '평균'

투자세대 대전환

부채는 4만 5,060파운드(약 8,284만 원)였다. 미국에서도 지난 20년 동안 학자금 대출 규모가 두 배 이상 증가했다.[17] 직설적으로 말하면, MZ 대졸자들의 부채는 베이비붐 세대와 비교했을 때 어마어마하게 많다.

이 부채 부담으로 인해 MZ세대의 주택 구입에 제동이 걸렸다. 자신이 평생 집을 갖지 못할 것이라고 응답하는 밀레니얼 세대 비율이 매년 상승하고 있다(2022년 현재 22%). 40세에 자가 주택을 보유한 인구 비중도 밀레니얼 세대가 60%로, 베이비붐 세대 68%에 비해 눈에 띄게 하락했다.[18] 지난 20년 동안 영국의 주택 가격이 세 배 이상 상승하면서 자가 주택을 보유한 젊은이의 수는 급격히 감소했다. 1989년에는 25~34세 인구 중 50% 이상이 집을 소유하고 있었지만 2019년에는 이 비율이 거의 절반 수준인 28%로 하락했다.[19]

그 결과 MZ세대는 모기지 대출을 갚아나간 후 결국에는 집을 갖게 되지만, 남은 평생 집 주인(대부분 베이비붐 세대)에게 임대료를 지불해야 한다. 런던 중심가의 전형적인 침실 2개 주택의 월평균 임대료는 1,450파운드(약 267만 원)로, 월세로 사는 평균적인 부부 소득 중 41%가 임대료로 지출된다. 반면 자가 주택을 보유한 사람과 공공 주택에 사는 부부는 각각 총소득의 18%와 30%를 임대료로 지출한다.[20] MZ세대가 불만이 많을 수밖에 없다. 커리어 측면에서도 이런 상황은 마찬가지다.

영국에서 특히 MZ세대는 직장에서 멀어지고 있다. 이른바 '조용한 퇴사'가 늘고 있다. 이들은 "심리학자들이 '직업 시민 행동 양식'이라고 부르는 근면 성실한 근로 문화를 탈피하고 있다."[21] 이들은 사무실에 앉아 있지만 몸만 일하고 정신은 다른 관심사나 취미 생활에 가 있다. 생산성을 높이기 위해서는 동기부여가 필요하다. 영혼 없는 업무는 비생산적일 수밖에 없다. 갤럽(Gallup)의 2022년 글로벌 업무 현장 보고서에 따르면, 영국의 MZ 노동자 중 업무에 열정과 의욕을 보인 사람은 단 9%로, 38개 유럽 국가 중 33위에 머물렀다.[22]

여기에서 두 세대 간 갈등이 발생한다. 베이비붐 세대는 행운을 타고난 반면 MZ세대는 그렇지 못하다는 불평등감이 조성되고 있는데, 사실이 그렇다. MZ세대가 이런 상황을 바꾸고 싶어 하기 때문에 이는 자본주의의 미래에 중대한 영향을 미칠 것이다. 젊은 세대는 더 공평한 세상을 원한다. 그리고 이들은 베이비붐 세대의 흔적이 조금이라도 느껴지는 것은 무엇이든 주저 없이 버릴 것이다. 이들에게 '부당하게 얻은' 이익은 오염된 자본이기 때문이다.

그러나 이 오염된 자본은 정화될 수 있다. 베이비붐 세대는 그들이 양적 완화, 저금리, 자산 인플레이션에서 비롯된 장기적인 강세 시장의 수혜자임을 받아들일 수 있어야 한다. 호황에 참여할 기회가 세대 간에 불공평하게 주어졌음을 인정할 필요가 있다. 베이비붐 세대는 젊은 세대가 제기하는 정당한 비판을 단순한 불평으로 치부하고 무시하지 않아야 한다.

또한 가치를 창출하는 자본주의의 견고한 기능을 유지하는 한편, 이를 분배하는 방식을 개선하는 데 적극적으로 참여하고 중요한 역할을 해야 한다.

## 금융 시스템의 원죄

나는 투자은행가로서 40년 이상을 금융의 중심지인 런던 금융시장에서 일했다. 그동안 많은 금융위기가 있었지만, 지금 전 세계에서 일어나고 있는 변화는 비할 수 없이 깊고 넓다. 단순히 금융 영역 내에서의 변화가 아니라 이전 세대가 정의했던 시장경제의 철학적 바탕에 대한 근원적인 도전이기 때문이다. 이는 오랜 기간 유지되어 온 기존 상태에 대한 도전이며, 전후의 브레턴우즈 협정*이나 글로벌 경제 안정성을 높이기 위한 각국 정부의 그 어떤 정책보다 큰 영향을 미칠 것이다.

지금 우리는 2008년 글로벌 금융위기 이후 그 어느 때보다도 큰 위협에 직면하고 있다. 현재의 글로벌 금융 시스템은 심각한 부채를 가져왔고, 에너지 가격을 감당하기 어려운 수준

---

* 브레턴우즈 협정: 1944년 44개국 정상이 미국 뉴햄프셔주 브레턴우즈에 모여 통화금융회의를 열고 국제통화기금과 세계은행의 창설, 그리고 금본위제(금 1온스의 가치를 35달러로 고정)를 골자로 하는 협정서에 서명한 것. - 옮긴이

까지 상승시켰다. 그 결과 이전 세대에는 상상할 수 없었던 우크라이나 전쟁까지 발발했다. 중앙은행과 정부, 그리고 국제 금융 기구들은 이런 문제를 해결하고 글로벌 경제를 잘 이끌 수 있다고 자신하고 있지만 실제로 그럴 수 있을지는 의문이다. 만약 향후 몇 년 안에 글로벌 경제가 안정되지 않고 성장이 둔화되고 기회가 줄어든다면 세대 간 긴장은 더 심해질 것이다. 이런 환경에서는 더더욱 주택을 소유하고 있는 베이비붐 세대가 다음 세대보다 더 쉽게 생존할 수 있을 것이다.

1976년 내가 처음 씨티은행(City Bank)에서 일하게 되었을 당시 금융시장은 파운드화 위기(sterling crisis)*를 겪고 있었다. 최초의 통화 위기였기에 지금보다 변동성이 훨씬 컸다. 나는 첫 출근 날 외환 트레이딩 부서에서 구식 모니터를 통해 파운드화가 실시간으로 급락하는 상황을 보았다. 상상할 수 없는 굴욕을 감당하면서 재무장관은 파운드화 하락을 방어하기 위해 IMF에 재정 지원을 요청했다. 손실이 쌓이면서 공포가 만연했다. 파운드화 하락을 막기 위해 무엇을 해야 할지 경제학적 관점의 답을 기대하며 선임 트레이더에게 물었는데 뜻밖에도 그는 지치고 두려운 표정으로 "기도하세요! … 기도가 경제학

---

* 1976년 파운드화 위기: 스털링(sterling)은 영국 파운드화를 가리킴. 1973년 발생한 오일쇼크의 여파로 1975년 인플레이션이 25%에 육박하며 결국 스태그플레이션 상황으로 이어졌다. 이에 제임스 캘러헌 영국 노동당 정부는 파운드 가치를 지키기 위해 IMF에, 당시로는 최대 규모였던 39억 달러 구제 금융을 신청했다. - 옮긴이

　　　　　　　　　　　　　　　투자세대 대전환

자나 트레이더보다 더 나을 거에요!"라고 답했다. 그는 내가 케임브리지에서 신학을 공부했다는 사실을 알고 그리 답했던 것 같다.

이런 일을 겪으면서 나는 경제학에 대한 지식만으로는 위기를 극복하는 데 한계가 있음을 깨달았다. 금융시장을 수면 아래에서 움직이는 것은 정치적, 사회적인 힘이다. 자본시장은 홀로 동떨어져서 존재할 수 없는 것이, 사람들의 행태나 사회의 병폐와 이어져 있기 때문이다. 모든 위기는 똑같이 공포에서 비롯된 변동성에서 시작되지만, 각각의 위기에 대처하는 방식은 완전히 다르다.

그 이후 나는 수많은 직책을 거쳐 여러 금융기관의 리더 위치에서 우리 시대의 주요 금융위기 중 몇 가지를 겪었다. 그 중에서도 1987년 대폭락, 2000년 닷컴 버블, 그리고 2008년 글로벌 금융위기를 빼놓을 수 없다. 앞서 언급했듯 2008년 글로벌 금융위기는 미국으로 치자면 9.11 테러 정도의 충격을 준 사건으로, MZ 성장기에 매우 중요한 영향을 미쳤다. 2008년 글로벌 금융위기는 이들의 삶을 변화시켰고 주요 금융기관, 특히 은행 시스템에 대해 불신의 씨앗을 뿌렸다. MZ세대는 금융기관의 무능함을 잊지도, 용서하지도 않았다. 글로벌 금융위기로 신뢰가 무너지고 가족이 타격을 받으면서 상처 입은 MZ세대는 글로벌 시장경제에 비판적으로, 때로는 파괴적으로 대응했다.

2008년 글로벌 금융위기가 시작된 지 몇 달 후, 반자본주의 운동인 '점거 운동(occupy movement)'* 시위대가 세인트 폴 대성당 앞에 진을 치고 런던 증권거래소를 규탄했다. 은행가와 증권거래소 기물 파손과 폭력적인 공격이 이어지면서 공포 분위기가 조성되었다. 이 공포는 시위대를 물리적으로 진압하고 강제로라도 철수시켜야 한다는 주장으로 이어졌다.

그런 가운데 나는 런던 주교로부터 씨티은행의 경영진과 시위대 사이를 중재해 달라는 부탁을 받았다. 시위대 캠프로 들어서면서 나는 이들의 강렬한 분노에 충격을 받았다. 그들은 나와 대면하자마자 이런 질문들을 던졌다. "자본주의가 그렇게 좋은 것이라면 왜 우리에겐 안 좋은가?" "탐욕스러운 자본가들이 세계를 망친 대가로 왜 우리가 고통을 받아야 하는가?"

이런 질문이 그 이후로도 계속 나를 괴롭혔고, 우리 세대가 긴급하게 답해야 할 질문임을 계속해서 일깨워 주었다.

이후 많은 이들이 "반자본주의적 정서는 저절로 누그러지지 않을까요?"라고 물었다. 나는 그렇게 생각하지 않는다. 점거 운동이 끝난 지 10년이 넘었지만, 상황은 오히려 악화되고 있다. 이들은 이제 힘없는 젊은이도, 히피족도 아니라 광범위

---

* 2008년 글로벌 금융위기에 대한 반작용으로 전 세계에서 사회 및 경제 불평등에 저항하는 사회운동이 일어남. 맨해튼에서 시작된 'Occupy Wall Street'를 시작으로 82개국 951개 이상의 도시에서 시위가 벌어짐. - 옮긴이

한 대중에게 다가갈 수 있는, 새로운 기술로 무장한 고도로 지적이고 신념을 가진 개인들로 이루어진 세계적인 집단이다. 그들은 언제든 거리로 나서거나 언론이나 소셜미디어를 장악해 자신이 지지하는 변화를 관철할 준비가 되어 있다. 나는 이 세대가 타당한 비전을 가지고 있으며, 거대한 규모의 세대 간 자본 이동이 이루어지면서 시장경제에서 이 비전이 실현되기 시작했다고 생각한다.

이들의 비전은 금융 규제를 국지적으로 바꾸는 데 그치지 않고 급진적인 데다가 구석구석까지 영향을 미치고, 전면적인 변화를 가져올 것이다. 글로벌 금융위기는 전체 금융 생태계의 실패를 방증하는 증거였고 MZ세대는 자본주의의 본질 자체에 의문을 품기 시작했다. 이런 추세는 시장의 외부가 아니라 내부에서 비롯되었다. MZ세대는 세계의 주요 금융기관을 넘겨받을 것이며, '일이 원래 이렇게 돌아가는 것'이라는 고정관념을 거부하고 있다.

"원래 그런 거니까 그냥 그렇게 받아들여라"라는 말은 이 세대에는 통하지 않는다. 이런 태도가 어떤 결과를 불러왔는지 이미 목격했기 때문이다. 이들은 부모 세대와는 다른 원칙과 방식으로 일하고자 하며, 이를 실현할 자금력도 갖추게 될 것이다. 젊은 세대의 분노가 커져만 가는 상황에서 부모 세대가 수동적인 관찰자 역할을 맡는 것은 옳지 않다. 미지의 물결을 잘 헤쳐나가기 위해서는 모든 세대의 힘이 필요하다.

# MZ도 보수화되지 않을까?

＝＝＊＝＝

　많은 베이비붐 세대는 MZ세대도 나이를 먹으면서 금융기관에 대한 적대적인 태도를 버릴 것이라고 생각한다. 특히 그들이 많은 자산을 물려받고 나면 말이다. "당신이 20세에 진보주의자가 아니라면 마음이 없는 것이요, 40세에 보수주의자가 아니라면 머리가 없는 것이다"와 같은 맥락이다. 유명한 이 말은 흔히 윈스턴 처칠(Winston Churchill)이 한 말로 잘못 알려졌다.

　X세대(베이비붐 세대와 MZ세대의 중간에 낀)인 마이클 디컨(Michael Deacon) 기자는 최근 《데일리 텔레그래프(Daily Telegraph)》에서, 지금은 베이비붐 세대가 부의 불평등한 분배부터 주택 부족까지 모든 점에서 비난을 받고 있지만 MZ도 재산을 상속받고 난 후에는 결국 사회주의 사상에서 멀어질 것이라고 예측했다.

　나는 이런 주장을 매우 경계해야 한다고 생각한다. 그 이유는 첫째, MZ세대가 '철이 들면서' 좌파적 이상을 벗어날 것이라는 베이비붐 세대의 일반적인 주장은 가르치려 드는 태도에서 나온 것으로, 세대 분열을 조장한다. 둘째, 이런 주장은 MZ가 베이비붐 세대와는 근본적으로 다른 존재임을 이해하지 못하는 데서 나왔다는 것이다.

　MZ는 세상이 어떻게 돌아가야 하는지에 대해 기존 세대와 다른 관점을 가지고 있다. 이들의 반자본주의(좀 더 완곡히 표현한다면 자본주의에 회의적인) 성향은 단순히 나이를 먹거나 재산을 물려받는다고 사라지지 않을 수도 있다. 이는 비판도 칭찬도 아니며, 반드시 이해해야 하는 중요한 사실이다. MZ세대의 이상주의는 자본주의의 미래에 큰 영향을 미칠 것이기 때문이다. 때때로 방향을 잡아주거나 심지어 억눌러야 할 필요가 있지만, 강제로 없앨 수 있는 것은 아니다.

제임스 매리엇이 2023년 초에 《더 타임스》에서 지적한 바와 같이, 특히 영미권 국가들의 MZ세대는 나이를 먹더라도 정치적인 성향이 크게 달라질 것 같지 않다. 그는 다음과 같이 논평했다.[23]

만약 당신이 젊고 이상주의적이며, 당신의 좌파적 성향이 중년에 접어들면 세파에 찌들어 순수성을 잃을까 봐 걱정된다면 주위에서 들리는 언어에 귀를 기울여 보라. 만약 영어권 국가에 살고 있다면 당신의 젊은 사회주의가 타락하지 않을 가능성이 크다. 영국, 미국, 호주, 뉴질랜드, 그리고 캐나다의 밀레니얼 세대는 나이가 들면 우경화된다는 정치 법칙을 벗어났다. 최근 《파이낸셜 타임스》 분석에 따르면, 요즘의 35세 영국인이나 미국인은 '역사상 가장 덜 보수적인 35세'다.

하지만 유럽에서는 사정이 다르다. 프랑스, 이탈리아, 독일,

스페인에서 "젊은이들은 여전히 전통적인 정치 법칙을 따라 나이가 들면서 점점 우파적 성향을 띠게 된다."[24]

그러므로 특히 영어권 국가의 베이비붐 세대는 다가오는 세대와 새로운 방식으로 소통을 할 필요가 있다. 명령과 통제를 통한 관리 구조의 시대는 지났지만 새로운 형태의 소통은 아직 완전히 정립되지 않았다. 그러므로 의사결정 과정에서 개방성과 포용성, 그리고 협업을 기반으로 조심스럽게 접근할 필요가 있다. 비교적 깨어 있는 사람들은 이미 이런 소통 방식을 추구하고 있으며 이들을 깊이 이해해야 할 필요성을 느끼고 있지만, 동시에 젊은 세대의 이상주의적 열정에 과감히 의문을 던질 수 있는 자신감 또한 필요하다. 밀레니얼이라는 용어는 여전히 젊은 층을 가리키고 있지만 밀레니얼 세대 중 나이가 많은 사람은 (2025년 기준) 40대 중반이 되었고, 어린 사람도 20대 중후반이다.

많은 Z세대도 이미 '성인'이 되었지만 그렇다고 해서 이들이 정치적으로 보수화되고 있다는 이야기는 아니다. 실제로, 시장경제 싱크탱크인 경제문제연구소(Institute of Economic Affairs)의 최근 보고서에서도 MZ세대가 단시간 내에 보수화되지는 않을 것으로 분석했다. 보고서를 작성한 크리스티안 니미츠(Kristian Niemietz) 박사는 "지난 5년 동안 밀레니얼 세대와 Z세대 사이에서 사회주의 이념에 대한 지지가 더 강해지고 있다는 설문 조사 결과가 쏟아져 나왔다. 한 세대, 아니 두 세대가 자본주의에 등을 돌린 것이다"라고 말했다.

이 문제가 바로 이 책의 핵심이다. 지금 우리는 새로운 방식으로 자본이 획득되고, 투자되며, 분배되기 시작하는 중요한 시점에 서 있다. 우리 앞에는 MZ세대가 자신의 가치를 일방적으로 강요하게 될지, 아니면 다 같이 함께 앞으로 나아갈 수 있을지의 문제가 놓여 있다. MZ세대가 변화를 원한다는 사실은 분명하다. 세대 간 갈등의 근본적인 원인은 기성세대는 이전 세대보다 삶의 질이 나아질 것이라고 기대할 수 있었던 반면, 지금의 젊은 세대는 그렇지 못할 게 거의 확실하다는 점에 있다.

좋은 사례로 슈퍼 리치(super-rich) MZ세대를 들 수 있다. 이들은 분명 존재하지만 슈퍼 리치 베이비붐 세대보다는 훨씬 적고 드물다. 1992년생 마릴린 엥걸혼(Marlene Engelhorn)을 예로 들어보자.《뉴욕타임스(New York Times)》인물란에 그녀는 이렇게 소개된다. "마릴린 엥걸혼은 수백만 유로를 상속받았지만 자신의 재산이 세금으로 사라지기를 바란다."

마릴린 엥걸혼은 세계 최대의 화학회사인 BASF를 1865년에 설립한 프리드리히 엥걸혼(Friedrich Engelhorn)의 후손으로 수십억 달러의 재산 중 일부를 상속받았다. 그녀는 오스트리아 빈에서 성장했으며, 자신은 계층 특권을 전혀 느끼지 못한다고 했다.[25] 그리고 지금은 "다른 젊은 좌파 백만장자들처럼 상속받은 재산의 많은 부분을 정부가 세금으로 거두어 간 다음 불로소득을 사회에 재분배해 주기를 바란다."[26]

마릴린 엥걸혼은 택스미나우(Tax Me Now)*라는 단체의 공동 설립자로, 상속받은 재산의 90% 이상을 내놓겠다고 약속했다. 하지만 그녀는 자선단체에 대한 기부가 아닌 세금 형태로 재산이 회수되기를 바란다고 공언했다. 특히 세금에 대한 태도는 MZ와 베이비붐 세대 간 차이를 흥미로운 방식으로 보여준다. 대부분의 베이비붐 세대는 반드시 내야 하는 것보다 더 많은 세금을 국가가 부과한다면 격렬히 저항할 것이다. 반면 마릴린 엥걸혼(물론 전형적인 MZ세대와는 거리가 있다)은 조금 어리석어 보일 수 있지만 국가를 믿고 자산을 기꺼이 정부에 맡기는 신세대의 모습을 반영한다.

마릴린 엥걸혼은 "저는 불평등한 사회의 산물입니다"라고 말한다. 엥걸혼뿐만이 아니다. "부모 세대와는 달리 부자 증세에 찬성하는 젊은이, 마릴린 엥걸혼이 '다음 세대의 부자들'이라고 부르는 젊은 백만장자의 수가 빠르게 늘고 있다."[27]

기성세대와는 달라진 MZ세대의 사고방식이 바로 내가 말하는 변화이며, 이것이 자본주의를 변혁할 것이다. 엥걸혼은 기존의 규칙을 완전히 버리고 자기가 손해를 보는 한이 있더라도 사회를 개혁하고자 하는 신세대의 의지를 대표적으로

---

* 택스미나우: 2021년 오스트리아에서 설립된 비영리단체. 부자에 대한 상속세와 재산세 증세를 주장한다. - 옮긴이

보여주고 있다. 그녀가 또래의 젊은 백만장자들에게 바라는 것은 기부를 통한 선행이 아니다. 그녀가 원하는 것은 그와 정반대로, 시스템 자체의 변혁이다.

이런 변혁은 MZ 시대에는 전 세계에서 일어날 것이며, 우리가 이런 변화에 준비하지 않으면 사회 구조는 무너질 것이다.

개인적으로 나는 엥겔혼의 분노에 깔린 동기에 동의하지 않는다. 새로운 자본주의에서 혁신과 가치 창출보다 과세를 통한 부의 분배가 더 중요한 가치라고 주장하는 MZ세대와 논쟁할 때, 베이비붐 세대는 이 지점에서 자신감을 잃지 않아야 한다.

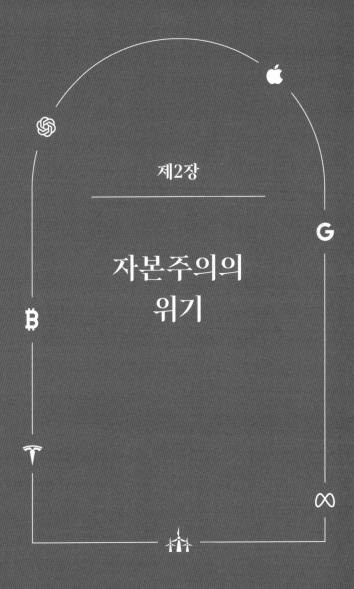

제2장

자본주의의
위기

1790년 11월, 아일랜드의 정치가 에드먼드 버크(Edmund Burke)는 『프랑스 혁명에 대한 고찰(Reflections on the Revolution in France)』이라는 제목의 정치 서적을 출간했다. 책에서 그는 한 세기에 걸친 혁명, 유혈 사태, 사회 재편에 대해서 고찰했다. 프랑스 대혁명은 유럽의 질서를 뒤흔들었고, 미국 또한 영국으로부터 독립을 쟁취하면서 국제 질서가 재편되었다. 공화정 체제에 대한 큰 꿈과 희망이 생겨났고, 주권 국가에서 어떻게 살아가야 하는지에 대해 많은 질문이 제기되었다. 시민들은 서로 어떤 관계를 맺어야 하는가? 국가는 혁명 후 혼란스러운 상황에서 어떻게 회복해야 할까? 사회를 움직이는 핵심 동력은 무엇인가?

　버크가 책을 출간한 18세기에 가장 많은 영향을 미친 정치 이론 중 하나는 장 자크 루소(Jean-Jacques Rousseau)의 사회계약설이었다. 사회계약설은 국민 개인 간, 그리고 국민과 통치 주체 간의 상호 동의를 통해 국가가 기능한다는 이론이다. 그 기본 개념은 각 개인은 타인을 신뢰하는 것이 자신에게 유리하기 때문에 타인을 신뢰하고, 자신에게 마땅히 주어진 권리인 자유를 국가가 보장할 것이라는 기대를 가지고 통치 기관을 신뢰한다는 것이다.

버크는 이 사회계약설을 한층 더 발전시켰다. 그는 "국가
란 현재 살고 있는 사람들뿐만 아니라 과거에 살았던 사람들,
그리고 앞으로 태어날 사람들 간의 협력"이라고 주장했다. 진
정한 사회계약은 주권과 국민 간에 이루어지는 것이 아니라,
세대 간에 놓여 있다는 것이다. 사회는 세대 간의 신뢰가 있어
야만 유지될 수 있다.

우리 사회에 정말 필요한 것이 세대 간 신뢰다. 앞서 말했
듯 베이비붐과 MZ 사이의 신뢰와 상호 존중이 무너졌다는
것은 과장이 아니기 때문이다. 사실, 세대 간 긴장은 한계점에
다다랐다. 가슴 아픈 일이지만 이는 자본주의, 나아가 우리 세
계의 미래 전체를 위협한다.

## 시스템의 몰락

나는 내가 성장하던 시기인 1960년대의 시대정신에서 많
은 영향을 받았다. 1960년대는 구세대의 한계와 경계를 모두
허물어버린 10년으로, 허용되지 않은 것은 없었다. 누구보다
내가 우선인 세상이었고, 모든 경계가 사라진 것이 자랑이던
시기였다. 이 모든 것이 제2차 세계대전 이후 서구권에서 일어
났던 사상 초유의 호황과 맞물렸다. 1980년대와 1990년대, 그

리고 2000년대는 번영의 시대였다. 문제라고 한다면 부를 과시하는 풍조 정도였다. 1980년대를 '과잉의 10년'이라고 부르는 것도 무리는 아니다. 금융시장 규제가 느슨해지면서 경쟁이 심화했고 통화 정책이 완화되면서 현재 자본시장의 온갖 문제와 리스크가 발생하게 되었다.

우리는 이런 시대가 어떻게 막을 내렸는지 잘 알고 있다.

나는 호황의 끝이 찾아왔던 바로 그 순간을 정확하게 기억한다. 소문이 처음 퍼지기 시작했을 때 나는 사무실에 있었다. 몇 달 동안 소문이 돌기는 했지만, 소문이야 늘 있는 것이었다. 그러나 그때의 소문은 무서울 정도로 사실적이었다. 2008년의 일이었다. 1929년 월스트리트 대폭락 이후 가장 심각한 금융위기였던 글로벌 금융위기가 우리에게 닥쳤다. 미국 주택 가격 버블이 꺼지면서 미국 GDP가 4.3% 감소했고 실업률도 5%에서 10%까지 치솟았다. 위기는 전 세계적으로 퍼져 나갔다.

사무실 창문에서 보이던 런던 금융가는 평소와 같았다. 예배당처럼 고요한 거리에 반짝거리는 빌딩들이 줄지어 서 있었다. 모든 것이 무너지기 직전의 폭풍 전야처럼 끔찍하게도 평온해 보였다. 리먼브라더스가 파산하기 며칠 전의 일이었다. 정리해고를 당해 회사를 떠나는 금융인들의 모습이 전 세계 텔레비전 화면을 채웠다. 이를 기점으로, 대서양을 사이에 두고 양 끝에서 경제를 떠받치고 있던 미국과 유럽 시장이 차례차례 무너졌다. 금융기관의 지급 능력이 마비되고 임금은 체불되었으며, 사람들은 집을 잃고 쫓겨났다. 사회의 톱니바퀴가 멈춰서고 있었다. 이 모든 사건을 앞두고 나는 점점 더 큰 불안감을 느꼈다.

당시 나는 세계에서 가장 큰 투자은행 중 한 곳에서 회장직을 맡고 있었다. 적어도 금융계에서는 더는 올라갈 데가 없는 위치였지만, 그런 일은 난생처음 보았다. 우리는 거의 본능적으로 지금과 같은 삶이 앞으로도 영원히 유지될 거라고 생각하는 경향이 있다. 하지만 나는 거대한 빌딩 숲을 둘러보면서 그렇지 않음을 깨달았다. 은행, 금융 시스템, 심지어 화폐 자체도 모두 인간 스스로 만든 발명품이었다. 우리는 우리를 파멸에 이르게 할 것들을 발명해 낸 것이다.

곧 사방 곳곳에서 전화가 오고, 필사적으로 해결 방법을 찾으면서 몇 날 며칠을 사무실에 갇혀 지내는 시간이 찾아올 것이었다. 그리고 그보다 더한 일도 곧 들이닥칠 것이었다.

하지만 바로 그 순간 실낱같은 평온함이 깃들었다. 세상은 참수를 목전에 둔 사형수 같았다. 수백 년간 인간이 이뤄낸 진보가 우리를 여기까지 데려온 것이다. 기술을 통해 우리는 전 세계에 걸쳐 정교한 시스템을 구축했다. 한 세대나 두 세대 전의 사람들은 상상할 수 없었던 수준으로 전 세계가 연결되었다. 그리고 이제 그 연결성으로 인해 공포가 전 세계 모든 지역으로 퍼져나가며 우리를 무너뜨릴 것이고 누구도 이를 막을 수 없을 것이다. 이 시스템은 곧 정체를 드러내려 했다. 덧없는 환상이자, 연기와 거울에 불과한 모습을 말이다.

현대 사회의 기초이며 우리 시스템의 반석이 모래처럼 흩어졌다. 2000년대가 기억 속으로 사라지고 2010년대의 변동성 속으로 들어서면서, 나는 2008년의 사건이 이제 막 성인이 되는 밀레니얼 세대에게 얼마나 큰 영향을 주었는지를 깨닫고 깊은 충격을 받았다. 밀레니얼 세대와 그 뒤를 이은 Z세대가 글로벌 경제 위기에 지대한 영향을 받았다는 사실에는 의심의 여지가 없으며, 이를 다룬 글은 수도 없이 많다.

MZ세대는 자신이 인생에서 나쁜 패를 받았으며 부모 세대의 죄가 자신에게 전가되었다고 느꼈다. 이들은 경영 실패, 집단 사고, 그리고 탐욕으로 인한 금융위기로 부모 세대의 삶이 찢겨나가는 것을 목격했다. MZ세대는 과거의 불의와 실패에 대해 더 인지하고, 힘을 가진 사람들에 대항해 더 목소리를 내게 되었다. 하지만 이것이 끝이 아니었다.

## 상처에 소금 뿌리기

그로부터 12년 후, 나는 다시 한번 몰락을 맛보았다. 회복하고 재건되는 것처럼 보였던 발밑이 또다시 꺼진 것이다. 물론 코로나19 팬데믹 이야기다. 이번에는 금융이 아니라 역학적인 측면에서였지만, 전 세계의 연결성과 통합이 다시 한번 위기의 촉매로 작용했다. MZ세대는 20년도 안 되는 기간 동안 '일생에 한 번 경험할까 말까' 하는 일을 두 차례나 겪었다. 어떤 기준으로 보아도 정말이지 '나쁜 패'라고 말할 수밖에 없다.

2020년은 어떤 직장에서든 직장 초년생에게 좋은 시기가 아니었다. 좀 더 윗줄의 밀레니얼 세대는 그나마 고용시장의 침체를 겪지 않았지만 20대 중후반의 직장인들은 경력에 제동이 걸리고 삐걱거리는 것을 느꼈을 것이다. 급여가 삭감되고 승진이 지연되며 네트워크를 쌓을 기회가 사라졌다면 그나마 운이 좋은 경우였다. 운이 나쁜 경우에는 무급 휴직 또는 해고를 당하기도 했다. 20대 초반 Z세대 졸업반 학생들은 최악의 고용시장을 경험했다. 커리어를 시작하는 첫 싹이 무참히 짓밟혔다.

한편, 많은 자산을 들고 있던 베이비붐 세대는 2008년 글로벌 금융위기에도 불구하고 지난 20년 동안 자산 가격 상승과 유례없는 주식시장 호황에서 큰 수혜를 보았다.

이런 점을 감안할 때 MZ세대가 자본주의 시스템에 대해 신뢰를 잃었다는 것이 정말 놀라운 일일까? 이 게임 자체에서 벗어나기로 결정할 만큼 믿음을 잃었다는 사실이 말이다. 채프먼대학 도시미래연구소(Urban Futures)의 조엘 코트킨(Joel Kotkin) 교수는 "사람들이 미래에 대한 믿음을 잃고 있다"라고 생각한다.[1] 그러니 상황이 개선되는 과정에 참여도 하지 않는다는 것이다. 세계 민주주의 측면에서 보면, 1980년대는 투표율이 평균 80%를 기록했으나 최근에는 60% 가까이 떨어졌는데, 이는 젊은 세대가 (아마도 당연히) 투표에 참여하기를 거부하고 있기 때문이다. 코트킨의 전망은 우려스럽지만 MZ세대가 투표에 참여하도록 독려할 경로가 필요하다는 점을 잘 보여준다. 그는 다음과 같이 썼다.

> 분명 자본주의는 잘 기능하지 못하고 있습니다. 전 세계 28개 국에서 대다수가 자본주의에는 장점보다 단점이 더 많다고 생각하고 있습니다. 미래에 반감을 품은 이들은 자신이 시민이 아니라 죄수처럼 살고 있다고 생각할 수도 있습니다. 이런 결과를 피하기 위해서는 사회 시스템에 대한 불만을 인류의 발전에 대한 의욕과 헌신으로 바꿀 방법을 찾아야 합니다.

MZ세대가 부모 세대와 같은 마음으로 자본주의에 참여하도록 하기 위해서는 자본주의가 변해야 한다. 이들이 사회에 참여해야 할 이유를 주는 데 그치지 않고 참여하고 싶도록 만들어야 한다. 자본이 없는 세대는 절대로 자본주의를 선택할 수 없다. 자신은 박탈당한 자산을 축적하고, 주택 소유의 기회를 누린 부모 세대를 시샘 어린 눈초리로 바라보며 임대료를 내야 하는 세대도 마찬가지다. 그들만의 세계에 갇혀 자본주의를 비난하는 것보다는 이전 세대와 힘을 합쳐 자본주의를 함께 수정하는 것이 자신들에게 이익이라고 믿을 때 비로소, 상속받은 자산을 새롭고 신나게 사용하겠다고 마음먹을 것이다.

## 반자본주의 정서는 어디서 오는가?

MZ세대는 과거에도 힘들었고 현재도 여전히 힘들다. 내가 사회생활을 하는 동안 경험하고 어느 정도는 옹호했던 자본주의가 세대 간 불평등과 불균형을 악화했다는 사실을 부정할 수 없다. 2008년 이후 2020년대에 이르러서도 인류의 대차대조표상 비용은 우리 세대가 아니라 다음 세대가 치르고 있다. 젊은이들은 "자본주의가 그렇게 좋은 것이라면 왜 우리와 우리가 사랑하는 사람들에게는 혜택을 주지 않는가?"라고 외치고 있다.

이런 비판에 대해 "자본주의는 과거의 어떤 체제보다 더 많은 풍요를 수십억 인류에게 가져다주었다"라는 차갑고 분석적인 공리주의적인 주장은 충분한 대답이 되지 않는다. 더구나 대기업과 금융권의 신뢰도가 무너진 상황에서는 전혀 도움이 되지 않을 것이다.

그런데도 많은 우리 세대는 오늘날의 젊은이들이 권리만

주장하고 감사할 줄 모르며, 매사에 불평만 하는 인내심 없는 사람들이라고 생각한다. 또 프랭크 푸레디(Frank Furedi)가 저서 『왜 경계가 중요한가(Why Borders Matter)』에서 말한 것처럼, 밀레니얼 세대는 "너무 유아적이고 나약하며, 독립적인 사고를 할 수 없어서 아무짝에도 쓸모없다"라고도 생각한다. 직장에서건 가정에서건, 또는 무슨 일을 하건 간에 MZ는 쓸모 있는 일이라고는 할 수 없다고 보는 것이다.

베이비붐 세대는 젊은 세대를 무시한다. 삶은 원래 고달픈 것이고 바닥부터 시작해서 거친 일을 겪은 사람만이 성공을 쟁취하는데, 젊은 세대는 세상이 은쟁반 위에 곱게 놓여서 주어질 것으로 기대한다고 믿는다.

이런 인식은 매우 불공정하며 사실과 전혀 다르다. 나는 사회 규범과 기술이 엄청나게 변하고 경제적 혼란이 만연한 시대에 MZ세대를 코칭하고 멘토링해 왔으며, 거꾸로 이들에게서 많은 것을 배웠다. 진심으로 나는 이들 세대가 사회라는 프리즘의 모든 각도를 빈틈없이 살펴보고 아직 도래하지 않은 미래를 예견하는 예언자적인 세대라고 생각한다. 마치 인류의 파수꾼인 듯 이들은 인류를 감시하고 있고 정체성의 위기를 겪고 있다. 젊은 세대는 세계화가 이미 실현된 세상에서 앞으로의 우리 삶이 어떤 모습이어야 할지에 대해 재정립하면서 자신들이 누리게 될 부를 희생하면서까지 사회운동과 환경운동을 밀고 나가고 있다. 이는 매우 존경할 만한 일이다.

하지만 이런 상황은 MZ세대의 정서적 건강에 도움이 되지 않았다. 이들은 기성세대가 경제와 사회 등 세계를 잘못 관리해 왔고 오늘날 우리를 괴롭히는 모든 불의와 악이 이기적이고 돈에 굶주린 기업의 탐욕에서 비롯되었다고 생각한다. 옳든 그르든 이런 생각은 깊은 씁쓸함과 분노, 심지어는 기성세대에 대한 증오로 이어진다.

2020년 『세상을 바꾼 명연설(Speeches that Changed the World)』 개정판에는 2019년 여름, 유엔 기후행동 정상회의에서 그레타 툰베리(Greta Thunberg)가 한 유명한 연설이 수록되어 있다. 그녀는 연설에서 시급한 기후 위기에 대처하는 세계 지도자들의 총체적인 직무 유기와 안일함을 비난하며 전 세계적으로 큰 화제를 모았다. 연설문의 시작은 다음과 같았다.

모든 것이 잘못되었습니다. 저는 여기에 있어선 안 되는 사람입니다. 저는 바다 건너편의 학교로 돌아가야 합니다. 그런데도 각국 정상 여러분은 우리 젊은이들에게서 희망을 찾습니다. 어떻게 그럴 수 있습니까? 당신들은 헛된 말로 저희의 꿈과 어린 시절을 앗아갔습니다. 그런데도 저는 운이 좋은 축입니다. 사람들은 고통받고 있고 죽어가고 있습니다. 생태계 전체가 무너지고 있습니다. 우리가 대멸종의 시작에 서 있는데도 당신들은 돈이나 영원한 경제 성장 같은 허황된 이야기만 하고 있습니다. 어떻게 그럴 수 있습니까?

연설문은 다음과 같이 끝났다.

여러분은 우리를 실망시키고 있습니다. 우리 젊은이들은 당신들의 배신을 이제 알아차리기 시작했습니다. 미래의 세대는 모두 당신들을 주목하고 있습니다. 그리고 지금처럼 우리를 계속 실망시킨다면 우리는 당신들을 절대로 용서하지 않을 것입니다. 우리는 이 일을 그냥 넘기지 않을 것입니다. 오늘 여기서 우리는 선을 긋겠습니다. 세계가 깨어나고 있습니다. 그리고 당신들이 원하든 원치 않든 변화는 다가오고 있습니다.

이 연설은 분명 감동적이다. 사람들에게 동기를 부여하고 인류 사회를 변화시킬 강력한 힘이 있다. 동시에 강한 분노와 앙심 또한 담겨 있다. 큰 기대와 함께 큰 비난이 담긴 연설이었다. 툰베리의 연설은 전 세계 뉴스의 헤드라인을 장식했고, 동년배들을 거리로 끌어냈다. 전 세계 기업 회의실에서 많은 관련 질문이 쏟아져 나왔다. "우리는 당신들을 절대로 용서하지 않을 것"이라는 내면의 깊은 외침과 한 세대의 시대 정신을 고스란히 담은 연설이었다.

우리는 서로의 신뢰를 저버렸다. 프란치스코 교황은 2020년 주교들에게 보낸 「프라텔리 투티(Fratelli tutti)」라는 회칙서에서 "모든 세대는 지구를 잠시 빌려 쓰고 있을 뿐이며, 다음 세대에게 물려주어야 할 것"임을 상기한다. 오늘날 연장자들은 자격 없는 젊은이들에게 세상을 물려주는 것이 두렵고, 젊은 세대는 기성세대가 망가뜨린 세상을 물려받는 것이 싫다. 에드먼드 버크가 말한 '세대 간 파트너십'과는 거리가 먼 이야기다.

그렇다면 어떻게 바로잡을 수 있을까? 베이비붐 세대는 MZ세대를 가르치려 들고, MZ세대는 자신의 운명을 탓하며 베이비붐 세대에게 분노를 퍼붓는 세상을 어떻게 바꿀 수 있을까? 세대 간 파트너십은 어떻게 만들어야 할까? 힘과 자본, 영향력이 순조롭고 효과적으로 다음 세대에 이전되되, 무엇보다 자본주의가 존속되면서 이전되려면 두 세대가 마음이 통해야 한다.

## 진보의 그늘

세상이 바뀌었다. 세상은 예전 방식으로 움직이지 않는다. 예전에 잘 통하던 태도도 이젠 통하지 않을 것이다. 이것이 바로 진보다. 진보는 좋은 것이다. 하지만 지난 20세기처럼 진보가 빠른 속도로 진행된다면 충격도 뒤따를 것이다. 여기에 팬데믹까지 가세해 금융, 사회, 제도 등 모든 관점을 바꾸어 놓았다.

유발 하라리(Yuval Noah Harari)는 저서 『사피엔스(Sapiens)』에서

스페인의 한 농부가 서기 1,000년에 잠들어 500년 후에 콜럼버스가 이끄는 니냐호, 핀타호, 산타마리아호에서 선원들이 내는 시끄러운 소리에 깨어나는 상황을 상상해 보았다.[2] 이 농부에게 500년 후에 접한 세상은 '상당히 친숙할 것'이라고 하라리는 생각했다.

> 그러나 만약 콜럼버스의 선원이 같은 식으로 잠에 빠졌다가 21세기 아이폰 벨소리에 깬다면, 자신이 도저히 이해할 수 없는 세계에 와 있음을 알고 이렇게 자문할 것이다. '여기는 천국인가, 아니면 지옥인가?'

나는 이런 상황이 오늘날 베이비붐 세대와 MZ세대 간 특유의 마찰에도 적용된다고 생각한다. 이런 마찰로 인해 지금 세상은 위협받고 있다. 왜냐하면 역사적으로 보았을 때 같은 시대에 사는 두 집단이 이토록 다른 세대 환경에 처한 적이 없었기 때문이다. 과거에는 수백 년이 걸렸을 법한 발전이 단 몇십 년 만에 일어났다.

하라리는 누군가 잠들었다가 500년 후에 깨어나는 상황을 상상했다. 그런데 만약 1960년, 1970년, 1980년에 잠든 사람이 오늘날 깨어난다면 어떨까? 아이폰 한 대의 연산력이 인류가 달에 첫발을 내디뎠던 시대의 컴퓨터 한 대보다 10만 배 높은 지금의 세상에서 잠이 깬다면?[3] 집안에서도 모든 것을 할 수 있는 세상, 인터넷과 1994년 탄생한 소셜미디어가 장악한 세상에서 잠이 깬다면? 베이비붐 세대는 오늘날의 세상을 만들기는 했지만, MZ세대와 달리 지금의 세상에서 태어나지는 않았다.

내가 MZ세대에게 이해를 구하는 것도 바로 이 지점이다.

"과거는 외국과도 같다. 모든 것이 다르기 때문이다." L. P. 하틀리(L. P. Hartley)는 이제는 고전이 된 그의 1953년 소설, 『사랑의 메신저(The Go-Between)』의 서두를 이렇게 시작했다. MZ세대가 베이비붐 세대의 입장을 이해하려고 노력할 때 도움이 될 법한 문장이다. 지금으로부터 50년 전은 어땠을지 상상해보라.

MZ세대여, 우리 세대 사람들이 어렸을 때와 지금은 완전히 다른 세상이 되었다는 내 말을 믿어주기 바란다. 몇 가지 바뀐 수준이 아니라 살아가고 일하고 교류하는 방식을 포함해서 모든 것이 달라졌다. 분명 우리는 이런 변화로부터 엄청난 혜택을 입었다. 하지만 그렇다고 해서 갑작스러운 진보의 충격이 덜어지지는 않는다. 우리 세대가 발전을 통제할 힘이 점점 약해지는 것을 알고 있기에 특히 더 그렇다. 아마 당신들은 이렇게 말할지도 모른다. "다행이군요. 기성세대인 당신들은 충분히 오래 누려왔으니 이제는 우리가 통제권을 넘겨받아서 당신들이 망친 것을 고쳐야겠네요."

좀 이상하게 들릴지 모르겠지만, 지금이 바로 겸손해져야 할 때다. 여러분 젊은 세대는 이제 막 세상을 물려받으려는 참이고 원대한 포부도 가지고 있다. 하지만 무언가를 포기하기란 어려운 것이고, 특히 포기해야 하는 것이 그렇게 중요한 것이라면 더더욱 어렵다는 사실을 알아둘 필요가 있다. 왜냐하면 우리 세대에게 지금 닥친 일이 바로 그것이기 때문이다. 그리고 이제 우리 세대는 세상에 무슨 일이 일어나도 통제할 수 없을 것이다.

또한 우리는 두 세대 사이의 반감 때문에 우리가 시행착오를 통해 힘들게 얻은 지혜를 젊은이들이 아무런 가치도 없는 것처럼 버릴까 봐 두렵다. 이것이 무가치하지 않다는 사실을 알아주기 바란다. 여러분과 우리 모두를 위해, 힘을 합치고 서로에게서 배워야 한다.

그리고 베이비붐 세대에게 고한다. MZ세대의 영향력과 목소리는 단순히 몇 년 후에 사라질 젊은 세대의 반항적 트렌드가 아니며 줄어들지도 않을 것이다. 세대 간 분배 불평등에 대한 인식이 점점 커지고 있다. MZ세대에게 주택 소유란 성공해서 부를 일궈낸 사람이나 가능한 일로, 집을 사기가 너무나 어렵다. 그뿐 아니라, 고령화되고 수명이 길어지면서 우리 세대는 MZ세대가 부양해야 할 사회의 짐이 될 것이다. 무엇보다 우리는 저렴한 전기 요금과 고속 성장 전략의 수혜를 받은 세대임을 인정해야 한다.

하지만 양심과 환경적인 필요성 때문에 새롭고 더 비싼 에너지원으로 세상을 건설해야 하는 새로운 세대에게는 이 길이 열려 있지 않다. 실제로 한 분석에 따르면 세계를 탈탄소화하는 데 소요되는 비용은 100조 달러로 추정된다.[6] 이런 부담과 불만은 앞서 언급한 바와 같이 비난과 증오의 분출뿐만 아니라 세계의 안정성을 저해하는 행동을 통해서도 표출될 것이다.

## 반자본주의 정서의 행동화

2021년 초에 발생한 게임스탑(GameStop) 주식 사건을 되짚어보자. 이 사건은 내게 일대 충격이었다. 다수의 MZ세대로 구성된 '개미 투자자'들이 다 같이 연합해 새로운 디지털 거래 플랫폼을 이용해, 헤지펀드가 공매도한 게임스탑의 주가 폭락을 막는 일이 일어났다.

공매도란 주가가 하락할 것이라고 예상하면서 주식을 보유하지 않은 상태에서 주식을 빌려 매도한 후 주가가 하락하면 더 낮은 가격에 매입해 차익을 얻는 투자 기법이다. 이는 사실상 기업이 망가질 것이라는 데 베팅하여 돈을 버는 행위다. 헤지펀드가 게임스탑의 주식을 공매도하고 있다는 사실을 알게 되자, 다양한 동기를 가진 소액 투자자들이 '월스트리트벳(WallStreetBets)'이라는 레딧(Reddit) 포럼을 통해 집단행동을 조직하여 게임스탑 주식을 대규모로 매수했다. 그 결과 게임스탑 주가가 급등하면서 헤지펀드들은 공매도 포지션을 청산했으나 엄청난 손실을 입었다. 한 달 내 게임스탑의 주가는 1,500% 급등했다.

게임스탑 사건이 특히 충격적이었던 것은 여기에 참여한 소액 투자자들이 기관투자자가 아니라는 점이었다. 주식 거래를 정식으로 공부한 사람은 소수뿐이었지만, 이 투자자들은 모바일 기기를 통해 충분한 정보를 취득할 수 있었고 다 같이 연합해 정교한 트레이딩 전략을 실행할 수 있었다. 이는 자신들에게 나쁜 패를 물려준 시스템에 대한 강력한 반항이었다.

감독 기관이 이런 매매를 중단시키려고 했지만 금융 당국이 기관투자자의 편이라고 생각한 소액 투자자들은 감독 기관의 지침을 따르지 않았다. 게임스탑 사건은 여러 면에서 2000년대의 닷컴 버블을 연상하게 하지만, 그 주체가 일반인이었다는 것이 차이점이었다. 기관투자자와 일반인 사이의 격차를 없앤 플랫폼의 등장으로 많은 사람이 금융 시스템에 참여했으며, 뚜렷이 보이는 불평등에 맞서 리스크를 감수하고 저항했다. 게임스탑은 오프라인 비디오 게임 매장을 운영하는 기업이었는데 게임 구매 플랫폼이 온라인화됨에 따라 어려움을 겪고 있었다.

동기를 되짚어 보면, 이 사건은 불공정함을 인지하고 기득권층에 반발하는 사람들에 의해 발발했다. MZ세대는 베이비붐 세대를 살찌웠던 금융 시스템에서 자신들이 희생당하고 소외되었다고 느꼈다. 그래서 새로 얻은 수단과 집단행동을 통해 구세대에 맞서 싸울 수 있었다. 이 전쟁이 계속된다면 누구에게도 좋은 일이 아니다.

레딧의 유명인사인 마이클 프레일리(Michael Fraley)는 인터뷰에서 "우리가 돈을 벌면서 동시에 부자들의 재산을 무너뜨릴 수 있다면, 더 큰 힘이 생기는 겁니다"라고 말했다. 이 사태에 휘말린 헤지펀드 중 하나인 멜빈캐피털(Melvin Capital)은 68억 달러에 이르는 어마어마한 손실을 입었고 파산 위기에 놓였다.[5] 세계 최대의 채권 펀드 운용사인 핌코 설립자 빌 그로스(Bill Gross)는 이런 운동을 '포퓰리스트 정치적 봉기'에 비유했다. 규제 당국과 기관투자자들, 특히 헤지펀드를 불안하게 한 것은 집단행동의 규모였다. 공동 투자 행위 자체는 낯설지 않았다.

게임스탑 사건이 기존의 다른 사건과 달랐던 점은, 고도의 금융 지식을 지닌 소수의 MZ 투자자들이 주가 급등락을 주도하면서 주식 거래에 익숙하지 않고 흩어져 있는 수많은 젊은 개인 투자자들의 참여를 유도하고, 정치적인 목소리를 내면서 돈까지 벌었다는 사실이다. 반(反)월스트리트 정서 또는 운동은 언제나 있었지만, 이번 사건은 각성제 역할을 했다.

# MZ 시대 가상화폐의 의미

━━━✳━━━

가상화폐 또한 반자본주의 정서와 세대 간 불만이 자본화된 결과다. 가상화폐는 디지털화된 금이나 자산 보관 수단 이상의 의미가 있다. 비트코인과 블록체인 기술 덕분에 국가 간 대규모 거래를 멀리서도 안전하게 할 수 있게 되었다. 무겁고 운반하기 어렵고 도난 위험에 노출된 금 같은 실물 자산에 비해 가상화폐는 분명한 이점을 지닌다.

우리의 자산과 금융 상태는 대부분 숫자로 표현된다. 이제는 돈이라는 말을 들을 때 커다란 달러 마크가 그려진 금화 자루를 떠올리는 사람은 없을 것이다. 우리 자산은 이제 온라인 뱅킹 잔고나 통장의 숫자로 나타난다. 이런 측면에서 가상화폐는 실물과 디지털 자산 간의 경계를 지우는 미래의 자산이다.

하지만 가상화폐의 가장 큰 특징은 효율성이 아니라 오히려 저항정신에 있다. 이는 새로운 세대가 과거의 체제, 즉 '구세대의 방식'을 뒤로하고 스스로 새로운 이야기를 써나가겠다는 선언이다. 이는 금융의 민주화다. 최근 기술 붕괴가 가속화하면서 가상화폐 전반이 무너졌고 어려움을 겪었다. 이 글을 쓰는 시점(2022년)에 가상화폐는 세계 최대의 가상화폐 거래 플랫폼인 FTX 파산 이후 위기에 처했다. 고점 기준으로 FTX의 가치는 320억 달러에 달했지만 2022년 11월 파산 신청을 했다. 한 평론가는 FTX의 몰락은 "테라노스(Theranos)*의 광기, 리먼**의 속도, 엔론(Enron)***의 규모의 종합판"이라고 논평했다.[6]

가상화폐는 바닥없는 추락을 계속하고 있다. 세계 최대의 가상화폐인 비트코인의 시가총액은 2021년 11월 최고치인 3조 달러에 달했으나, 이 글을 쓰는 2022년 현재 가상화폐 전체 시가총액은 1조 달러 밑으로 하락했다.****[7]

가상화폐 폭락의 중심에는 30세에 FTX를 창립하고 CEO를 역임한 샘 뱅크먼 프리드(Sam Bankman-Fried, 이하 SBF)가 있다. 그의 순자산은 하룻밤 사이에 거의 수십억 달러가 사라졌다. 위기가 발생하기 불과 몇 주 전, 나는 사우디아라비아의 수도 리야드('사막의 다보스'라고도 불림)에서 열린 미래투자구상회의에 참석해 SBF와 이야기를 나누었다. 그는 수십억 달러의 가상화폐를 보유한 업계의 거물이며 사실상 왕이었다. 나는 그에게 매료되었다. SBF는 약간 이상한 목소리와 헝클어진 곱슬머리를

---

\* 테라노스는 엘리자베스 홈즈가 2004년 창업한 바이오 스타트업. 피 한 방울로 250여 개의 질병을 진단하는 기술을 개발했다고 주장하며 실리콘밸리의 신데렐라로 떠올랐으나 2015년 사기임이 드러나 몰락했다. - 옮긴이

\*\* 리먼브라더스는 과도한 서브프라임 모기지 부담으로 인해 2008년 9월에 파산 신청을 한 투자은행. 2008년 글로벌 금융위기의 시발점이 되었다. - 옮긴이

\*\*\* 엔론은 2000년 매출 1,110억 달러의 에너지 기업으로 《포춘》에서 6년 연속 '미국에서 가장 혁신적인 기업'으로 선정되는 등 승승장구했으나, 2001년 회계 부정이 밝혀지면서 기업 사기 및 비리의 대표적인 사례로 남았다. - 옮긴이

\*\*\*\* 2025년 1월 10일 현재 비트코인(BTC)의 시가총액은 1조 8,600억 달러, 전 세계 가상화폐 시가총액은 3조 4,100억 달러다. - 편집자

가진 매력적인 사람이었는데 소수만 초대된 매우 격식 있는 저녁 자리에 티셔츠를 입고 나타났다. 많은 사람이 투자 기회를 얻고 싶어 그의 주위를 맴돌았다.

그 후 한 달 만에 SBF는 모든 것을 잃었다. FTX가 파산 신청을 한 후, 그는 범죄 혐의로 미국에 송환되었다. 미 하원 금융서비스위원회 증언에서 SBF의 첫마디는 "공식적으로 인정하겠습니다. 제가 다 망쳤습니다"로 매우 간단했다.[8] 어떤 기준으로 보아도 일반적이지 않은 말이었다. 하지만 과도한 공유 문화를 가진 MZ세대에게는 아마 그렇지 않을 것이다. 법원에서 임명한 파산 감독관 존 레이(John Ray)는 "FTX 파산은 전혀 복잡한 사건이 아닙니다. 옛날 스타일의 단순한 횡령일 뿐입니다"라는 의미 있는 말을 남겼다.[9]

SBF와 존 레이의 발언을 들으면서 나는 베이비붐 세대와 MZ세대의 서사를 명확히 깨달았다. FTX가 부정부패 사건의 첫 번째는 아니다. 그 전에 이미 버니 메이도프(Bernie Madoff)*, 와이어카드(Wirecard)**, 엔론 사태가 있었다. 이는 모두 베이비붐 세대에서 있었던 일이다. FTX 사태는 MZ 유명인사가 몰락한 사건으로, 젊은 열정과 방향성, 그리고 동기를 감독하는

---

* 버니 메이도프: 미국 증권 중개인이자 투자 상담사. 수천 명의 투자자 대상으로 180억 달러에 이르는 폰지 사기를 주동한 혐의로 2009년 150년 형을 선고받았다. - 옮긴이

** 와이어카드: 신용카드나 각종 페이 등 전자결제를 중개하는 독일의 핀테크기업. 분식회계와 임원들의 횡령이 드러나면서 2020년 산탄데르 은행에 인수돼 해체되었다. - 옮긴이

윗사람이 부재해 발생한 일이다.

FTX는 통제를 거의 받지 않았다. 직원들은 거래 내용을 외부 기업용 메신저 앱인 슬랙에 기록했고 고객 계정도 소규모 기업이나 개인 사업자들이 사용하는 소프트웨어로 관리했다. 경험이 풍부한 이사회의 감독도 없었다. 레이는 "기록이라고 부를 만한 절차가 없었다"라고 비판했다.

통찰력 있고 경험과 지식이 풍부한 연장자가 적절한 절차와 명확한 기준, 그리고 리스크 통제 수단을 마련했더라면 이런 재앙은 분명 피할 수 있었을 것이다. 이런 절차는 우리 세대의 기업 임원에게는 자연스러운 일이다. 현실적인 문제가 닥쳤을 때 새로운 개념이나 트렌드가 시장에서 순식간에 사라지는 경험을 한 사람들은 이런 보호 장치가 얼마나 중요한지 알고 있을 것이다.

SBF는 금융서비스위원회에서 "저는 너무 욕심을 부렸습니다. 리스크 관리에 집중하지도 못했고요"라고 진술했다. 바쁜 일정 탓에 "세부적인 운영에서 소홀했다"라고 털어놓았다. 이런 문제들은 초기 단계에서 함정을 피할 수 있도록 도와줄 연장자가 있었다면 완벽하게 해결할 수 있었을 것이다. 그러지 못했기에 수백만 달러가 증발하고 많은 사람이 심각한 재정 문제를 겪었다. 여기서 얻을 수 있는 교훈은 명확하다. 새롭고 혁신적인 산업에서는 기술 버블과 다른 위기를 경험한 세대와의 긴밀한 협력이 특히 더 필요하다. 이들 세대는 도움과 격려와 지도와 조언과 통제를 통해 재앙 방지 시스템을 마련할 수 있기 때문이다.

당연한 결과겠지만, SBF는 사건 이후 좋은 평가를 받지 못했다. 레인 브라운(Lane Brown)은 이 사건의 핵심을 이해하기 쉽게 《뉴욕(New York)》지에 여러 버전으로 실었다. 다음은 다섯 살 아이에게 설명하는 버전이다.[10]

"재미있는 헤어스타일을 한 마법사가 마법의 콩을 팔았단다. 마을 사람들은 그 콩을 엄청나게 좋아했지! 나중에 사람들이 마법을 믿지 않게 되어 돈을 돌려달라고 했지만 마법사는 받은 돈을 이미 다 써버렸단다."

어떤 관점에서 보면 SBF는 전형적인 MZ세대다. 잘하고 싶었고 또 좋은 일을 하고 싶었다. 그는 민주당과 MZ식 사고방식에 공감하는 여러 자선단체에 엄청난 금액을 기부했다. 그러나 그는 캐릭터도 그렇고 재무적으로도 결함이 있었다.

MZ세대는 대체로 가상화폐를 신봉한다(가상화폐 전체 매수자 중 94%가 MZ세대다[11]). 그러므로 가상화폐 몰락에 대한 책임은 MZ세대에게 있다. 한 젊은이 무리가 바하마에서 자신들이 무엇을 하고 있는지도 모른 채 이리저리 돈을 굴리고 있었다. 사실 SBF의 성공과 몰락에서 젊은 세대가 배울 점이 많다. 앞서 말한 것처럼 몇 명의 냉철한 머리와 경험, 그리고 수년간의 시행착오가 있었다면 FTX에 닥친 위기를 피할 수 있었을 것이다. 이는 MZ세대와 베이비붐 세대가 힘을 합치면 모두에게 도움이 된다는 것을 보여주는 완벽한 사례다.

하지만 이것이 가상화폐의 끝은 아닐 것이다. 뱅크레이트 (Bankrate)의 제임스 로열(James Royal)은 사건 당시 CNBC 인터뷰에서 "FTX의 파산은 가상화폐의 전반적인 둔화, 나아가 종말의 단초일 수도 있다"라고 말했다.[12] 나는 이 의견에는 동의하지 않는다. 골드만삭스(Goldman Sachs)만 봐도 위기 이후 비즈니스 기회를 포착하고 장기 이익 창출을 위해 시장에 진입하려고 한다.[13] 앞서 언급했듯 가상화폐는 MZ세대의 저항 운동으로서, 베이비붐 세대에겐 생소하고 위험도 커 보인다. 일시적으로 침체할 수 있지만 사라지지는 않을 것이다.

영국 소설가 티보 피셔(Tibor Fischer)는 주간지《더 스펙테이터(The Spectator)》2022년 4월 9일자에 이렇게 썼다. "비트코인과 이더리움, 그리고 그 아류인 가상화폐들은 탄생 때부터 사기, 버블, 일시적 유행, 또는 투기로 치부당했습니다. 하지만 당신이 가상화폐를 자산이나 상품, 통화, 가치 저장 수단, 은행, 보안 등 무엇으로 생각하든 간에 그것은 사라지지 않고 존재할 것입니다. 금융계 사람들에게 물어보세요."[14]

내가 바로 그 금융계 사람이고, 나는 저 말에 동의한다.

자본주의의 미래를 이해하기 위해서는 가상화폐를 무시하지 말고 최대한 공부해야 한다. 또한 MZ세대에게 가상화폐가 금융을 민주화하는 도구로서 가지는 의미 또한 이해할 필요가 있다. 가상화폐, 금융의 탈중앙화, 대체 불가능 토큰(NFT)

은 철저히 MZ세대의 산물이다. 이런 것들은 현 상태에 대한 반작용으로서 '1세대 디지털 유목민(또는 디지털 노마드)'에 의해 만들어진 것이므로 베이비붐 세대는 본능적으로 불신할 수밖에 없다.[15] 그러나 디지털 유목민은 사라지기는커녕 오히려 더 증가하고 있다. 그리고 가상화폐를 받아들인 모든 MZ세대는 전통적인 금융 상품을 거부한다.

## 새로운 황금률

MZ세대는 우리 세대에게서 물려받은 자산의 상당 부분을 가상화폐에 투자할 것이며, 가상화폐를 선도하는 사람들이 권력을 잡을 것이다. 이는 막연한 가정이 아닌 확실한 미래다. 가상화폐 시스템을 뒤덮고 있는 지금의 위기가 거대하고 파괴적이기는 하지만, 많은 베이비붐 세대가 사기라고 생각하는 가상화폐 자체가 없어지지는 않을 것이다. 가상화폐는 존속할 것이며, 다른 상품들처럼 안정적인 균형을 찾아갈 것으로 나는 생각한다. 그러므로 우리 세대와 젊은 세대 모두 이 현상을 이해하고 거기에 동참할 필요가 있다.

젊은 세대 또한 기성세대가 낯선 것을 접할 때 신중하게 접근하는 이유를 이해할 필요가 있다. 그리고 이런 신중함을 어느 정도 받아들여 가상화폐 열풍을 맹목적으로 따르지 않는 것이 좋을 것이다. 금융이 민주화되는 과정에 혼란이 따를 것은 이미 입증된 사실이기 때문이다.

다시 말해 금이 아니라, 블록체인 구조를 기반으로 한 가상화폐가 지배한다는 이야기다. "구세대의 눈에는 디지털 화폐에 아무 가치가 없다고 생각할지 모르겠지만, 금도 마찬가지입니다. 우리는 구세대의 '가치'에 휘둘리지 않고 우리가 만드는 새로운 세상에서 우리만의 가치를 만들어나갈 겁니다"라고 선언하는 시대가 왔다. 이는 고집 센 구세대가 기술에 굴복하고, 마지못해 가상화폐의 세계로 따라가는 시대이기도 하다. 사실, 나 또한 포지션 헤지 수단으로 비트코인과 이더리움을 소량 보유하고 있고, 이미 가상화폐에 발을 들인 베이비붐 세대도 있다.

가상화폐의 높은 변동성 속에서 구세대와 신세대의 대결은 여전히 진행 중이다. 버크셔 해서웨이(Berkshire Hathaway)의 워런 버핏(Warren Buffet)과 故 찰리 멍거(Charlie Munger)는 최근 몇 년간 가상화폐에 대해 강한 반대 입장을 표명해 왔다. 금융투자계의 '기득권'을 대표하는 인물을 한 명 꼽으라면 아마도, 우리 세대의 가장 성공한 투자자이자 평판 좋은 워런 버핏을 들 수 있을 것이다. 워런 버핏은 2018년에 가상화폐 프로젝트 전체를 "근본적으로 허상"이라고 부르며, "사기꾼을 끌어들이는" 비트코인에서 "아무런 가치를 찾지 못하겠다"라고 말했다. 그 후 얼마 안 돼 비트코인 가치가 2만 달러에서 80% 하락해 3,500달러로 떨어졌다. 구세대 기득권이 힘을 얻은 순간이었다.

그러나 이 이야기는 2018년에 끝나지 않았다. 2020년과 2021년에 일반인, 특히 젊은이들이 투자에 발을 들이기 시작하면서 전반적인 가상화폐 가치가 천문학적으로 폭등했다. 게임스탑 주가를 밀어 올린 것과 같은 힘 덕분에 비트코인, 이더리움 등 가상화폐의 가치는 매주 사상 최고가를 갱신했다.

가상화폐 프로젝트에 대해 버크셔 해서웨이 경영진의 경멸은 흔들리지 않았지만, 논조는 약간 변했다. 2021년 5월 주주총회에서 찰리 멍거는 가상화폐에 대해 "전체적인 발전 상황이 역겹고 문명 세계의 이익에 반한다"라며 신랄하게 비난했다. 그는 "납치범과 강도에게 유용한 통화 수단"에 반대하며 가상화폐는 근본적으로 "무에서 창조되었다"라고도 했다. 이에 MZ세대는 현실을 잘 모르는 주장이라며 비웃었다. 사실 암시장에서 밀반출되는 미국 달러가, 악용되는 가상화폐보다 액수가 훨씬 클 것이다. 적어도 가상화폐는 모든 거래가 기록되기 때문이다.

가상화폐에 대한 구세대의 반응은 '말도 안 되는 농담'에서 "위험한 발명품이며 계속되어서는 안 된다"는 쪽으로 바뀌었다. 비트코인을 비롯한 가상화폐는 분명 가치 변동성이 너무 크다. 여전히 현금화하기 어려울 뿐 아니라 2022년에 드러난 바와 같이 불안정성도 높다. 하지만 이런 특징들은 새로운 집단행동이 발전하는 초기에 일반적으로 나타나는 현상이다.

세대 간 충돌은 단순한 일탈이 아니라 '실재'하며 '심각'한 수준이다. 베이비붐 세대는 가상화폐와 블록체인의 새로운 위상을 인정하는 한편, 가상화폐 네이티브 세대의 강한 저항에 맞서서 소비자와 투자자를 보호할 규제 도입을 적극적으로 주장해야 한다.

젊은 세대에게 가상화폐, 또는 게임스탑이나 AMC 같은 숏스퀴즈(short squeeze)* 주식은 자신들이 처한 어려운 상황에서 벗어나고 세대 간 불평등을 줄일 기회다. 기성세대에서 젊은 세대로 자본이 흘러가도록 강제하는 방법이기도 하다. 이것이 바로 이런 자산의 매력이며, 주식시장과 가상화폐 거래소에서 벌어지는 싸움의 본질이다. 찰리 멍거가 가상화폐를 지목해 "무에서 창조되었다"고 말한 것은 결국 틀리지 않았다. 하지만 냉정하게 큰 틀에서 보면, 모든 돈과 가치는 금융 시스템에서 비롯된 신용을 기반으로 '무에서 창조된' 것이다.

과거 우리는 금과 귀금속이 재산을 측정하고 저장할 수 있는 좋은 수단이라고 함께 약속했다. 그 후에는 무거운 금을 들고 다니는 대신, 은행을 만들어 금융 시스템을 중앙 집중화하고 정해진 양만큼의 금의 가치를 나타내는 채권과 약속 어음

---

* 숏스퀴즈: 주가 하락을 예상하고 공매도를 했으나, 주가가 오르면서 손실이 발생하고 이를 줄이기 위해 주식을 매수하는 행위를 뜻함. - 옮긴이

을 개인에게 발행해 주기로 했다. 그런 다음 모든 금융 기록을 방대한 회계장부에 기록해 사기가 발생하지 않도록 방지하고, 은행에 강도가 들어 금을 도둑맞더라도 사람들이 '받을' 금액을 종이에 기록해 남겼다.

그다음에는 이런 기록을 온라인으로 옮기고 기관투자자들이나 헤지펀드, 사모펀드, 또는 금융기관에 일하는 나 같은 사람들이 회계장부를 복잡한 알고리즘과 서버, 엑셀 파일에 기록했다. 이 모든 행위의 기저에는 금에 가치가 존재한다는 동일한 개념이 깔려 있다. 이 개념을 부정하는 것은 전체 기득권에 대한 도전이며, 우리는 지금 이런 도전을 목격하고 있다. 이것이 바로 자본주의가 위기에 봉착했다는 신호다.

## 금융의 민주화

우리가 '가치가 있는 것'이 무엇인지 재정의하고 그런 가치에 따라 살아간다면 무에서 새로운 자산을 창조할 수 있다. 가상화폐는 집을 사지 못하거나, 부모에게서 물려받은 모기지 대출을 갚을 수 없거나, 학자금 대출을 상환할 여력이 없거나, 월세와 생활비, 세금을 감당할 수 없는 소외된 세대에게 새로운 가치를 정당하게 창출해 소유하게 한다. 기성세대가 누렸던 속도와 규모로 성장할 수 있는 길 또한 마련해 준다. 이런

투자세대 대전환

혁신을 이끄는 세대를 비판하고 가르치려 드는 것은 매우 위선적인 일이다. 이는 통합보다는 단절로 가는 행위이며 베이비붐 세대가 통찰력을 발휘해 도와줄 수 있음에도 도움을 주기를 거부하는 행위다.

연장자 세대는 가상화폐 시장의 혼란으로 전체 가상화폐 구조가 흔들릴 것으로 기대하고 있다. 그러나 규제가 되든 말든, 전문가들이 비판하든 찬성하든, 기존의 화폐 개념으로 받아들여지든 아니든 가상화폐는 앞으로도 존속할 것이다. 어쩌면 지금과는 형태가 달라질 수 있겠지만, 기성세대가 가상화폐를 법정 통화로 받아들이지 않더라도 MZ세대는 디지털 교환 수단을 발전시켜 나갈 것이다. 우리는 많은 면에서 비슷한 상황을 경험해 왔다. 인터넷의 초기에도 가상화폐 못지않은 논쟁이 벌어졌다.

밀레니얼 세대의 위대한 가상화폐 예언자 일론 머스크(Elon Musk)는 이를 잘 알고 있었다. 머스크는 TV쇼 '새터데이 나이트 라이브(Saturday Night Live)'에 출연해 파격적인 명장면을 만들어냈다. 가짜 뉴스 리포터가 머스크에게 "도지코인은 무엇인가요?"라고 질문했다. (도지코인은 일론 머스크가 열성적으로 지지하면서 가치가 급등한 가상화폐다.)

머스크는 이렇게 대답했다. "도지코인은 중앙정부 통제를 받지 않는 디지털 화폐의 한 유형으로 블록체인 기술을 통해 분산되고 안전하게 보호되고 있습니다."

이 대답을 이해하지 못한 리포터가 다시 물었다. "예를 들어서 여기 1달러 지폐가 있다고 치면, 이건 진짜 돈이잖아요? … 그렇다면 도지코인은 뭔가요?!" 머스크는 장난스럽게 대답했다. "그 1달러 지폐처럼 진짜 돈이지요."

이때 스튜디오 방청객들이 미적지근한 반응을 보인 것으로 보아 이 농담은 시청자에게 제대로 전달되지 않은 것 같다. 그러나 머스크의 이 답변은 가상화폐 개념의 핵심을 꿰뚫는 것이다. 모든 통화는 우리가 가치를 부여하는 만큼의 가치를 가진다. 현재의 통화가 '진짜 돈'인 이유는 우리가 중앙은행과 정부를 통해 그 통화가 '진짜 돈'이라고 합의했기 때문이다. 이런 합의에 의문을 가지기 시작하면 근본 자체가 매우 불안정해진다.

이는 MZ세대가 느끼는 불만의 결과이며 자본주의의 현재 상태에 실질적인 위협이 되고 있다. 젊은 세대는 통장 잔고에서 세대 간 불평등을 느낀다. 그래서 이들은 자산을 보관하고, 가치를 결정하며, 돈을 쓰는 가장 근본적인 방식에 의문을 제기하고 도전한다. 젊은 세대가 물려받게 될 사회의 기초는 바로 돈과 자본이기 때문에 자본의 이전이 이루어지는 방식은 두 세대가 함께 결정해야 한다. 금융은 변하고 있고, 더 많은 사람이 더 많은 몫을 원하고 가질 수 있음을 이해할 필요가 있다. 우리는 이를 위해 협력해야 한다.

금융의 세계로 들어가는 방식이 바뀌었다. 기존에 월스트리트에서 통하던 방식이 이제는 통하지 않는다. 가상화폐뿐 아니라 주식시장에 참여하기도 훨씬 쉬워졌다. 스마트폰만 있으면 어디서나 주식을 사고팔 수 있게 되었다.

MZ세대와 새로운 투자자를 겨냥한 투자 앱이 쏟아져 나오고 있다. 나는 최근 런던 지하철에서 "1파운드로 주식 거래를 시작하는 방법"이라고 선전하는 핀테크기업 '레볼루트(Revolut)'의 광고를 보았다. 광고는 말했다. "주식 거래 방법을 몰라도, 명문대를 나오지 않아도, 인맥이 없어도, 값비싼 정장을 입지 않아도, 금수저가 아니어도 주식을 시작할 수 있습니다. 핸드폰만 있으면 누구나 가능합니다."

핸드폰만 있으면 누구나 금융시장에 참여할 수 있는 것이 바로 금융의 민주화다. 이것이 전혀 다른 자본주의를 만들 것이다.

투자 앱 '셰어스(Shares)' 또한 좋은 예다. 출시된 지 1년도 채 되지 않았지만, 셰어스는 피터 틸(Peter Thiel, 페이팔 창업자)이 설립한 발라벤처스(Valar Ventures)의 투자금 포함 9,000만 달러의 투자를 유치했다. 셰어스의 사용자는 대부분 MZ세대로, 그중 66%는 Z세대이고 26%는 밀레니얼 세대다.[16] 이유는 단순하다. 셰어스는 매우 이해하기 쉽고 사용법도 간단한 데다 레볼루트처럼 1파운드만 가지고도 애플, 디즈니, 알파벳(예전 구글), 테슬라 같은 주식 수백 개에 투자할 수 있기 때문이다.

셰어스의 핵심 정신은 협동이다. 홈페이지에 "친구와 함께 투자하세요"라고 안내하고 있다. 이어서 "셰어스는 친구와 함께 투자 전략을 세우고 실행하는 투자 앱입니다. 투자가 꼭 지루할 필요는 없습니다"라고 한다. 이는 전통적인 투자 행태와는 동떨어진 것이다. 그리고 이런 앱을 통해 생애 처음으로 투자를 시작하는 투자자가 대거 유입되고 있다. 셰어스는 2022년 5월 영국에서 처음 출시된 이후 두 달 만에 15만 명 이상의 신규 이용자를 확보했다.[17]

발라벤처스의 공동 창업자 제임스 피츠제럴드(James Fitzgerald)는 셰어스 투자를 유치하면서 "기존의 개인 투자 방식을 혁신하는 소셜 트레이딩 회사에 투자할 기회"라고 말했다.

'기존 방식에 대한 도전'이 여기에도 등장한다. 바로 이것이 핵심이다. 기존 방식이 도전을 받고 있다. 아니, 기존 방식은 이미 끝나고 새로운 방식이 다시 써지고 있다. 이 변화를 제대로 받아들이지 못하면 자본주의는 사라질 것이다.

그런데 이 새로운 투자 방식이 일부 기관을 불안하게 만들고 있다는 사실이 흥미롭다. 그럴 만한 이유가 있다. 2022년 11월, 영국의 금융감독원(Financial Conduct Authority)은 "주식시장의 최신 정보 알림을 자주 보내고, 이용자가 주식 거래를 하면 앱 포인트와 배지, 축하 메시지를 보내는" 주식 거래 앱의 게임화에 경고 조치를 했다. 금융감독원은 "일부[투자자들]가 도박 중독과 비슷한 행태를 보인다"며 "게임화 요소가 적용된 앱을 이용해 거래를 하는 투자자는 자신의 위험 성향을 넘어서는

상품에 투자할 가능성이 높다"라고 경고했다.[18]

이는 실제로 우려할 만한 사항이며, MZ세대도 심각하게 받아들여야 한다. 젊은 세대는 금융계의 유산을 받을 준비를 해야 하며, 그 책임을 성숙하게 다루어야 하기 때문이다. 투자에는 충동적인 행동을 삼가고 신중하고 분석적인 접근이 필요하다. 다시 말하지만 연장자 세대의 경험과 젊은 세대의 통찰은 모두 나름의 필요가 있다.

## MZ세대에 대한 오해
—————❈—————

지난 몇십 년 동안 일어난 엄청난 변화와 함께 서로 다른 집단 간의 균열에 디지털 시대가 큰 영향을 미쳤다는 점은 분명하다. 주요 지도자와 기관의 실패가 젊은 세대의 신뢰를 무너뜨렸다는 점도 명확하다.

내가 젊은 세대에서 목격하고 있는 가장 근본적인 변화 중 하나는 우리 세대를 정의했던 급진적인 개인주의의 해체다. MZ세대가 역사상 가장 자기중심적인 세대로 불린다는 점을 감안하면 저 말이 직관적으로 이해되지 않을 것이다. 2017년, 랍비 조너선 색스(Jonathan Sacks)는 서구의 MZ세대를 중심으로 '우리'에서 '나'로 무게 중심이 이동하는 '문화적 기후 변화'를 겪고 있다고 주장했다. 그는 다음과 같이 말한다.

우리는 자신의 이익을 추구하기 위해 공동체의 필요를 후순위에 둔다. 또한 공동체의 의미 있는 일에 헌신하기보다 자기실현에 좀 더 초점을 맞추고, 가족에 충실하기보다 '자기 자신에게 진실한' 삶을 중시한다. 우리는 기본적으로 '내가 세상에 무엇을 줄 수 있는가'보다 '삶에서 무엇을 얻을 수 있는가'라는 관점에서 생각한다.

나는 조너선의 열렬한 팬으로, 그를 마음 깊이 존경하며 몇 번 만나기도 했다. 그가 세상을 떠난 후, 세상은 조금 더 슬픈 곳이 되었다. 그러나 젊은이에 대한 그의 견해는 매우 부당한 평가라고 생각한다. 오히려 '우리'에서 '나'로의 이동은 Z세대보다 우리 베이비붐 세대에 더 적용되는 말이라고 생각한다. 실제 베이비붐 세대는 1970년대에 '미(Me)세대'로 불렸다. 사회학자 톰 울프(Tom Wolfe)는 1976년 《뉴욕》에 기고한 "Me세대와 세 번째 대각성(The 'ME' generation and the third great awakening)"이라는 글에서 다음과 같이 썼다.

사람의 성격을 재창조하고 바꾸고 개선하고 자아를 다듬고 관찰하고 연구하고 사랑하는 것은 새로운 시대의 연금술이다. 이는 역사상 대부분의 시간 동안 귀족들에게만 허용된 사치였으며, 가장 부유한 계층만이 이 가장 달콤하고 허영심 넘치는 취미를 즐길 여유와 소득을 가지고 있었다. 너무 사치스러운 취미였기에 이를 즐기는 귀족들은 이 놀이를 늘 다른 이름으로 불렀다.

울프의 글이 낯설지 않다면 그만한 이유가 있다. 오늘날 젊은 세대에 대한 비난과 정확하게 같은 이야기이기 때문이다. MZ세대가 최고로 자기중심적인 세대라면 어디서 이런 성향을 배웠는지는 의심의 여지가 없다. 하지만 나는 이런 주장 자체가 사실이 아니며, 오히려 MZ세대는 개인주의적이고 축소된 세계관을 넘어서기 위해 필사적으로 노력하고 있다고 생각한다. 젊은 세대는 '나'를 넘어 '우리'를 향해 나아가고 있고, 우리가 함께 일하는 더 나은 길을 바란다.

MZ세대는 공동체와 협력을 원하며 기성세대의 방종과 맹점에 도전하는 기점이 되는 세대라고 나는 생각한다. 향후 수십 년의 세상을 좀 더 연결되게, 좀 더 협력적이고 너그럽게 만들어나갈 잠재력이 이들에게 있다. 그리고 이들은 세대 간 화해와 치유, 협력의 관점에서 이런 일을 해나갈 것이다. 충분히 그럴 수 있다.

너무 낙관적인 말 같은가? 극우 아니면 깨어 있는 좌파 등 정치적 양극화를 보인다고 비난받는 세대에게 지나친 신뢰를 보내는 것일까? 스마트폰으로 셀카 찍느라 꽃향기도 즐길 줄 모르는 '셀피' 세대, 감사할 줄 모르고 퇴사를 밥 먹듯 하는 세대 아닌가? 그러나 이런 생각은 젊은이들뿐만 아니라 우리 모두에게 해로운 일이다. 내 생각은 공상이 아니다.

솔직히 말하면, 금융계에 종사하는 우리 베이비붐 세대가 직장과 가정에서 해온 관행들을 보면 큰 성취를 이루기는 했지만 그 성취에는 몰락의 씨앗이 자리하고 있었다. 베이비붐 세대의 자리를 물려받기 시작한 젊은 세대가 감사할 줄 모르고 파괴적이라는 데도 나는 동의하지 않는다. 우리가 이루어 낸 좋은 것들을 그들이 다 망쳐버린다는 것은 사실이 아니다. MZ세대는 우리 대에서 이미 시작된 분열을 그저 이어받아 미지의 미래 속에서 해결책을 찾으려고 할 따름이다.

## 협력자의 필요성

MZ세대에게도 잘못은 있다. 환경 탓만 할 수는 없다. 2010~2020년대 사회적인 사건, 사고를 주도했던 인물은 대체로 젊은 세대임을 잊어선 안 된다. 어떤 일이 일어나려면 '의도'와 '아이디어', 그리고 '실행'이 필요하다. MZ세대의 의도는 늘 선하지만, 아이디어는 미숙하고 실행은 비현실적일 때가 많다. 그리고 의도만 좋을 때 어떤 결과가 벌어지는지는 너무 뻔하다. 이것이 내가 이 책을 쓰기로 한 이유다. 변화하는 세상 속에서 매일의 목표를 찾는 데 이 책이 도움이 되길 바란다.

나는 20년 가까이 다보스 세계경제포럼 연례회의에 참석해 왔다. 이 회의에서 산업계와 금융계 지도자들은 각국 정치인, 그리고 NGO의 주요 인플루언서들과 만나는 기회를 얻는다. 나도 거기서 보노(Bono), 믹 재거(Mick Jagger)를 비롯해 산업계, 금융계, 정치계의 거물들과 교류할 기회를 가졌다.

그러나 2019년 다보스 포럼에는 참석하지 않았는데, 그 포럼에서 네덜란드의 역사학자이자 작가이며 밀레니얼 세대인 뤼트허르 브레흐만(Rutger Bregman)은 윗세대가 장악하고 있는 이 범지구적 회의체를 강하게 비판했다. 그들이 다음 세대가 직면하고 있는 위기를 외면하고 있다며 이 포럼 자체를 공격했다.

브레흐만은 저서 『리얼리스트를 위한 유토피아 플랜(Utopia for Realists)』에서 우리에게는 새로운 합의가 필요하다고 주장하며 보편적 기본 소득(UB: Universal Basic Income)의 필요성을 역설했다. 보편적 기본 소득이란 세금 인상을 통해 마련한 재원으로 모든 지구인에게 보편적으로 기본 소득을 분배해야 한다는 개념이다. 브레흐만은 다보스 포럼이 조세 회피처와 조세 문제에 대해 다루지 않고 있음을 강력히 비판했다. 《타임》지에서 주최한 불평등에 관한 토론에서 그는 "아무도 조세 회피나 부자들의 세금 회피 문제를 다루려고 하지 않는다"라고 발언했다. 그는 그 토론회에서 논의된 다른 문제들은 모두 '헛소리'에 불과하다고 주장했다.

브레흐만의 말에서 나는 자본주의의 위기를 보았다.

파이를 키울 수 있다는 사실은 믿지 않고, 단순하게 세금 제도와 파이의 분배 문제만 거론하며 짜증을 내는 그의 모습은 자본주의의 균열을 잘 보여준다. 그는 마치 "물 이야기는 아무도 꺼내면 안 되는" 소방관들의 회의에 참석한 기분이었다고 했다. 그는 다보스 포럼의 논의를 "어리석은 자선 활동 계획"이라고 비웃으며 결국 모든 문제는 과세로 귀결된다고 주장했다. 다보스 포럼에 대한 그의 발언이 주목을 받으며 그는 터커 칼슨(Tucker Carlson)이 진행하는 '폭스뉴스(Fox News)'에도 초대받았다. 거기서 브레흐만은 칼슨을 "억만장자들에게서 자금을 지원받는 백만장자"라고 비난했고, 칼슨은 브레흐만을 '멍청이'라고 부르고 욕하면서 인터뷰는 갑작스럽게 끝나 버렸다. 아예 방송도 되지 않았다.

브레흐만의 주장에 담긴 철학적 의미를 곱씹어 볼 필요가 있다. 그는 두 번째 저서 『휴먼카인드(Humankind)』에서 인류가 본질적으로 이기적이라는 자본주의의 대전제에 반기를 들었다. 그는 인류는 이기적인 존재가 아니라 오히려 이타적이라고 말했다. 인간 본성을 더 넓은 시각에서 바라보아야 하며, 인류를 지배하는 본능은 협동과 이타심이라고 그는 주장했다. 브레흐만은 이타심을 보여주는 예로 코로나 위기가 최고조에 달한 시점에서 많은 사람이 이웃과 힘을 모아 음식과 의약품을 전달했던 사례를 들었다.

# 이타주의와 이기주의 사이에서

베이비붐 세대와 MZ세대가 갈라지는 근본적인 지점이 바로 여기다. 동시에 이는 자본주의의 미래에 중요한 영향을 미치는 문제이기도 하다. 베이비붐 세대는 인간 본성에 존재하는 결함을 이미 경험한 바 있다. 수백 년간 삶은 비열하고 잔인했고 짧았으며, 일터는 모두가 자기의 성취와 이익만 추구하기에 급급한 힘든 곳이었다. 반면 브레흐만은 인류를 선과 긍정적인 목표를 지향하며 긴밀한 유대 관계와 이타주의로 재정의해야 할 시대가 왔다고 주장했다. 그러나 우크라이나 전쟁이 발발하면서 이 생각에도 제동이 걸렸다.

여기서 우리는 경험과 통찰력 개념을 이해할 필요가 있다. 이타주의를 지향하는 마음은 있으나 자본주의 시스템은 선과 부를 동시에 추구한다. 인류의 발자취를 보면 인간의 본성이 기본적으로 선하다고 보기는 어렵고, 적어도 특정한 상황에서만 선하다.

인간은 본질적으로 자기만족적이며 항상 자신의 이익을 추구한다고 주장하는 보수적인 철학자와, 인간은 이타주의로 전향할 수 있다는 브레흐만의 주장 사이에서 우리는 균형을 잡아야 한다. 자본시장 또한 이 상반된 두 가지 시각을 적절히 반영해야 한다. 자칫하면 열심히 노력해 인센티브를 받으려는 동기가, 보편적 기본 소득에 따라 증가할 세금 때문에 희미해져 가치 창출에 문제가 생길 수 있다.

보편적 기본 소득이 도입되기 위해서는 그 재원을 감당할 수 있는 글로벌 경제 성장이 반드시 선행되어야 한다. 그러나 기술과 일터의 변화를 감안하면 보편적 기본 소득을 젊은 세대의 공상이라고 치부해서는 안 된다. 시장경제 전체를 무너뜨리지 않고도 보편적 기본 소득 제도가 자본주의 시스템과 공존할 수 있는지 진지하게 검토해 볼 필요가 있다.

## 신사회주의는 답이 아니다

당신이 어떻게 보느냐에 따라 이는 자본주의가 직면하고 있는 기회일 수도 있고 위기일 수도 있다. 지금의 자본주의 시스템은 21세기에 접어들면서 서사를 통제할 젊은 세대에게는 낡고 이해하기 어렵고 매력도 없다. 베이비붐 세대의 경험을 배제하고 MZ세대의 통찰력만을 적용한다면 보상에 기반한 시장경제 체제를 위협하는 새로운 사회주의가 자리잡을 위험이 있다. 세대 간 갈등이 돌이킬 수 없는 변곡점에 도달하고 전체 경제 체제가 무너질 가능성을 배제할 수 없다. 현재 시스템의 완전한 파괴가 아니라 개선을 위해 베이비붐 세대와 MZ세대가 협력해야 한다.

중국 시진핑(習近平) 주석이 주창하는 '공동 번영(common prosperity)' 정책의 복제판 같은 세상에 살아가게 되는 일만은 피해야 한다. 공동 번영은 1950년대 마오쩌둥(毛澤東)이 처음 창안한 이후, 1980년대 덩샤오핑(鄧小平)에 의해 계승된 개념으로 중국에서는 새로운 이념이 아니다. 최근에 피상적인 수준에서 이야기되는 공동 번영은, 사회주의 이상에 대해 부모 세대보다 훨씬 많이 공감하는 MZ세대에게는 매력적이다. 시진핑은 공동 번영의 정책 목표를 이렇게 말했다. "우선 파이를 키운 후 합리적인 제도적 장치를 통해 적절하게 분배할 것입니다. 밀물이 들어오면 모든 배가 물에 뜨듯이, 모든 이가 발전의 혜택을 받을 것이며 이 혜택은 더 실질적이고 공정한 방식으로 돌아갈 것입니다."

이론적으로는 많은 지지를 얻을 수 있는 생각이다. 그러나 늘 그렇듯 이념은 현실에 부딪히면 흩어지고 만다. 공동 번영은 현재 실질적으로 이루어지지 않고 있다. 왜냐하면 공동 번영의 실질적인 의미를 정확하게 아는 사람이 없기 때문이다. 이 모호함은 다분히 의도적이다.

북경의 수도사범대학교에서 조교수로 재직 중인 데이비드 모저(David Moser)가 지적했듯이 2012년 시진핑이 시작한 반부패 운동 또한 실체가 모호하다. 투명성과 신뢰성을 개선하기 위한 새로운 법률이나 규제를 도입하는 대신 '살계경후(殺鷄儆猴)' 즉 "닭을 죽여 원숭이를 겁준다"라는 고사성어처럼 150만 명의 공무원을 본보기로 처벌하면서 정부가 부정부패를 더는 좌시하지 않겠다는 메시지를 던졌다. 포괄적이거나 지속 가능한 전략이라고 말하기는 어렵다.[19] 시진핑이 새로운 정책을 구체적으로 제시하는 대신 비유와 은유를 활용한 것은 중국의 오랜 전략이다.

중국 공산당은 공동 번영을 달성하는 과정에서 "가난한 이를 돕기 위해 부자를 희생시키지 않겠다"[20]라고 천명했으나 공동 번영은 분명한 사회주의 정책으로, 공산주의 국가에서는 당연한 일이다. 이 정책의 여파로 규제가 강화되면서 중국의 선도 기술 업체들의 시장 가치가 수천억 위안 증발했다.[21] 투자자들은 공동 번영 정책으로 인해 수익을 창출하고 성장을 지속할 동기가 저하할 것으로 우려했는데, 이는 정상적인 자본주의자들이 지향하는 방향과 정확히 정반대다.

런던정치경제대학의 신 순(Xin Sun) 박사는 2022년 4월 「중국의 공동 번영 운동에 대한 해석(Decoding China's 'Common Prosperity' Drive)」이라는 제목의 20쪽 분량의 논문을 발표했다. '해석'이 필요한 경제 전략과 목표야말로 우리가 지양해야 하는 것이다. 성장을 둔화하고, 실험을 저해하며, 혁신에 성공했을 때 보상하지 않는 경제 정책 또한 마찬가지다. 우리가 추구하는 것은 혁명이 아니기 때문에 완벽하게 작동하지 않는다고 해서 전체 시스템을 버리는 것은 옳지 않다. 우리에게 필요한 것은 개혁과 개선이다. 모든 사람이 혜택을 받을 수 있는 더 나은 시스템을 만들기 위한 자원과 의지가 있다. 그러나 자본주의 개선으로 나아가는 것은 위험과 도전으로 가득 찬 험난한 길이다.

## 우리 앞에 놓인 도전들

첫째, 새로운 기술 발전 속도가 점차 빨라지면서 도전 과제들이 불거지게 되었다. 기술 혁신 덕에 사람들은 유례없이 서로 연결되었지만 동시에 고립되고 단절되면서 결국 자본주의의 존재를 위협하는 움직임이 나타나게 되었다. 더욱이 급속도로 이루어진 인공지능(AI)과 우주여행, 양자 컴퓨팅 기술 발전으로 많은 것이 불확실해졌다.

사실 나는 "양자 컴퓨팅 기술을 가속화해 세상에 긍정적인 변화를 이루려는 목표로, 양자 물리학의 법칙을 컴퓨팅에 적용해 신약 개발, 헬스케어, 재료공학, 사이버 보안, 에너지 변환 및 기후 변화에서 유례없는 돌파구를 만들어내겠다"[22] 라는 목표를 가진 회사에 투자를 하고 있다. 이는 매우 야심차고 높은 목표로, 달성되기만 한다면 이 세상에 진정한 혁신이 나타날 것이다.

다만 양자 컴퓨팅의 잠재력을 바라보는 나와 MZ세대의 태도는 매우 다르다. 우리 세대는 새로운 기술에 대해 합리적인 의심을 가지고 바라본다. 어떤 사람은 이를 두려움이라고 부를지도 모른다. 반면 MZ세대는 이런 두려움이 없기 때문에 너무 빨리 뛰어들기도 한다(엘리자베스 홈즈의 테라노스가 바로 이런 예다).

물론 나는 새로운 가능성을 믿고 그런 프로젝트에 투자하고 있지만, 기술을 맹신하는 젊은 세대의 본능을 저지할 회의주의, 즉 경험도 가지고 있다. 최고로 인정받는 테크기업들조차 수백 년 역사를 지닌 도로나 철도 같은 인프라에 비하면 아직 초기 단계임을 기억해야 한다. 물론 초기 단계일지라도 디지털 인프라는 엄연히 존재하고 앞으로도 지속될 것이다.

둘째, 자본주의 시스템이 개선되어야 한다면(나는 반드시 그래야 한다고 생각하지만) 기관과 정보의 흐름에 대한 신뢰가 반드시 회복되어야 한다. 모든 참여자가 합리적으로 신뢰할 수 있는 정보가 제공되지 않으면 시장은 기능할 수 없다. 그 어느 때보다 시장의 직접 참여자가 많고 셀 수 없는 정보가 생성되고 퍼지는 지금, 이는 어려운 과제다.

자본시장이 효율적으로 기능하기 위해서는 그 기저에 진실성이 필요하다. 거짓과 주관적 사실, 개인화된 도덕성 등이 난무하는 지금의 세태에는 문제가 많다. 객관적인 검증을 받지 않고 아무나 견해를 제시할 수 있는 '위키도덕성(wikimorality)'은 사라져야 한다. 규제 기관이 빠르게 나서서 모든 참여자, 특히 새로운 MZ 투자자들이 신뢰할 수 있는 금융시장을 조성해야 한다.

투자세대 대전환

거짓과 개인화된 도덕성만큼이나 걱정되는 것은 알고리즘이 디지털 생활을 지배하면서 우리의 자유와 금융 의사결정을 위협하고 있다는 사실이다. 우리의 결정과 정보에 대한 알고리즘의 지배력은 점점 더 높아지고 있다. 우리의 선택이 상업적인 목적을 가진 기업에 의해 좌우되지 않고 합리적인 자유 의지에 따라 이루어지려면, 알고리즘 윤리를 냉철하게 평가할 필요가 있다.

셋째, 가상화폐 또한 도전을 제기하고 있다. 법정 화폐 시스템에 대한 깊은 불신을 바탕으로 MZ세대는 가상화폐의 급성장을 이끌었으며, 가상화폐 사용자는 2021년 말 기준 2억 9,500만 명*에 달한다.[23]

가상화폐는 중앙 집중화에 대한 도전과, 수십 년에 걸친 양적 완화로 가치가 하락한 기존 통화에 대한 불신에서 탄생했다. 가상화폐는 다른 기술 섹터보다 빠르게 성장했다. 이는 맹목적인 것이 아니고, 자본시장을 흔들어 이익을 취하려는 의도도 아니며, 물론 사기도 아니다. 그러나 최근의 사태에서 목격한 바와 같이 가상화폐 혁명은 불안정하며 기존 시스템에 대한 불만과 인터넷 밈 문화로 과열되어 있다.

규제 당국은 투자자를 이기려고 드는 대신 MZ세대가 주도하는 경제적 시대 정신에서 벌어지고 있는 본질적인 변화

---

* 2023년 말(가장 최근 집계) 기준 전 세계 가상화폐 보유자 수는 5억 8,000만 명이다. - 편집자

를 이해하고자 노력해야 한다. 영국 중앙은행은 가상화폐 물결에 뒤늦게 동참해 '브릿코인(Britcoin)'이라는 가상화폐를 발행했는데, 트렌드에 이미 뒤처진 데다가 회의적인 사용자들에 맞서 가상화폐의 당위성을 입증해야 하는 과제에 직면했다.

마지막으로, 자본주의를 재건하지 않고 완전히 해체하려고 하는 이들 또한 자본주의 개선에 위협 요인이다. 협력과 협동으로 나아가려는 경향이 있는 한편, 많은 젊은이가 고립되고 사회적으로 단절되어 비슷한 생각을 가진 사람들끼리 살아가고 있다. 이는 극단주의를 부채질하여 자본주의 시스템 자체를 위협한다. 고립된 상황에서는 건강한 경제가 성립되지 않는다.

자본주의는 본질적으로 부도덕하다고 믿는 젊은이가 많다. 자본주의 시스템을 완전히 무너뜨리고, 유사 공산주의나 탈중앙화된 무정부주의를 세우는 것이 유일한 방법이라고 생각하는 극단주의자도 있다. 이런 극단적인 움직임 때문에 자본시장에 긍정적인 변화를 가져오고자 노력하는 MZ 창업자들의 가치와 성과가 빛을 잃는다. 자본주의는 현재 엄청난 압박과 위기에 놓여 있다.

2018년 나는 글로벌 자산 운용사 공동 회장에 취임하면서 《파이낸셜 타임스》 인터뷰에 응했다. 나는 이렇게 말했다. "우리는 밀레니얼 세대를 위한 은행을 지향하고 있습니다." 당시 금융계에서 잔뼈가 굵은 많은 동료가 내 발언을 듣고 웃었다.

현실성 없고 허울 좋은 말이라고 생각한 것이다.

이제 이런 웃음은 많이 줄었다.

글로벌 경제는 앞으로 40년 동안 최대의 도전에 직면하게 될 것이며, 이 부담은 MZ세대의 몫이다. 미래는 미지의 영역이며 혼돈 자체다. 테크 산업이 성숙해짐에 따라 삶의 방식이 급격히 바뀔 것이므로 더욱 혼란스러워질 것이다. 이런 도전에 맞서 우리는 현명하게 새로운 자본주의의 길을 함께 찾아가야 한다. 세대 간 갈등을 봉합하기 위해서는 교육을 통해 베이비붐 세대의 경험과 MZ세대의 통찰력을 조화롭게 모아야 한다. 쇠가 서로 부딪치며 더욱 날카로워지는 것처럼 말이다.

세대 간 갈등과 내부 분열은 몰락을 가져올 것이다. MZ세대를 계속 무시하거나 베이비붐 세대를 무작정 비난하면 결국 재앙이 닥칠 것이다. 그러나 두 세대가 힘을 합치면 급변하고 있는 이 시대를 지나 우리의 지구도, 자본주의도 희망에 찬 시대, 동기부여가 되고 기대할 만한 시대로 나아갈 수 있을 것이다. 두 세대가 협력하면 자본주의는 향후 세대도 납득할 수 있는 방식으로 재정립될 것을 확신한다.

여기서 필요한 것은 지혜이며, 나는 지혜를 지식과 다른 개념으로 쓰고 있다. 21세기에 지식은 거의 주어지는 것이다. 모르는 것은 구글에서 찾으면 되기 때문이다. 그러나 앞으로는 구글 검색을 할 필요가 없고 머신러닝과 AI가 그 일을 대신할 것이다. 지혜는 구글에서 찾을 수 없을뿐더러 구글이 지혜롭다고 말할 수도 없다. 지혜는 판단의 영역이기 때문이다. 과거 수십 년 동안 잘못된 판단이 이루어졌고, 향후 수십 년 동안에도 그럴 가능성이 있다. 그 결과 돌이킬 수 없는 상황이 올 수도 있다. 아직 그런 상황은 발생하지 않았지만, 현재 우리 사회에 지식은 넘쳐나고 지혜는 부족하다.

지혜로운 선택을 하기 위해서는 협력하고 소통해야 한다. 기성세대의 경험과 젊은 세대의 통찰이 어우러져 인류를 위한 고귀하고 아름다운 비전을 창출해야 한다. 그런 비전에서 발전한 시장경제의 혜택은 모든 사람에게 돌아갈 것이다.

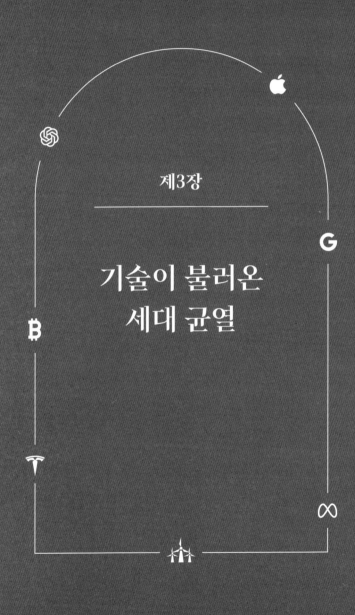

제3장

기술이 불러온
세대 균열

베이비붐 세대와 MZ세대의 가장 큰 차이는 기술에 있다. 기술은 MZ세대에게 가장 강력한 도구인 반면, 베이비붐 세대에게는 자신의 기득권을 빼앗고 현재의 체제를 뒤흔드는 존재다. 기술은 금융 외에도 많은 영역을 민주화할 것이다. 기술은 예전에는 목소리를 내지 못했던 사람도 전면에 나설 수 있게 해주고, 물리적인 거리를 뛰어넘어 사람들을 연결해 준다. 그만큼 고립을 심화하는 능력도 있다.  중요한 것은 기술을 가장 효과적으로 사용할 수 있는 집단이 그 어느 때보다 빠른 속도로 변화를 실행할 수 있게 되었다는 점이다. 이런 관점에서 승자 세대가 누구인지는 명백하다.

## 디지털 네이티브와 이민자

2001년, 미국 작가 마크 프렌스키(Marc Prensky)의 이야기로 시작해 보겠다. 그는 20세기 말부터 디지털 기술이 급격히 보급되고 당시 젊은이들이 "평생 컴퓨터와 비디오 게임, 디지털 음악 플레이어, 비디오카메라, 휴대전화를 비롯한 모든 디지털 장난감과 도구에 둘러싸여 살아왔기” 때문에 2001년의 젊은 이, 즉 밀레니얼 세대는 “기성세대와는 근본적인 다른 방식으로 사고하고 정보를 처리한다”라고 주장했다.[1]

프렌스키의 선견지명이 놀랍다. 왜냐하면 20년 이상이 지난 지금도 나를 비롯한 많은 이가 정확히 같은 현상을 해석하려고 노력하고 있기 때문이다. 프렌스키는 ‘디지털 네이티브(digital native)’라는 용어를 대중화하며 당시 떠오르고 있던 새로운 세대를 정의했다. 지금은 잘 사용되지 않지만, 프렌스키가 연장자 세대를 가리켜 사용했던 ‘디지털 이민자(digital immigrant)’라는 용어도 매우 인상적이다. 그는 디지털 이민자를 “디지털 세상에서 태어나지는 않았지만, 인생의 어느 시점에서 디지털 기술에 매료되어 상당한 부분을 받아들인 사람들”로 정의했다.

이 용어들은 MZ세대와 베이비붐 세대가 세상을 인식하고 교류하는 방식이 근본적으로 다르다는 사실을 설명하는 데 매우 유용하다. 그러나 나 같은 구세대에게 디지털 이민자는 다소 이상한 말이다. 구세대인 우리가 먼저 세상을 차지하고 있는데 뒤늦게 등장한 MZ세대를 이민자라고 부르는 것이 마땅하지 않을까? 확실히 그래야 할 것 같다. 게다가 프렌스키가 디지털 네이티브와 이민자의 차이를 규정했던 2001년 이후에 일어난 기술 발전에 대해 생각해 보라.

놀랍게도 아이폰은 2007년에야 세상에 등장했다. 인스타그램, 왓츠앱, 트위터 같은 앱들은 사람으로 치면 법적으로 음주가 허락되지 않은 미성년자다. 기술은 늘 세상을 변화시켜 왔지만, 이토록 빠른 속도로 변화를 주도한 기술은 매우 드물었다.

구텐베르크 금속 활자는 1440년에 발명되었지만 한 권의 책으로 묶여 『구텐베르크 성경(The Gutenberg Bible)』이 발간된 것은 15년 지난 1455년의 일이었다. 페이스북은 2004년 처음 출시되고 15년 만에 전 세계 4분의 1이 넘는 23억 명의 이용자를 확보했고, 브렉시트 국민 투표와 2016년 미국 대선에 지대한 영향을 끼쳤다. 서구권에서 가장 막강한 미국과 영국의 민주주의 시스템을 페이스북이 실질적으로 바꾸어 놓았다(어떤 이들은 완전히 무너뜨렸다고도 한다). 이 속도와 파괴의 정도에 비교할 만한 유일한 기술은 핵에너지 정도다.

나치 정권을 피해 망명한 유대인 과학자 레오 실라드(Leo Szilard)는 1934년, '핵의 연쇄 반응'에 관한 보고서에서 핵분열 개념을 소개했다. 11년 후, 미국과 나치 정권 간에 치열한 기술 경쟁 끝에 미국의 오펜하이머(Oppenheimer)가 발명한 핵폭탄이 전쟁의 본질을 바꾸어 놓았다.

우리는 현재 일어나고 있는 변화가 저 정도라고 생각하지는 않는다. 그러나 지난 20년 동안 철학적으로, 사회적으로, 기술적으로 일어난 변화는 핵폭탄을 발명한 미국 정부의 맨해튼 프로젝트에 비견될 만하다. 이 변화가 세상을 바꿔왔으며, 앞으로도 변화는 계속될 것이다. 그리고 나는 이 변화가 세상을 더 나은 방향으로 바꿀 것으로 생각한다. 게다가 이제 시작에 불과하다.

## 기술의 도달 범위

21세기는 진정한 '연결의 세기'다. 여러 가지 기술 혁신이 지금의 세상을 이끌었다. 지난 30년 동안 컴퓨터와 스마트폰이 대중에게 보급되었고, 인터넷은 예전에는 상상도 하지 못했던 방식으로 개인용 디바이스들을 연결했다. 새로운 소셜 미디어와 앱은 이런 연결성을 바탕으로 모든 이가 공평하게 도구를 활용할 수 있도록 해주었다. 흔히 '디지털 혁명'이라고 칭하는 것처럼 하드웨어와 소프트웨어, 그리고 서비스가 융합되지 않았더라면 현재의 세상이 구현되지 못했을 것이다. 아마도 디지털 혁명은 인쇄기의 등장 이후 인류의 기술에서 가장 영향력 있고 의미 있는 발전일 것이다.

디지털 혁명은 사람들이 소통하고 일하고 어울리고 상호 작용하고, 자신을 정의하는 방식을 바꾸었다. 더는 신체의 한계나 물리적인 요소에 의해 생활에 제약을 받지 않는다. 지리적 위치, 국경, 언어 장벽, 지식과 정보에 대한 접근과 같이 개인과 공동체를 분리해 왔던 과거의 경계선들을 넘어설 수 있게 되었다. 이제는 책을 찾기 위해 다른 도시의 도서관에 가거나 외국의 논문이 번역되어 출간되기를 기다릴 필요가 없다. 간단히 구글 검색을 하거나 '구글 번역' 버튼만 클릭하면 수백만 년이 걸려도 다 소비할 수 없는 어마어마한 정보에 접근할 수 있게 되었다.

인터넷 연결만으로 누구나 정보와 플랫폼, 개발 도구, 전문 지식을 생산할 수 있게 되면서 엄청난 민주화의 기회가 찾아왔다.

1950년대, 1960년대, 혹은 1970년대에 자신의 생각을 300명에게 전달하려면 무엇이 필요할지 생각해 보자. 목사나 언론인, 또는 정치인이 되든지, 아니면 런던 하이드파크에 가서 소리 높여 외쳐야 했을 것이다. 사람들이 당신의 소리에 귀를 기울인다는 보장은 없지만 말이다. 하지만 오늘날 트위터나 인스타그램 팔로워 300명은 그리 많은 수가 아니다.

페이스북의 탄생을 다룬 데이비드 핀처(David Fincher) 감독의 영화 '소셜 네트워크(The Social Network)'(2010년 개봉)에서 한 등장인물은 사이트를 개설한 첫날 하버드생 650명이 가입했다는 사실에 놀라면서 "공짜 마약을 나눠준다고 해도 하루에 650명씩은 안 몰려"라는 명대사를 남겼다.

2023년 인스타그램 팔로워 수를 보면 포르투갈 축구 선수 크리스티아누 호날두(Cristiano Ronaldo)가 5억 8,100만 명으로 가장 많았고, 축구 선수 리오넬 메시(Lionel Messi, 4억 5,700만 명)와 가 수 셀레나 고메즈(Selena Gomez, 4억 1,200만 명)가 그 뒤를 이었다. 물론 이 세 명은 모두 Z세대다.


## 기술의 두 얼굴

기성세대는 MZ세대가 "스마트폰에 중독되었다"라며 한탄하곤 한다. 젊은이들이 무의미한 오락에 기술을 이용하는 것은 사실이지만 세계적 사건에 대해 정보를 얻고, 관심 있는 주제를 파고들며, 다른 사람들이 자칫 지나칠 수 있는 일에 목소리를 높이고, 사회를 이롭게 할 시스템과 프로세스를 만들어내기 위해서도 기술을 사용한다. 이 모든 활동을 통해 이전에는 경험한 적 없는 글로벌 공동체가 형성된다. 연결성 덕분에 전 세계적으로 세대가 연결되며 공통된 기반을 공유할 수 있게 되었다.

최근 나는 전 세계 최빈국 중 하나인 아프리카의 차드를 방문했을 때 이 놀라운 연결 수준을 실감할 수 있었다. 차드의 유목민들은 전통적으로 낙타나 당나귀, 때로는 말을 타고 이동하며 살아간다. 우리 일행은 수천에 달하는 상인들이 모여 각종 물건과 가축을 매매하는 시장에 방문했다. 마치 성경 시대와 비슷한 광경이었다. 가축 시장에서 숫자로 흥정할 때 외에는 글자가 필요하지 않았기 때문에 교육 수준이 매우 열악했다.

놀라운 점은 거의 모든 사람이, 심지어 최고령자들조차 스마트폰을 가지고 있었다는 사실이다. 기후와 사막의 악조건 속에서도 이들은 마치 교육의 시대를 통째로 건너뛰고 현대 사회로 도약한 것 같았다. 낙타 상인들과 유목민들이 아이폰을 통해 하나로 연결되었다. 연결성이 증가할수록 선행을 할 능력도 증가한다.

일면식 없는 사람들이 인터넷을 통해 모여 좋은 일을 한 이야기는 많다. 코로나 팬데믹으로 인한 봉쇄 기간, 영국에서는 수많은 미담이 있었다. 제2차 세계대전 참전 용사였던 톰 무어(Tom Moore) 대위도 잊을 수 없는 미담을 남겼다. 그는 자신의 100번째 생일을 맞아 집 정원을 달리며 1,000파운드를 모금하려는 소박한 목표를 세웠었다. 그러나 100세 생일이 다가올 무렵 그는 크라우드 펀딩으로 3,279만 파운드라는 엄청난 금액을 모아 국민의료보험(NHS)에 기부했다.

영국 언론과 BBC는 이 이야기에 열광했으며, 소셜미디어에는 희망과 격려의 메시지가 넘쳐났다. 디지털 연결이 없었다면 이는 불가능한 일이었을 것이다. 연결성은 평범한 사람도 비범한 목표를 위해 움직이게 할 힘을 지닌다. 이는 작은 예에 불과하지만, 얼마든지 더 큰 규모로 키울 수 있다. 인터넷으로 연결된 45억 명을 움직이게 할 수 없다면, 기후 위기 같은 극도로 어려운 문제는 어떻게 해결할 수 있겠는가? 메시지

투자세대 대전환

를 어떻게 전달하며, 그런 규모의 운동을 어떻게 조직하며, 어떻게 연대할까?

하지만 여기에는 큰 대가가 따른다. 21세기는 기하급수적인 연결의 시대이기도 하지만, 제한 없는 기술 발전으로 소외와 고립이 전염병처럼 퍼져나가면서 '단절의 세기'처럼 느껴지기도 한다. 모든 기술 발전에서 그렇듯, 빛이 밝을수록 그림자는 더 어둡다. 디지털 연결성은 세상의 선함과 변화를 이루는 매우 강력한 힘으로 작동해 왔다. 그러나 2030년대를 앞두고 우리는 아름다운 미래상보다는 디스토피아적인 기술 공포에 대한 이미지와 이야기를 더 많이 접하게 되었다.

디지털 미디어가 바꿀 우리의 미래상은 냉소적이고 비극적으로 그려지고 있다. '소셜 딜레마(The Social Dilemma)'라는 다큐멘터리와 빅테크기업의 관심 경제(attention economy)*에 대한 연구로 유명한 미국의 디지털 윤리학자 트리스탄 해리스(Tristan Harris)는 지금 당장 경로를 수정하지 않으면 사회가 붕괴될 것이라고 경고했다. 그는 거대 소셜미디어 기업의 관심 경제 때문에 대중은 반향실에 갇혀 시민적 담론에 참여할 능력이 훼손될 것이라고 확신했다.

소셜미디어를 통해 개인의 생각, 사진, 밈, 문구들은 대부

---

* 관심 경제: 소비자의 관심을 파악해 개인화된 맞춤형 서비스를 제공하면서 소비자를 유인하는 시장. 맞춤형 뉴스, 검색, 구매 추천 등이 포함된다. - 옮긴이

분 깊은 생각 없이 순식간에 퍼져나간다. 포스팅하는 데 많은 시간이 걸리지 않으며, 트윗도 아주 쉽게 올릴 수 있어서 트위터 폭풍에 따른 온갖 부작용이 있다. 옛 시절이 깊은 사고와 성찰의 좋은 시대였다는 이야기가 아니다. 그러나 그 시절의 매체였던 연설이나 편지, 출판 같은 것은 연결 속도를 지금보다 한층 늦추었기 때문에 신중하게 생각할 기회를 주고 즉각적인 언어적 공격을 막아주었다.

소셜미디어의 본질인 빠른 반응은 투자나 사업상 결정을 내리는 방식에도 직접적인 영향을 미친다. 초단타매매는 프로그램 매매 기법이며, 소셜미디어가 부추기는 충동 매매와는 다르다.

알고리즘은 우리를 분열시키고 서로를 비방하는 이익 집단으로 갈라놓는다. 이와 비슷하게, 중국에는 '중국 사회 신용 점수' 시스템이 있어서 정부가 시민들의 행동에 따라 '포인트'를 부여하며, 포인트가 높은 사람에게는 보상을 주고 낮은 사람에게는 불이익을 준다. 보상으로는 상품 가격 및 공공요금 할인 같은 것이 있고, 불이익으로는 여행이나 특정 학교 입학 금지, 또는 수감 등이 있다. 이는 넷플릭스 시리즈 '블랙 미러(Black Mirror)'를 연상케 한다.

내가 어릴 때 사람들은 핵무기로 인해 인류가 한순간에 눈부신 섬광 속에서 소멸하는 멸망 같은 것을 두려워했다. 그러나 오늘날 두려움의 대상은 집단주의적 국가 지배나, 인류가 화합하지 못함으로써 인류 문명이 서서히 사라지는 사회적 해체로 바뀌었다. 이는 조지 오웰(George Orwell)이 『1984』에서 그려낸 악몽이자, 올더스 헉슬리(Aldous Huxley)가 『멋진 신세계(Brave New World)』에서 그린 디스토피아다.

소설 『1984』에 나오는 빅 브라더(Big Brother)처럼 테크기업과 정부는 대중을 감시하는 자본주의를 통해 개인의 삶과 감정을 조종하고 불쾌한 것을 치워버릴 수 있다. 이에 따라 대중은 인터넷에 널린 흥밋거리에 정신이 팔리고 자신이 좋아하거나 동의할 수 있는 것들에만 노출된다. 헉슬리의 암울한 소설처럼, 군중을 통제하기 위해서는 힘으로 위압할 필요 없이 정신을 분산시키는 것으로 충분하다. 시장이 효율적으로 기능하기 위해서는 투자자의 독립적인 판단이 필요하다. 사회 트렌드에 따라 조장된 군중 심리는 필연적으로 닷컴 버블이나 최근의 기술주 폭락 같은 금융위기를 파생한다.

내 견해가 너무 비관적일 수도 있겠지만 한 가지는 확실하다. 사람들이 관계를 맺는 방식이 완전히 바뀌었고, 이에 따라 자본주의의 근본이 훼손될 가능성이 있다. 변화의 속도는 점점 빨라지고 있으며, 사람들 사이에 깊은 균열이 만들어지고 있다. 국경이나 소속 집단을 넘어 연결성이 더 강해지고 있지만 가까운 사적인 관계는 파편화되었다. 그 결과 앞서 논의한 세대 간 분열이 심화했다. 자본주의가 위기에 처하게 된 핵심 요인은 여기에 있다.

# 기능적인 관계를 넘어 존재론적인 관계로

사무실에서 처음으로 데스크탑 컴퓨터를 접했을 때가 생각난다. 당시 컴퓨터의 마케팅 포인트는 생산성 향상이었다. 컴퓨터가 단지 업무 부담을 줄여주고 생산성을 향상할 도구로만 여겨졌다니 참 아이러니다. 요즘 사람들은 이해하기 어려울 수 있지만, 엑셀 표가 실제로 책상 위에 펼쳐진 종이 뭉치였던 적이 있었다. 듣기에는 낭만적이고 소박할지 모르겠지만 업무를 비약적으로 편하게 해준 데스크탑 컴퓨터로 대용량 표를 작성하기 전까지 이런 서류 작업은 내 삶의 고통이었다. 그 이후 기술에 대한 나의 인식은 단순한 도구를 크게 넘어서는 무언가로 바뀌었다.

젊은이들을 멘토링할 때 가장 놀라는 점은 그들이 스마트 디바이스와 단순히 기능적인 관계가 아닌 존재론적인 관계를 맺고 있다는 점이다. 즉, MZ는 "기술을 어떻게 활용할 것인가"라는 수준이 아니라 "기술은 '나'라는 존재를 구성하는 무언가"로 인지하고 있다. 오늘날 디지털 기기는 이제 한 세대의 존재와 목적, 삶 자체에서 필수적인 부분이 되었다.

우리가 사용하는 스마트 디바이스는 우리 자신의 확장이기에 우리는 이들과 존재론적인 관계에 있다. 스마트 디바이스는 더는 외부의 것이 아니라 우리 정체성의 핵심으로, 우리가 디바이스이고 디바이스가 곧 우리다. 스마트 디바이스와 소셜미디어 계정에는 한 사람의 인생을 정의하는 전체적인 그림이 담겨 있다. 이 말이 지나치다는 생각이 든다면 가장 가까운 친구에게 스마트폰의 비밀번호를 해제해 건네준다고 상상해 보라. 불안감이 참지 못할 정도로 커져서 다시 돌려달라고 요청하기까지 얼마나 걸릴까? 이는 마치 다른 사람이 당신의 생각을 들여다볼 수 있도록 허락하는 것과 같을 것이다.

예전에는 우리 자신을 이토록 집약하는 기술이 존재하지 않았다. 우리의 기억은 수천 장의 사진이 되어 저장되고, 우리의 질문과 호기심은 브라우저 기록에 기억되며, 우리의 관계와 약속, 네트워크는 메시지 앱이나 팔로우 목록, 게시글에 드러난다. 그리고 이런 장치들이 현대 시장 기반 경제의 초석을 이루고 있다.

## 클릭티비즘과 해시태그의 힘

디지털 연결성이라는 특성으로 인해 인터넷은 이전의 기술 발전과 차별화되는 동시에 세대를 통합하는 원동력이 되었다. 이는 지속 가능한 자본주의를 개발하기 위해 절대적으로 필요한 요소다. 새로운 디지털 디바이스와 플랫폼이 우리의 정체성을 실질적으로 반영하기에 이런 채널을 통한 결속에는 의미가 있으며, 기업들은 직장에서의 사회적 평등을 요구하는 많은 이의 목소리를 무시할 수 없을 것이다. 스티브 잡스(Steve Jobs)는 명확한 선견지명을 가지고 있었다. 그는 애플의 제품들이 단순한 통신 도구가 아니라 강력한 영향력을 가진 도구로서 기능하도록 했다.

원래 나는 '클릭티비즘(clicktivism)'*이라는 용어에 대해 폄하하곤 했다. (이 용어는 SNS에 게시물을 포스팅하거나, 다른 게시물에 '좋아요'를 누름으로써 공짜로 대의명분 또는 정의에 지지를 표명할 수 있음을 나타낸다.) 그러나 그런 내 생각은 크게 잘못되었음을 뒤늦게 깨달았다. 공공 담론에 참여하는 데는 디지털 세상에서나 물리적 세상에서나 똑같이 비용이 든다. MZ세대가 디지털 세상에 묶인 자신의 의견과 플랫폼, 정체성을 공유하는 데도 비용이 발생한다. 어떤 이는 해시태그를 공유한다고 세상이 바뀌는 건 아니라고 말할 것이다. 하지만 #블랙라이브스매터(BlackLivesMatter) 운동(이하 BLM 운동)을 보면 그렇지 않다는 사실을 알 수 있다.

2013년 플로리다에서 자경단 대장인 조지 짐머만(George Zimmerman)은 무장하지 않은 흑인 십 대 청소년에게 총을 발사해 목숨을 빼앗았으나 법원에서 무죄 판결을 받았다. 같은 시기에 알리시아 가르사(Alicia Garza), 패트리스 컬러스(Patrisse Cullors), 오팔 토머티(Opal Tometi)라는 세 명의 젊은 여성이 볼드(BOLD:

---

* 클릭티비즘: 클릭(click)과 행동주의(activism)의 합성어로 소셜미디어를 통한 사회 참여와 행동주의를 뜻하는 말. 온라인 청원에 참여하거나 지지하는 포스팅을 공유하는 등의 활동을 가리키며, 2017년 옥스퍼드 영어사전 온라인판에 신조어로 추가되었음. - 옮긴이

Black Organizing for Leadership and Dignity)라는 전국적인 커뮤니티 프로그램을 통해 뜻을 함께했다. 짐머만의 무죄 판결 소식을 전해 들은 가르사는 "흑인들에게 보내는 사랑의 편지"라는 제목의 페이스북 게시물을 작성했다. 그 내용에는 "우리의 생명은 소중하다, 흑인들의 생명은 소중하다(Our Lives Matter, Black Lives Matter)"라는 문구가 들어 있었다. 컬러스는 #BlackLivesMatter라고 답글을 달았고, 토머티도 답글로 공감을 표시하면서 이 해시태그가 퍼지기 시작했다.

희생자였던 흑인 소년의 이름은 트레이번 마틴(Trayvon Martin)으로, 그의 죽음은 BLM 운동의 도화선이 되었다. 소셜미디어의 출현으로 사회운동의 양상이 변화되었지만, 저항 운동은 온라인에서 그치지 않았다. 2014년 마이클 브라운(Michael Brown), 에릭 가너(Eric Garner)라는 두 흑인 소년이 각각 미주리주 퍼거슨과 뉴욕시에서 경찰에 의해 목숨을 잃고 난 뒤 BLM 운동은 디지털 세상을 벗어나 가두시위로 확산되었다. 그해 8월, BLM 온라인 회원들이 'BLM 가두행진'에 참가하기 위해 퍼거슨에 모였고, 다른 여러 단체도 이에 동참했다.

BLM의 비폭력 시위는 매우 조직적이었으며, 전국적으로 유명세를 얻는 한편 비판을 받기도 했다. 소셜미디어 플랫폼을 통해 계속적으로 조직화되면서, BLM은 이후 경찰 관련 사건으로 사망한 다른 흑인들을 위해 온·오프라인 운동을 계속해 나갔다. 2014년, 미국언어연구회(American Dialect Society)는

#BlackLivesMatter를 '올해의 단어'로 선정했다. 가르사와 컬러스, 토머티의 이름은 언론에서 거의 잊혔지만 이들이 만든 해시태그는 미국 40개 지역에 퍼졌다.

이후 흑인 소녀들을 위한 #BlackGirlsMatter, 흑인 성소수자를 위한 #BlackQueerLivesMatter, 순직한 경찰들을 위한 #BlueLivesMatter 등 비슷한 해시태그들이 생겨났고 호주, 캐나다, 미국, 이스라엘 등지의 국제단체에도 영감을 주었다. 중앙정부 없이 지역별로 운영되는 BLM 시위는 소외된 계층과 연대하거나 다른 집단 내의 '흑인 차별'을 비판했다. 2020년 5월, 조지 플로이드(George Floyd)의 죽음과 관련된 동영상이 소셜미디어를 통해 확산하자 코로나 팬데믹으로 봉쇄된 상황 속에서도 전 세계적인 시위가 일어났다.

BLM 운동은 특히 현실 세계와 디지털 세계, 그리고 지역과 글로벌 간의 경계를 거의 지워버리는 움직임이었다. 현실 세계가 변하는 만큼 디지털 세계도 변해 왔으며, 이슈에 대한 정보를 제공하는 새로운 온라인 콘텐츠는 현실 세계의 시위만큼이나 중요한 것이 되었다. BLM 해시태그를 달고 있는 동영상을 공유하는 것이 가두시위에 참여하는 것만큼 적극적인 행동이라고 주장할 수도 있을 것이다.

수많은 사람이 온라인 플랫폼에서 평범한 한 사람의 이야기를 공유하면서, 전통적인 출판사나 홍보 기업들이 할 수 없었던 일이 벌어졌다. 온 세상의 주목을 받게 된 것이다. 이 시위가 건설적인 힘인지 파괴적인 힘인지에 대해서는 의견이 갈릴 수 있겠지만, 한 지역의 사건을 전 세계로 실어 나르는 연결의 힘 자체를 부정할 수는 없을 것이다.

BLM 운동은 위대한 인물 없이도 전 세계 사회의 지지를 얻을 수 있었다. 평범한 개인들의 행동이 모이고, 이들이 연결된 네트워크를 통해서 다 같이 힘을 합쳐 전 세계적인 운동으로 발전해 나갔다. 국지적인 문제가 불과 몇 개월, 아니 순식간에 전 세계적인 운동으로 확대되었다. 이것이 디지털 혁명이 그토록 강력한 이유이다. '진입 장벽'이나 '도달 범위의 한계'가 없으며, 공평한 기회가 모두에게 주어지고, 모든 것이 폭발할 가능성이 존재한다. 그러나 지역과 전 세계의 이런 관계는 양방향이 아닌 일방통행이다.

BLM 운동은 단순한 사회 현상이 아니다. 그 파급력은 기업 세계 전반에 걸쳐 명확히 나타나고 있다. 전 세계 이사회에서는 이제 인종 문제를 고려하지 않을 수 없게 되었다. BLM 운동에서 주장하는 방법이 아니더라도 직장 내에서 다양성을 포용하고 모니터링하고 장려하는 문화가 자리잡게 되었다. BLM 운동이 인종 차별 개념을 처음 도입한 것은 아니지만, 이 운동 덕분에 직장 내 인종 문제가 매우 중요하고 우선적으로 다루어야 할 문제라는 인식이 생겼다. 이사회에서 검토하고 임원들이 참여하는 등 기업들은 인종 문제에 대해 성과를 내기 위해 전에 없던 적극성을 보였다.

그러나 BLM 운동에 대해 우려를 표명하는 베이비붐 세대가 있다. 나는 반(反)아파르트헤이트 투쟁(남아프리카공화국의 극단적인 인종 차별 정책인 아파르트헤이트를 철폐하기 위한 운동) 당시 남아프리카공화국에서 학생 시절을 보냈기 때문에 인종적 편견의 현실을 이해는 하고 있지만, 인종 차별을 받는 입장이 어떤 것인지는 상상조차 하지 못한다. 당시 나는 런던에서 개최된 BLM 행진에 참여했는데, 아마도 그 행진에 참여한 유일한 은행가였을 것이다. 나의 딜레마는, BLM에서 내세우는 많은 목표가 내 가치와 근본적으로 반대되는 것처럼 보이는데도 그 행진에 참여한다는 것이었다. 그런데도 나는 공통의 적과 싸우는 동지로서 그 행진에 참여하기로 했다.

나는 그 행진에 참여하는 것이 유색 인종과의 연대뿐 아니라, 큰 무리를 이루어 의회 광장으로 행진하는 다음 세대와의 연대를 표현하는 작은 방법이라고 생각했다. 그러나 요하네스버그 거리에서 참여했던 것과 비슷한 시위를 50년 후에 런던에서 다시 참여하고 있다는 점은 슬프게 다가왔다. 나는 생각했다. 왜 50년이 지난 지금에도 인종적 편견이 여전히 우리 사회에 만연한 것일까? 우리 세대는 아무런 교훈을 얻지 못했고 기업 세계에 이런 주장을 제기하기 위해서는 MZ 운동가가 나서야 했던 것일까?

기업 임원들이 가장 두려워하는 것은 헤지펀드가 아니라 해시태그였던 것이다. 그리고 해시태그를 움직이는 보이지 않는 손은 MZ세대의 힘에 달려 있다.


# 연결된 고립

━━━❖━━━

디지털 연결성은 국지적인 문제를 세계적인 담론으로 발전시키는 데는 많은 도움이 되지만, 글로벌 수준에서 벌어지는 일을 지역 공동체나 개인의 영역으로 통합하는 데는 그리 큰 역할을 하지 못하고 있다. 여기서 관계의 균열이 시작된다. 사람들이 깊이 연결되어 있다고 느끼면서도 그토록 외로운 이유 또한 이것이다. 집단의 일부분이 되는 것과 관계나 공동체에 소속되는 것은 본질적으로 다르므로 연결되어 있으면서도 고립될 가능성은 존재한다. 많은 사람이 연결된 고립 속에서 살아간다.

오늘날 정신건강은 우리 사회의 가장 큰 위험 요인 중 하나이며 가족이나 사회, 기업에 이르기까지 사회의 모든 부분에서 해결해야 할 문제가 되었다. 경영 회의에서도 이는 매우 중요한 문제로, 인사부가 효과적으로 대응하지 못하면 기업의 이익에 악영향이 미칠 수 있다. 생산성을 효과적으로 유지하기 위해서는 관계가 건강해야 하기 때문이다.

영국 성인 다섯 명 중 한 명이 대체로 또는 항상 외로움을 느낀다는 사실이 밝혀지면서 영국에서는 2018년에 최초로 외로움부 장관(Minister for Loneliness)직을 신설했다. 심지어 2019년에는 외로움을 느끼는 영국 성인의 비율이 30%로 상승했다. 트레이시 크라우치(Tracey Crouch) 외로움부 장관은 기술과 소셜미디어가 개인의 고립감 증가에 큰 영향을 미쳤다고 답했다. 코로나 기간에 재택근무가 늘어나면서 직장 생활이 점점 원자화되었고, 소셜미디어는 깊은 관계성을 주는 것처럼 보이지만 실제로는 외로움을 달랠 수 있는 친밀감을 주지는 못한다는 것이다.

2020년 유튜브 채널 '애틀랜틱(The Atlantic)'에서 방영된 충격적인 영상²에는 외로움부 장관에게 남긴 젊은이들의 음성 편지가 담겨 있다. 드물게 영상으로 송출된 이 기사는 MZ세대의 삶을 들여다보고 연결(실은 연결된 고립감)의 어두운 측면을 조명했다. 어떤 이는 "소셜미디어는 마실수록 계속 마시고 싶어지게 만드는 독입니다" 또 어떤 이는 "인터넷과 소셜미디어로 세계가 점점 더 연결될수록 사람들은 단절되어 가고 있습니다"라고 말했다.

어떤 젊은 여성은 극단적인 사회적 고립을 경험했던 순간을 털어놓았다. 런던 지하철을 타고 퇴근하는 길이었는데, 한 집에 사는 룸메이트들이 싫어 집에 가기가 끔찍하게 싫었던 기억을 이렇게 회상했다. "퇴근 시간이었어요. 저는 지하철에 서 있었고 주위는 사람들로 붐비고 있었어요. 저는 울고 있었지만 아무도 눈길조차 주지 않았고, 괜찮냐고 물어보는 사람

하나 없었어요. 단 한 사람도요. 그토록 철저하게 혼자라고 느꼈던 적은 처음이었어요."

디지털 연결성과 소셜미디어를 가장 신랄하게 비판한 저서 중 하나인 『얼론 투게더(Alone Together)』에서 저자 셰리 터클(Sherry Turkle)은 디지털 연결성과 소셜미디어에 대해 신랄하게 비판했다. 기술은 사람의 취약한 부분을 채워줄 때 매력적이라고 터클은 말한다. 터클은 다음과 같이 썼다.

사실 인간은 정말로 취약한 존재다. 우리는 외롭지만 친밀감을 두려워한다. 디지털 연결과 감정 교류가 가능한 사교적인 로봇(sociable robot)은 감정적으로 부담을 주지 않으면서도 곁에 있어 준다는 환상을 심어준다. 우리는 서로 묶여 있는데도 네트워크 뒤에 숨어 다른 사람을 피한다. 우리는 기술에 더 많은 것을 기대하고 사람들에게는 덜 기대한다.

연결된 고립이 드리우는 그림자는 어둡고 길다. 우리는 전 지구적으로 연결되어 있으면서도 개인적으로는 고립되어 있다. 연결된 세계와 기술 발전에 대한 낙관주의 때문에 사람의 마음에 남는 깊은 상처를 간과하는 일은 없어야 한다. 이를 단순한 십 대의 불안이나 자제력 부족으로 치부해선 안 된다. 이는 영혼에 벌어진 폭력이다. 그리고 이는 일터에서 주로 나타나며, 그 결과는 생산성 저하다.

연결된 고립의 아이러니는 수십만 명의 사람들을 움직여 거대한 영향력을 행사하고 모든 경계를 넘나드는 공동체를 만들 수 있는 도구가, 한편으로는 사람들 간의 친밀감에 큰 골을 만들 가능성을 내재한다는 점이다. 만약 이번 세대가 이 문제를 해결하지 못하면 디지털 혁명의 비용은 그 효용을 넘어서게 될 것이다.

내 의도를 오해하지 말기를 바란다. 나는 디지털 시대가 얼마나 끔찍한지, 소셜미디어가 청소년과 우리의 미래에 얼마나 파괴적인지 알리려는 것이 아니다. 다만 그토록 많은 사람을 하나로 묶어주는 도구가 사회적 고립과 슬픔을 불러일으키는 감옥으로도 기능할 수 있다는 사실은 매우 우려스럽다. 그리고 이 문제를 해결하기 위해 명확한 계획을 세우지 못하는 기업은 오래 살아남지 못할 것이다.

그러나 우선, MZ세대가 이 문제를 빠르게 이해하고 있다는 점은 고무적이다. 마크 저커버그(Mark Zuckerberg)도 이를 인지하고 페이스북이 사회를 원자화하는 데 일정 역할을 했다는 사실을 인정했다. 2017년, 페이스북은 공개서한을 통해 '전 세계적인 공동체'를 구축하고 변화하는 디지털 환경을 지원할 수 있는 사회적 인프라를 구축해야 한다는 절실한 필요성을 촉구했다. 저커버그는 점점 더 연결되어 가는 세계가 원자화되어 흩어지지 않도록 만들고 싶다고 했다. 그는 "페이스북의 역할은 사람들이 긍정적인 영향을 극대화할 수 있도록 하는 한편, 기술과 소셜미디어에서 비롯된 분열과 고립을 완화하는 것"이라고 말했다.

저커버그 같은 테크업계의 억만장자가 이런 이야기를 할 때 삐딱하게 듣고 무시하기가 쉽다. 그 캐릭터를 공격하고 부족한 사람이라고 말하면서 자기만족에 빠지기도 한다. 그러나 사실 연결된 고립은 실체가 없고 극복하기 매우 어려우며, 기술적인 문제라기보다는 사람 사이의 문제다. 이를 극복하기 위해서는 우리 모두가 힘을 합쳐야 한다. 몇몇 사람의 힘이 아니라 모두의 힘을 말이다.

셰리 터클이 지적했듯이 소셜미디어는 관계에 엮이는 데 대한 두려움, 취약성과 친밀감을 피하고 싶은 욕구를 충족시켜 주는 한편, 인정 욕구를 부채질한다. 그 때문에 소셜미디어상에서 우리는 과시적이거나 진정성 없는 모습을 보이곤 한다. 이런 위험에 대응하기 위해 메타는 페이스북의 다양한 '그룹' 기능을 통해 사용자들의 커뮤니티 활동을 장려하고, 인스타그램의 '좋아요' 숫자를 숨김으로써 특정 수준의 '유명세'를 유지해야 한다는 사용자들의 사회적 불안감을 줄이는 등 다양한 정책을 시행하기 시작했다.

나는 이런 정책들이 존경할 만한 시도라고 생각하지만 그 효과성에 대해서는 회의적이다. 벽에 커다란 금이 간 상태에서 수정액을 덧칠한다고 문제가 해결되지 않는다. 기술적 해결책으로는 사람 간의 문제를 해결할 수 없다. 외로움과 고립이라는 인간의 깊은 존재적 문제를 해결하기 위해서는 인간적인 해결책이 필요하다. 생각해 보면 외로움과 고립은 새로운 현상이 아니며, 페이스북이나 트위터가 등장하기 훨씬 전부터 인류가 수천 세대에 걸쳐 싸워온 감정이다.

## 디지털 글로컬리즘

MZ세대는 전 세계에서 일어나고 있는 운동에 참여하고자 하는 강한 의지를 보이는 동시에, 지역 공동체에도 활발히 참여하고자 한다. MZ세대의 갈등이 거기에 있다. 앞서 언급한 바와 같이 연결성 덕분에 세계적인 문제에 참여하기는 매우 수월해졌다. 대체로 세계 차원의 문제는 많은 사람의 작은 행동이 모여 큰 변화를 일으키는 방식의 참여를 독려한다. 해시태그를 공유하거나 친환경 브랜드를 홍보하는 개인의 행동이 모여 큰 집단행동으로 이어지면 실질적인 변화를 만들어 낼 수 있다. 작은 결정들이 모여 큰 규모를 이룰 때 글로벌 문제가 해결된다. 참여자가 어느 정도로 참여하기를 원하는지에 따라 개인의 헌신과 취약성의 정도가 정해진다.

이런 전략을 삶의 모든 영역에 적용할 수 있다고 생각하는 것은 위험한 발상이다. 1980년대는 '글로컬리즘(glocalism)'이라는 용어가 유행했는데, '세계(globalism)'와 '지역(localism)' 이슈의 구분을 해체하려는 시도로 고안된 용어이며 두 영역이 상호 의존적으로 밀접하게 연결되어 있다고 받아들이는 개념이다. 성공적인 국제 비즈니스를 위해서는 글로벌 거시 브랜드를 고려하는 동시에, 고도로 지역화된 통찰력도 허용해야 한다고 여겼다.

사회학자 롤런드 로버트슨(Roland Robertson)은 글로컬리즘 현상을 "보편성과 특수성의 동시성 내지는 공존"이라고 정의했다. 기업에 적용된 사례를 보면, 맥도날드나 스타벅스 같은 글로벌 프랜차이즈 브랜드는 중국 매장에서 미국 매장과 동일한 음식료를 판매하면서도 특정 지역에 최적화된 경험을 제공하기 위해 엄청난 자원을 투자했다. 영국 맥도날드 매장에서는 모닝 맥머핀 메뉴와 커리 소스를 판매하고 있고, 인도 맥도날드에서는 스파이시 파니르 버거를 판매하고 있지만 두 매장 모두에서 맥도날드 특유의 느낌을 받게 되는 것은 그 때문이다. 글로컬리즘은 글로벌 브랜드가 수억 명의 사람들에게 도달할 수 있다 하더라도 지역의 특수성을 무시할 수 없다는 사실에 대한 인정이다. 규모의 경제로도 해결할 수 없는 것이 있다. 디지털 연결성에서 파생된 고립 또한 마찬가지다.

연결된 고립은 재활용 운동처럼 작은 실천을 대규모로 모아 해결할 수 있는 글로벌 문제가 아니다. 이 문제를 해결하기 위해서는 개인 간의 우정, 지역 공동체, 규율, 유대 관계를 되살려야 한다. 다시 말해, 집단행동으로 해결할 수 있는 문제가 아니라 개인 내면 깊은 곳에서 우러난 행동들이 합쳐지면서 고칠 수 있는 문제다. 눈에 보이지 않고 인지할 수도 없는 관계적인 목적에 매일 우리의 시간과 정서적인 에너지를 투입해야 해결되는 문제다.

도스토옙스키(Fyodor Dostoevsky)는 『카라마조프가의 형제들 (The Brothers Karamazov)』에서 젊은이들에 대해 이렇게 말했다. "[어떤 대의를 위해] 생명을 바치는 것은 아마도 모든 희생 중에서 가장 쉬운 것일지도 모른다. 그러나 예를 들어 사랑하고 성취하려고 마음먹은 일을 해내기 위해, 자신의 역량을 10배로 늘리기 위해, 어렵고 힘든 학업에 젊은 시절의 5~6년을 바치는 것 같은 희생을 해낼 수 있는 이들은 거의 없다."

오늘날의 MZ세대는 의욕적이고 열정적이다. 이들은 여러 가지 명분을 위해 투쟁에 나서며 또 그 대의명분을 옹호할 강력한 도구들을 보유하고 있다. 그러나 때로는 자신의 디지털 인생과 사회적 자본을 통째로 대의명분에 바치면서 장대하고 훌륭한 단체의 일원이 된다는 기분에 젖어, 정작 옆에 있는 사람을 돌아보고 우정을 나누는 데는 소홀히 하기도 한다. 바로 옆에 있는 지역 사회, 또는 자기 자신과의 연결은 지구 단위의 연결만큼이나 소중하다. 우리는 자신의 인간성을 남에게 맡길 수 없다.

글로벌 공급망이 위기에 처하고 세계화가 해체되면서 다시 민족 국가로 돌아가야 한다는 움직임이 있는 이때, 고립주의적인 경제 논리가 만연하던 베이비붐 시대로 회귀하려는 움직임이 도처에서 보이고 있다. 세계화에 역행하는 이런 트렌드가 내포한 위험성은 무역 장벽과 보호무역주의 정책이 뿌리를 내리면서 명확하게 드러날 것이다. 세계화는 심각한 혼란을 초래했지만 분명 생산성을 향상했다. 이런 이점을 무시하고 고립주의에 함몰되는 것은 위험한 일이다.

## 세대 간, 그리고 세대 내 균열

부의 대이동의 수혜자들은 기술을 변화의 도구로 활용하고 있다. 앞서 논의한 바와 같이, 기술은 거대한 선한 영향력을 발휘할 수 있다. 그러나 또한 세대 간 균열의 원인이 되기도 한다. 디지털 네이티브인 MZ세대와 디지털 이민자인 베이비붐 세대가 기술을 대하는 방식에는 근본적인 차이가 있다. 이 두 그룹을 한데 모으기 위해서는 이런 차이를 이해하고 조정해야 한다. 그러나 더 심각한 문제는 기술이 MZ끼리의 관계에도 해로운 영향을 미칠 수 있다는 점이다.

이를 바로 잡지 않으면 MZ는 온 세상을 사랑하면서도 정작 이웃에 대해서는 잊어버리는 세대가 될 수도 있다. 무한대의 가능성을 가졌지만 가슴 속에는 사랑이 없는 사람, 세계를 무대로 살아가지만 고향 집 하나 없는 사람이 탄생한다. 디지털 연결성은 인류를 이어줄 수는 있으나 실제 사람들을 하나로 모으지는 못한다. 2020년 프란치스코 교황의 편지에서처럼, "기술에는 몸짓, 표정, 침묵, 보디랭귀지, 냄새, 손의 미세한 떨림, 홍조, 땀 같은 의사소통 수단이 없기" 때문이다.[3]

디지털 연결성에 대한 책임 있는 태도를 기르는 것은 매우 중요하다. 디지털과 현실 세계의 경계가 점점 흐릿해짐에 따라 어떤 영역을 디지털로 처리하고 최적화할지 구분하는 것은 더 중요해질 것이다. 구글은 "디지털 활동 자체만 놓고 보았을 때는 긍정적이거나 부정적이라고 이분법적으로 구분할 수 없다"라고 올바르게 인식하고 있다. 디지털 활동이 사람들과 공동체에 어떤 영향을 미치는지에 달린 문제다.

다행히도 이런 움직임은 이미 드러나고 있다. 구글의 디지털 웰빙 보고서에 따르면, 네 명 중 한 명은 디지털 웰빙에 대한 이해를 높이기 위해 기술을 이용하는 방식을 바꾸었고, 특정 앱을 삭제한다든가, 알림 설정을 바꾼다든가, 특정 소셜미디어 앱 사용 시간을 줄인다든가 하는 방식으로 실제 행동의 변화를 시작했다. 삶의 모든 영역에서 우리는 관리자 같은 자세로 접근해야 한다. 우리는 사회의 소유주가 아니라 관리자이며, 우리가 만든 디지털 커뮤니티나 프로필에 대해서도 그렇다. 우리는 연결성의 그늘을 극복하고 현재를 형성해 나가는 새로운 기술이 주는 혜택을 최대한 활용할 수 있다.

그러나 연결성 자체만으로는 세계나 지역 사회의 문제를

해결할 수 없다는 사실을 이해할 필요가 있다. 우리 바로 옆에 있는 사람들과의 연결을 더 견고하게 하기 위해서는, 세계에서 일어나는 흥미로운 움직임에서 조금 멀어지면서 느끼게 되는 포모증후군을 감수할 필요가 있다. 즉, 디지털을 통한 세계 문제 참여와 현실에 존재하는 지역 사이에서 균형을 잡아야 한다.

"인간은 흙에서 왔다"라는 오래된 진리를 상기시켜 주는 자연과 우리 자신의 연결을 더 깊이 인지하는 것이 그 첫걸음이다. 0과 1이라는 덧없는 디지털이 자연을 대체할 수는 없다. 그 어떤 기업도 기관도 연결성, 생산성, 사람 간의 문제를 직면하지 않고는 성공할 수 없다. 이런 요소들을 함께 고려하는 것은 다음 세대의 디지털 경제에서 가장 큰 과제가 될 것이다.

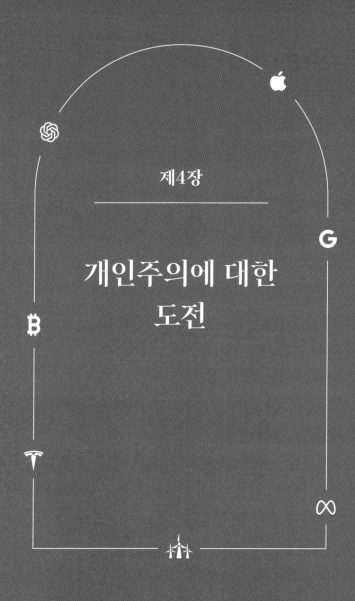

제4장

개인주의에 대한
도전

지금까지 우리는 부의 대이동을 앞두고 직면하고 있는 곤경에 대해 이야기했다. 세대 간 긴장이 왜 한계점에 이르렀는지, 어쩌다가 자본주의가 변화하지 못하면 사라질 위기에 처했는지, 기술 발전이 사회에 어떤 균열을 일으켰는지, 그리고 이 모든 것이 전 세계 기업뿐 아니라 우리의 삶의 방식에 앞으로 어떤 영향을 미치는지에 대해 살펴보았다.

　이번 장에서는 공동체 붕괴에 관해 짚어보려고 한다. 지지 집단, 가족, 사회, 자선단체, 조기축구회, 마을 공동체 등 서구 사회를 중심으로 전 세계가 공동체 붕괴를 겪고 있다. 다가오는 거대한 지각 변동을 헤쳐나가기 위해서는 모두의 힘이 필요하므로, 이는 반드시 해결해야 하는 문제다. 공동체 붕괴는 앞으로 수십 년 동안 시장경제 발전 방향에 직접적인 영향을 미칠 것이다.

　자본주의 시스템 또한 공동체와 마찬가지로 분열되고 있다. 자본주의 시스템은 우리가 속한 핵심 공동체다. 우리의 공동체는 반드시 고쳐져야 하며 가급적 전체적인 솔루션이 있으면 좋겠지만, 어떻게 바뀌는지에 따라 존속 여부가 결정될 것이다.

# '나 혼자 산다' 너머의 문제

공동체 붕괴는 수십 년 동안 연구되어 온 주제지만, 오늘날 더 심각해지는 듯하다. 2000년 로버트 퍼트넘(Robert Putnam)은 『나 홀로 볼링(Bowling Alone)』을 출간했다. 책에서 그는 1960년대의 데이터를 분석하고, 이를 1990년대 후반 미국 전역에 걸친 대규모 설문 조사 결과와 비교하는 방대한 작업을 했다. 분석 결과, 퍼트넘은 일명 '사회적 자본'이 급격히 감소했다는 사실을 발견했다. 1960년대와 1990년대 사이 공개모임 출석률은 35% 감소했고, 지역 조직을 위한 참여율은 39% 하락했으며, 남성 볼링 리그 멤버십 가입률도 73% 하락했다.

21세기에 들어서면서, 지역 공동체는 눈에 띄게 쇠퇴했다. 영국도 마찬가지여서 역사가이자 작가인 니얼 퍼거슨(Niall Ferguson)은 2010년 시민 의식 조사 결과에서 비슷한 결론을 도출했다. 어떤 형태로든 공식적인 자원봉사에 참여하는 사람의 비율은 25%에 불과했으며, 한 달에 한 번 이상 지역 공동체의 비공식적인 자원봉사에 참여하는 사람의 비율은 35%에서 29%로 떨어졌다.

영국인들의 기부 또한 급격히 줄어들었다. 자선단체, 지방정부, 협회 등 '기존' 공동체 외에도, 한때는 개인들의 사회 내 '안식처' 역할을 했던 공동체들이 공격을 받고 있다. 가정생활이 삐걱거리고 있고, 서구의 세속화와 함께 사회 결속의 중심이었던 종교 단체의 영향력도 점점 줄어들고 있으며, 그 자리를 대체할 의미 있는 발전이 이뤄지지 않고 있다. 왜 이런 현상이 일어났을까? 많은 논평가가 개인주의를 원인으로 지목하고 있다.

퍼트넘은 TV와 인터넷 때문에 사람들이 자신의 삶과 가정에 점점 틀어박히면서 공동체가 크게 퇴보했다고 주장했다. 앞 장에서는 랍비 조너선 색스가, 공적인 도덕성이 '우리'에서 '나'로 전환된 것을 이 붕괴의 원인으로 보았다. 각자 자기만의 꿈을 좇을 수 있는데 왜 공동체에 헌신하고 공동체의 규칙과 규정을 따르겠는가?

이런 생각은 자본주의에 끔찍한 영향을 미친다. 시장경제가 원활하게 작동하기 위해서는 반드시 협동이 필요하기 때문에 공동체의 분열은 시장경제의 종말을 의미한다. 주주와 이해관계자, 이사회가 원활하게 협력하도록 설계된 금융 구조 또한 협동의 필요성을 반영하고 있다. 파트너 관계는 본질적으로 함께 일하고 참여하는 파트너 간에 공정한 분배가 이루어질 필요성에 기반한다. 공동 벤처회사는 여러 재정적 또는 지적 기여자 간 합작 투자에 대한 욕구를 반영하고, 공동 투자도 이와 비슷하게 매우 이질적인 구성원들의 투자를 유치하려는 욕구를 보여준다.

'경제적 개인주의' 접근법을 사용하는 사람도 있다. 예를 들어 『자본주의의 미래(The Future of Capitalism)』를 쓴 폴 콜리어(Paul

Collier)는 자유 시장에 대한 통제의 부족을 공동체 붕괴의 원인으로 꼽는다. 그의 관점을 보면, 제2차 세계대전 이후 연대와 공동체에 대한 기본적인 개념이 있었기 때문에 자유 시장은 사람들 속에 내재한 도덕적 약속에 의해 '통제되고 있었고' 이 도덕적 약속은 다시 공동체로 환원되었다.

그러나 1970년대와 1980년대, 전쟁으로 인한 연대가 사라지고 개인주의적 이익 중심의 기업들이 공동체의 프로젝트와 주도권을 부수기 시작했다(이런 관점에서, 공유된 것처럼 보이지만 그렇지 못했던 코로나 팬데믹의 경험이 어떤 영향을 미칠지 상당히 흥미롭다). 기술로 인해 불평등이 더욱 빠르게 확산되었고 개인주의는 더 심해졌다.

## MZ는 나르시시즘 세대인가?

MZ세대는 개인주의에 빠지기 매우 쉬운 환경에 있다고 여러 연구가 말하고 있다. MZ는 역사상 가장 자기애가 강하고 개인주의적인 세대라고 많은 사람이 말한다. 2020년 글로벌 패션기업의 미디어 '하이스노바이어티(Highsnobiety)'[1]에 게재된 알렉스 에롤(Aleks Eror)의 기사 "소셜미디어는 자기 자신에 집착하는 나르시시스트 세대를 만들어냈다"를 보자. 에롤은 다음과 같이 썼다.

평범한 외모의 소유자도 매력적으로 보이게 하는 셀카 각도부터, 실제보다 훨씬 신나는 인생을 사는 것처럼 보이게 해주는 페이스북 큐레이션까지, 소셜미디어는 신자유주의적인 자기중심주의에 코카인이 함유된 스테로이드를 흠뻑 주입했다. 대처와 레이건이 영화 '트레인스포팅'의 주인공 렌튼이 조롱했던 탐욕스런 이기심을 조장했다면, 소셜미디어는 인류의 자기 집착을 극도로 부풀렸다…. 그것이 한 세대 전체를 속이 텅 빈 나르시시스트 집단으로 만들어버렸다.

심리학자 진 트웬지(Jean M. Twenge)는 저서 『나르시시즘이라는 전염병(The Narcissism Epidemic)』에서, 1980~2007년 차트 상위권을 차지하는 팝송 제목에서 '우리'라는 말 대신 '나'가 많아졌음을 발견했다. 패션의 개성을 찬양하는 잡지 《보그(Vogue)》조차 "사랑하는 것은 자기 자신뿐임을 인정하라. 우리는 언제부터 이렇게 자신에게 집착하게 되었을까?"라는 기사를 냈다.[2]

이런 문구를 찾는 데는 10분도 채 걸리지 않았다. 구글에 "자신에게 집착하는 세대"라고 검색하면 순식간에 1,660만 개의 검색 결과가 나오는데, 대부분은 MZ세대를 비롯해 소셜미디어 사용자 전체를 비난하는 내용이다.

그렇다면 MZ세대는 인스타그램의 '좋아요'와 유튜브 조회수, 페이스북 댓글에 중독되었고, 틱톡 '포유' 페이지에 오르기만 바라는, 자기 자신에게 집착하고 관심을 갈구하는 나르시시스트에 불과할까? 이들은 지난 200년 동안 서구 세계를 정의해 왔던 개인주의 전통을 이어가고 있으며, 공동체와 소속감의 붕괴는 지금까지 벌어졌던 사건의 연장선에 있을 뿐인 것처럼 보인다. 젊은 세대는 시장경제를 파괴할 망상의 시대를 살아가는 존재라고 결론을 내기 십상이다.

하지만 여기 문제가 있다…. MZ세대는 나르시시즘에 빠진 개인주의 집단이 아니다. 물론 미디어에서는 이들을 나르시시스트로 묘사하고 있으며 자기 자신에 취한 젊은이들의 사례도 얼마든지 있다. SNS 공유, 이성 교제, 쇼핑 등을 보면 그렇다. 그러나 전체 세대를 싸잡아서 하나로 묶는 것은 온당치 못할뿐더러, 전체적으로 본다고 하더라도 나르시시스트 개인주의와는 거리가 있다.

18~35세 사람들과 잠시라도 대화를 해보면 많은 젊은이가 강박적일 정도로 자신의 공동체와 사회 문제를 걱정하고 있음을 알게 될 것이다. 내가 일을 시작했을 때와 달리 '자기 자신만 생각하는' 젊은이를 만나기란 쉽지 않다. 주류 평론가들의 눈에 잘 보이지 않을지라도 '나'에서 '우리'로의 전환이 분명 일어나고 있다. 새로운 자본주의에서는 '나'가 아닌 '우리'가 살아남을 것이기 때문에 이는 매우 중요한 사실이다.

MZ세대는 공동체적이고 집단적인 행동에 매우 민감하다. 더 나은 세상을 꿈꾸며 대의를 위한 희생에 의미를 부여한다. 이들은 스스로 나르시시즘에 대한 경각심을 가지는데, 나는 이 점이 매우 인상적이다. 나르시시즘에 빠진 세대가 자신의 나르시시즘을 걱정하지는 않을 것이기 때문이다. "우리는 언제부터 이렇게 자기 자신에게 집착하게 되었을까?"라는 질문을 던졌던 《보그》의 기사로 돌아가 보면, 자기 자신에 대한 집착이 아니라 자기 비판이라고 해야 마땅할 것이다. 이는 종교에서 '죄에 대한 자각'이라고 부르는 것과 같고, 벗어나기 어려울 수는 있지만 스스로 깊이 잘못되었음을 인식하고 있음을 의미한다.

베이비붐 세대는 MZ세대를 나르시시스트라고 부르면서 MZ 자신도 이에 동의할 것이라고 말할 것이다. 이 말에 동의하는 MZ도 있겠지만, 그게 얼마나 반(反)나르시시스트적 행동인가? MZ세대는 소속감과 연결, 공동체와 협력에 절박하다. 개인주의의 흐름은 바뀌었다.

그렇다면 왜 젊은 세대에게 의미와 소속감을 주는 공동체가 생기지 않는 걸까? 왜 MZ는 가장 외로운 세대로 인식되는 것일까? 예를 들어 2018년 영국에서 발간된 한 보고서에 따르면, 16~24세 응답자 중 40%는 자주 또는 매우 자주 외로움을 느낀다고 말했지만, 65~74세 응답자와 75세 이상의 응답자 중 같은 답변을 한 비율은 각각 29%와 27%에 그쳤다.[3] 이는 매우 놀랍고도 걱정되는 수치다. 일반적으로 노인층의 외로움은 심각한 사회적 문제라는 인식이 있고, 실제로도 그렇다. 그러나 16~24세 젊은 층이 고립감으로 가장 고통받는 세대라고 누가 짐작이나 했겠는가?

나는 그 이유를 MZ가 함께하는 걸 싫어해서가 아니라, 그들이 함께하는 방식에 있다고 생각한다. 이들도 집단적으로 함께 행동하고 싶어 한다. 그러나 '집단'이 사랑과 소속감이 가득한 집단, 즉 '공동체'로 발전하는 것을 방해하는 요소가 있다. 사랑받고, 알려지고, 주목받고 싶은 것은 MZ세대의 핵심 욕구다. 젊은이들은 어딘가에 소속되고 싶어 하며, 어려운 시기에는 서로 손을 내민다.

많은 젊은이가 '프렌즈(Friends)'를 시청하며 성장했다. 친구들끼리 서로 돕는 매력적인 공동체 이야기를 다룬 TV 드라마다. MZ는 SNS를 통해 전 지구에 정의, 평등, 경제적 참여를 연결하는 세대다. 이들은 혁신적 행동을 원한다. 단순히 삶이 더 쉬워지길 바라는 게 아니라 새로운 삶의 태도와 철학을 확립하고 싶어 한다. 기존 세대의 바탕에 신세대의 맛을 살짝 가미한 수준의 변화에 그치지 않고, 하나로 통합된 미래에서 살아가고자 하는 깊은 바람이 있다. MZ를 표현할 때 배려하고 나누고, 공동체를 응시하는 세대라고 하는 것이 옳다.


## 개인의 주권

━━━✳━━━

당신을 통제하는 것은 누구인가? 누가 당신의 몸과 마음에 대한 주권을 가지고 있는가?

정답은 물론 자기 자신이다. 당신 자신만이 당신의 시간과 돈, 생각, 그리고 행동을 원하는 대로 결정할 권리를 가진다. 당신 자신의 삶은 당신이 주관하며, 다른 사람이 의미 있는 권리를 주장할 수 없다. 정부든, 국가 수장이든, 부모든, 국가 기관이든 당신이 동의하지 않는 일을 강요해서는 안 된다. 만약 그렇게 한다면, 이는 폭정이며 권리의 남용이다.

이런 생각이 서구권 사람들의 뇌리에 깊이 박혀 있다. 세대나 정치 성향, 공동체에 대한 헌신을 막론하고 개인, 즉 자아에 대한 지각보다 더 실체적이고 확실한 것은 없다. 이것이 개인주의의 요지이며 아마도 지난 300년간 가장 위대한 업적 중 하나일 것이다. 개인은 주권을 가지며 개인의 자유를 극대화하는 것이 가장 중요한 일이라는 사상이다.

이런 생각은 존 스튜어트 밀(John Stuart Mill)의 저서 『자유론(On Liberty)』(1859)의 다음 대목에 잘 드러나 있다.

"사람의 행동에서 사회에 순응해야 할 유일한 부분은 타인과 관련된 것이다. 자기 자신만 관련된 부분에서 개인의 독립성은 당연히 절대적이다. 자신에 대해, 자신의 몸과 마음에 대해, 그 개인이 주권자다."

요즘에는 너나 할 것 없이 '개인주의'를 비난한다. 개인주의는 대체로 이기심, 자아도취, 공감 부족과 연관되며 사람들은 세상에 존재하는 많은 악을 개인주의와 통제되지 않은 신

자유주의의 탓으로 돌린다. 자기 자신만 생각하는 사람들 때문에 지구 생태계가 파괴되고 있다는 식의 논리다.

그러나 현대 사회의 중요하고 아름다운 측면 몇 가지는 개인주의자들이 낳은 산물이다. 그 예는 모든 개인에 대한 불가침 권리의 공식화부터 물리적, 도덕적 폭력을 용인하는 잘못된 문화와 인습 타파 같은 작은 성취에 이른다. 개인주의가 존재하지 않는다면 개인적인 희망과 꿈을 품는다는 생각 자체를 할 수 없을 것이다. 개인주의를 인정하지 않으면 현대 사회를 규정하는 기업가 정신이나 개척 정신을 잃게 될 것이며, 이는 자본주의에 대한 궁극적인 위협이다.

개인이 자신을 위해 의미 있는 목표를 추구할 권리를 가지지 못했던 시대로 돌아가고 싶은 사람은 아무도 없을 것이다. 개인주의는 여러 가지 면에서 유구한 정신, 즉 '신의 형상(Imago Dei)'의 산물이다.

모든 사람이 신의 형상을 따라 창조되었기에 무한한 존엄성과 영예를 가진다는 이런 생각은, 현대 서구인이 보기엔 미학적으로 가장 뛰어난 개념이다. 그 가치는 미국 독립 선언서에서 잘 드러난다. 즉 "양도할 수 없는 권리"가 "모든 사람에게 부여"되었고 그중에는 "생명과 자유와 행복 추구권"이 포함된다.

# 개인주의의 폐단

그러나 베이비붐 세대가 1960~1970년대 성인기를 거치면서 개인주의는 급진적으로 변했고, 심지어는 무기로 사용되기도 했다. 개인의 선택이 새로운 화폐가 되었고, 한 세대의 통화가 되었다.

오랜 역사 동안 개인주의는 종교와 도덕적 객관성이라는 더 큰 사회적 맥락 안에서 논의되었다. 이런 뼈대 안에서 발전한 국가들은 계속해서 일관된 도덕 구조를 유지하고, 개인의 자유에 맞서 종교나 왕권 혹은 국가의 '주권'을 내세웠다.

그러나 이런 구조들이 붕괴하기 시작하면서 개인이 유일한 주권자가 되었다. 신학자 팀 켈러(Tim Keller)의 말처럼 "개인의 자유가 모든 것을 거부할 수 있는 사실상의 절대권"이 된 것이다.⁴

이렇게 시작된 개인주의 사회는 개인의 자유와 가족, 공동체 등 넓은 공동체의 의무 사이에서 균형을 찾지 못했고, 그 결과 MZ세대에게 비극이 닥쳤다.

MZ의 부모 세대는 기록적인 이혼율을 기록했고, 기관의 붕괴와 함께 사회가 파편화되었으며 사회에 대한 신뢰도 전례 없이 줄어들었다. 개인의 자유를 희생하면서까지 공동체를 지킬 필요성을 느끼지 못하면서, 인류 사회를 건강하게 유지하는 사회의 핵심 집단은 해체되었다. 개인주의는 급진화되었고 세상은 큰 혼란에 빠졌다. 우리는 서로 연결된 존재라는 사실과, '나만의' 세상이란 존재하지 않는다는 사실을 잊어버렸다.

## 집단주의의 유혹

MZ세대에겐 그런 아픔이 있다. 많은 젊은이가 자신의 삶에 혼란을 가져온 급진적인 개인주의에 반발하고 있으며, 이것이 세상 모든 불의를 초래했다고 생각한다. 그런 가운데 젊은이들이 개인주의의 강력한 경쟁자인 '집단주의'에 빠지고 있다. 집단주의에서 주권은 각 개인이 아니라 '인류의 집단적인 발전'이 차지한다. 집단주의 세상에서 진정으로 중요한 것은 개인의 원자화된 삶이 아니라 인류가 한마음 한뜻으로 하나의 목표를 추구하는 것이다. 집단주의에 따르면 사람은 주변 사람들과 공통된 목적을 통해서만 진정한 삶의 의미를 찾고, 개인보다 훨씬 더 큰 목적에 몰입함으로써 개인의 삶을 초월할 수 있다.

예를 들어 기후 변화는 무엇보다 중요한 문제이며, 이에 맞서 싸우는 인류의 집단적 행동은 그 어떤 개인의 삶보다도 훨씬 더 중요하다. 우리 다 함께 인종 간 평등을 추구해야 하며, 집단행동을 통해서만 정의를 성취할 수 있다. 이런 목적은 개인적인 감정에 우선한다. 이것이 바로 집단주의로, 여기에는 매우 강렬한 매력이 있다.

집단주의가 매력적인 것은 희생이나 비전, 전투, 전쟁 같은 인류의 깊고 고귀한 가치에 호소하기 때문이다. 이런 가치에 매달리는 동안 우리는 자기 자신보다 더 거대한 무언가의 일부가 된 느낌을 받고, 주위 모든 사람이 같은 방향을 바라보며 하나의 생각과 목적을 지향하는 무리로 보인다. 이는 아름다운 것이며, 오늘날 많은 젊은이가 집단주의의 이상에 사로잡히게 된 이유다. 이들은 모든 이가 자신을 희생함으로써 부분의 합보다 더 큰 전체를 탄생시킬 수 있다는 연대감을 느낀다. 감히 말하건대, 이는 내가 서문에서 말한 협력을 뜻하는 'CO'와 비슷한 감정이다.

그러나 나는 집단주의를 미끼라고 생각한다. 이상은 높지만 치러야 하는 대가가 너무 많고 애초에 약속했던 평화와 목표는 달성되지 않을 것이다.

급진적인 개인주의와 고립감으로 허무함에 빠진 이들에게, 인간의 경험과 현실을 초월하는 목표를 향한 혁명은 언제나 매혹적이다. 이런 목표는 언제나 추상적인 이상을 내세우며 사람들에게 대의를 위해 자신을 버리고, 아직 오지 않은 미래의 제단에 자신을 제물로 바치라고 종용한다.

여기서 우리는 역사 전반에 걸쳐 우리 사회에 악영향을 미쳤던 많은 정권과 움직임이 떠오를 것이다. 집단주의는 스탈린(Joseph Stalin)과 마오쩌둥 정권의 핵심이었다. 우리는 이 대목에서 집단주의가 개인주의의 대안이 된다는 생각은 잠시 접어두게 된다.

급진주의적인 개인주의에서 벗어나기 위해 자기 자신을 내어주어야 한다는 것은 사실이다. 이때 이런 의문이 들 것이다. "나 자신을 어떻게 내어줄 것인가?" "나를 어디에 내어줄 것인가?"

우리는 실제로 한걸음 양보해 개인의 이해관계보다 우리의 동기를 우선할 수 있다. 그러나 만약 대중을 특정 목적에 이용하려는 리더 혹은 무리에게 나 자신을 내어준다면, 궁극적으로 더 많은 분열과 파괴의 위험이 있다. 진정한 평화는 우리가 특정 이익 집단이나 개인이 아닌 서로에게 자신을 내어줄 때 찾아온다.

집단주의는 본질상 공리주의다. 최대 다수의 최대 행복을 추구하며, 공동 목표를 위해 많은 개인이 함께 노력함으로써 공리를 달성할 수 있다고 주장한다. 카를 융(Carl Jung)이 『발견되지 않은 자아(The undiscovered self)』에서 지적했듯이, 집단주의에서 개인은 근본적으로 추상적 '집단'의 동기를 따르고 거기에 종속된 존재다. 마치 공상과학소설에 등장하는 생명체나 벌집에서 개체는 그저 집단의 끝없는 확장을 위해 자기 역할을 수행하는 존재인 것처럼, 인류 또한 집단의 '상위 의식 체계'로 통합될 수 있는 종족으로 생각한다. 이때 집단의 목표 밖에 있는 개인은 중요하지 않다.

하지만 우리가 알다시피 인간은 이런 존재가 아니다. 우리는 각자 저마다의 독특한 현실을 경험하기 때문에, 공감과 감정지능이 아무리 뛰어나도 개개인의 주관적 현실을 하나의 경험으로 통합할 수는 없다. 이는 인류가 가진 가장 아름다우면서도 무서운 면으로, 우리는 타인을 진정으로 알거나 타인의 인생을 온전히 경험할 수 없음을 말해준다. 그런데도 타인을 진정으로 알아가는 여정이 좋은 인생이다.

한 인생의 깊이와 척도는 다른 인생과 비교되거나 분석될 수 없고 측정할 수도 없다. 한 사람의 인생은 다른 사람이나 집단의 목표와는 무관하게 개별적인 가치를 가진다. 이는 우리가 그토록 중요하게 여기는 인권의 근본적인 기초이며 인류가 얻은 가장 위대한 통찰 중 하나다.

아무리 소련의 공산 국가 실험이 대성공을 거두고, 수천 년간 전 세계 계급 평등을 달성한다 하더라도, 소련 치하에서 수백만 우크라이나 국민이 기아에 시달린 것은 용납할 수 없는 비극인 이유다. 히로시마와 나가사키에 핵 폭격을 가한 것이, 더 많은 생명을 앗아갈지도 모를 전쟁을 단숨에 끝냈음에도 결코 '좋은 일'이 될 수 없는 이유이기도 하다.

그러나 공리주의 관점에 입각한 집단주의자들은 고결한 목적을 달성하기 위해서는 아무리 파괴적인 수단이라도 정당화될 수 있다고 말할 것이다. 개인 또는 공동체의 사소한 문제에 얽매이지 말고 '큰 그림'을 보라고 할 것이다.

이런 이유로 집단주의는 성립될 수 없다. 집단주의가 단순히 인류라는 종에 적합하지 않은 운영체제여서가 아니라, 인류의 본질이자 문명의 가장 귀중한 보석인 인간의 불가침 권리를 침해하고 있기 때문이다. 나는 이 점을 강조하고자 한다. 집단주의라는 유혹이 'CO'를 통한 해결책 아래에 늘 도사리고 있기 때문이다. 집단주의는 자본주의를 파괴하는 반면, CO는 자본주의를 강화할 것이다.

MZ가 앞장서서 베이비붐 세대에 만연했던 급진적 개인주의를 수정하려고 들면, 집단주의는 어김없이 우리가 올바른 궤도를 벗어나도록 유혹할 것이다. 새세대는 기성세대가 그토록 소중하게 여겼던 세속적이고 물질주의적인 얄팍함에 환멸을 느끼고 있다. 그런 가운데 다른 길을 찾고자 하는 젊은이들에게 초월적인 이상을 위한 희생은 오히려 매력적으로 다가올 것이다.

다시 말해 MZ는 민족주의, 극단주의, 양극화, 엘리트주의, 팽창주의라는 괴물들이 사는 집단주의의 함정에 빠지지 않도록 늘 경계할 필요가 있다. 베이비붐 세대가 고립과 탐욕, 이기주의와 비공감에 사로잡힌 급진적 개인주의에 빠지지 않도록 노력해야 했던 것처럼 말이다.

# 공동체로의 회귀

개인주의의 대척점이자 해결책으로서 MZ세대가 추구해야 할 지향점은 집단주의가 아니라 공동체다. 집단주의는 특정 이념과 관련된 경우가 많으며, 그 이념이 가장 중요한 요소다. 반면 공동체의 정체성은 사람 사이의 유대감, 즉 집단을 묶는 관계의 그물망에서 비롯된다. 집단을 결합하는 힘은 관계의 평등에 있다. 공동체의 동기는 공동체 성원에게 함께 작용하며, 공동체 성원을 넘어서는 추상적인 '공동체' 개념은 존재하지 않는다.

공동체는 이런 유대감을 공유하는 집단이다. 공동체 성원은 형제애와 사랑 안에서 자신을 내어주고 삶의 일부를 공유한다. 공동체는 다른 사람과 문명에 대한 약속이다. 삶을 공유함으로써 집단은 하나가 되며, 공동체의 기초가 되는 진정하고 아름다운 관계망이 형성된다. 집단주의와 마찬가지로 공동체 또한 높은 이상을 추구할 수 있으며 큰 성과를 거둘 수 있다.

공동체가 집단주의와 다른 것은 삶을 공유하면서도 각 구성원의 번영과 발전을 도외시하지 않는다는 점이다. 스타트업이나 벤처캐피털 같은 직장에서 이런 공동체 정신이 발휘되면, 개인의 기여가 집단의 이상을 위해 희생되는 일이 없기 때문에 시장을 기반으로 한 창의성이 날개를 펼 수 있다. 그리하여 공동체에서 일함으로써 생산성 향상과 목적 달성이라는 두 마리 토끼를 동시에 잡게 된다.

집단주의는 이념에 대한 충성으로 결속하는 반면, 공동체는 관계에 대한 헌신으로 맺어진다. 집단주의는 진정한 공동체의 적이다.

나는 남아프리카에서 성장했는데, 그때 자주 들었던 단어 중 '우분투(Ubuntu)'라는 줄루어(Zulu)가 있었다. 번역하면 대강 "당신이 있기에 내가 있다"라는 뜻이다. 아프리카인에게는 개인적인 차원과 업무적인 이해관계를 포괄하는 구체적이고 광범위한 뜻을 지닌 말이지만, 우리에게는 다소 모호하고 불명확하다. 한 개인은 타인들에 의해 풍요로워질 뿐 아니라 실존적으로도 타인들에게 의지하고 있다는 확신을 나타내는 말이다.

혼자는 위태롭고 오직 함께할 때만 목숨을 구할 수 있다. MZ세대가 우분투라는 말은 비록 모를지라도, 그 의미는 그들의 심금을 울릴 것으로 생각한다. 인생에서 가장 중요한 것이 무엇인지를 잊어서는 안 된다. 집단주의는 버리고 공동체를 지향해야 한다. 단순히 목적만 공유하는 게 아니라 삶을 공유해야 한다. 이렇게 함께할 때 경제적 가치 창출을 위한 공동의 노력은 더욱 강화된다.

대다수 MZ는 집단주의가 아니라 이런 공동체를 갈망하고 있다고 나는 생각한다. 극단에 치우친 소수의 목소리가 언론과 미디어를 장악하고 있지만, 세상에 진정으로 변화를 가져올 젊은이들은 인간을 사랑하고 공동체를 갈망한다고 생각한다. 이들이 원하는 것은 더 많은 공감과 협력, 연민, 그리고 더 깊은 연결이지, 추상적인 유토피아가 아니다. 근거 없는 나르시시즘의 공허함에 맞서 싸우면서, 집단주의가 인간성을 훼손하지 않도록 방어할 필요가 있다. 자본주의의 긍정적인 미래를 위해 반드시 해내야 할 일이다.

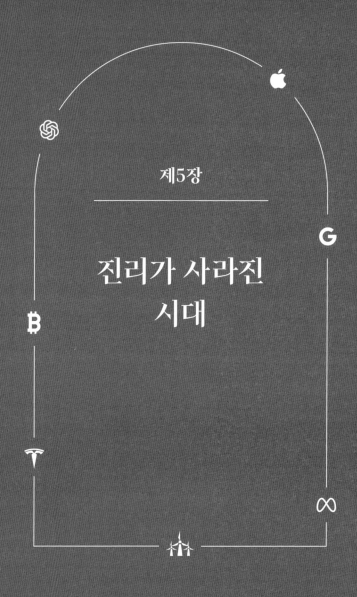

제5장

진리가 사라진
시대

부의 대이동 과정에서 우리가 직면한 문제를 해결하는 방법으로 넘어가기 전에 마지막으로 살펴볼 주제가 있는데, 바로 진실과 진리에 관한 것이다.

몇 년 전, 튀르키예 이스탄불의 유명한 전통 시장을 구경하고 있었다. 시장은 에너지가 넘쳤고, 상인들이 내는 소음과 연등들의 짤랑거리는 소리에 정신이 번쩍 들었다. 살아있음을 느꼈다. 대형 에코백에 담긴 파프리카와 강황, 다양한 색상의 향신료가 감각을 자극했다. 어디로 가나 금, 은, 가방, 그릇, 조각상, 레코드판, 책 등 당신이 상상할 수 있는 모든 것을 팔았다.

가마솥처럼 뜨거운 그 거리를 걷다가 "진짜 짝퉁 팝니다"라는 간판이 눈에 띄었다. 가방 가게였다. 나는 "진짜 짝퉁이라고? 뭐지?"라고 중얼거리면서 이끌리듯 그 가게로 들어섰다. 가게 주인에게 "진짜 짝퉁을 판다는 게 무슨 뜻인가요? 진짜인 짝퉁이 있을 수 있나요?"

가게 주인이 답했다. "손님, 그런 게 아닙니다. 이 시장에서 파는 다른 핸드백은 죄다 짝퉁이에요. 진짜 명품 가게는 없으니까요. 그런데 제 사촌이 루이비통 공장에서 일을 해요. 거기서 품질 테스트를 통과하지 못하는 가방이나 벨트를 폐기하는데, 제 사촌이 그런 물건들을 가져다준답니다. 그래서 우리 가게 물건들은 진짜 루이비통 짝퉁이라는 뜻이죠!"

루이비통에서는 품질 테스트에 통과하지 못한 물건에 절대로 자사 브랜드를 붙여 판매하지 않을 테니 그 가방들은 짝퉁이라고 말해야겠지만, 다른 가게에서 파는 물건들보다 조금은 더 정품에 가까운 게 사실이었다. 나는 그 가게를 나와 '진짜 짝퉁'의 복잡한 의미를 생각하면서 거리를 걸었다. 진실의 진정성에 대해 의문이 들었다.

오늘날 우리는 어디서나 '가짜 뉴스'나 '대안적 사실 (alternative truth)'* 같은 표현을 접할 수 있다. 튀르키예의 가게 주인은 '진짜 짝퉁 루이비통' 가방과 벨트를 팔지만, 우리가 현재 살아가고 있는 세계는 '진짜 짝퉁 진실'의 세계라고 생각한다. 진실과 진리는 사고 팔리면서 상품화되었다. 우리는 탈진실(post-truth) 사회를 살아가고 있다. 진실과 진리가 사회의 기초라고 생각하던 시절과는 상반된 사회 말이다.

과거에는 애써 방어할 필요 없이 그 자체로 명백한 진실, 사회 내의 모든 제도와 경제 구조에서 중요하게, 객관적으로 요구되던 진리에 대해 공감대가 있었다. 그러나 지금은 그렇

---

* 대안적 진실: 2017년 1월 미 대선 당시 창조된 신조어로, 어떤 주장에 대한 근거로 가상의 데이터를 제시하는 것을 의미함. - 옮긴이

지 않은 것 같다.

이제 진실과 진리는 개인의 목적을 위해 조작하는 사람들로부터 방어해야만 하는 시대다. 진짜 진실과 '나만의 진실'이 마구 섞여서 사용되고 있다. 사람들은 자기도 가짜 진실을 퍼나르면서 다른 사람들이 가짜 진실을 퍼뜨리고 있다며 비난한다. 진짜 진실인지 아닌지는 상관이 없고, 특정한 누군가가 진실이라고 주장하는 내용이 진짜 진실처럼 들린다.

현대는 마치 진리의 무법 시대 같다. 사람들은 사방 곳곳에서 진리를 얻는다. 어느 인터넷 사이트에서 진리를 캐기도 하고, 진실처럼 들리는 무언가를 취하기도 한다. 정가의 10%로 진짜 짝퉁을 살 수 있는데 왜 루이비통 매장에 가서 비싼 정품을 사겠는가? 10%의 노력으로 '진짜 짝퉁 진실'을 얻을 수 있는데, 왜 굳이 '진짜 진실'을 얻으려고 값비싼 노력을 들이겠는가? 오늘날 진실이 위기에 닥쳤음을 사람들은 인지하고 있다. 그러나 이는 엄청나게 혼란스럽고 역설적인 주제여서 논의하기 어려운 것도 사실이다.

몇 년 전 나는 명품 회사에 자문을 해주면서 회사 오너에게 짝퉁 시계에 관해 질문한 적이 있다. 그는 짝퉁이 명품 사업에 위협이 되지 않을 것이라고 자신하며, 짝퉁 시계를 착용하면 스스로 비참하고 싸구려라고 느껴질 것이기에 그렇다고 설명했다. 지금도 과연 그렇게 말할지 나는 의문이다.

# 진실이란 무엇인가?

—※—

1990년대 사람들이 포스트모더니즘에 대해 이야기하면서 우리 사회가 얼마나 도덕적인 '상대주의'에 빠졌는지 말하던 기억이 난다. 도덕적 상대주의란 객관적인 '선'과 '악'이 존재하지 않으며, 다른 사람이 어떤 의견을 갖든 내버려 두고, 각자 자신이 원하는 의견을 가질 수 있다는 생각이다. 아무에게도 상처 주지 않고, 자신의 방식대로 좋은 사람이 되려 하고, 그저 자신의 삶을 살아가라는 뜻이다.

우리가 '과학주의(scientism)'에 굴복했다는 주제도 당시 논쟁거리였다. 과학주의를 과학자와 헷갈리지 말라. 과학주의란 오직 과학과 수학을 통해서만 '진리'에 도달할 수 있다는 개념이다. 리처드 도킨스(Richard Dawkins)는 21세기 초반에 꽤 두각을 나타낸 인물로, 스티븐 호킹(Stephen Hawking) 같은 저명한 과학자들과 함께 이 관점을 옹호했다. 특히 그들은 '영적 지식'을 의미 있는 '진리'로 간주하는 것에 반대했다.

상대주의와 과학주의, 이 두 관점은 서로 일맥상통하고 이해하기 쉽다. 진리는 증거 기반의 경험적 분석을 통해 찾을 수 있다. 이것이 진리에 도달하는 가장 신뢰할 만한 방법이다. 물론 이런 관점은 매우 제한적이며 인간의 광대한 경험과 지식의 폭을 무시하고 있지만, 그 일관성은 인정할 만하다.

오늘날은 그렇지 않다. 베이비붐 세대와 MZ세대가 교류할 때 불투명한 이해의 장벽에 부딪히곤 한다. 언론에서는 '탈진실'과 같은 단어를 퍼 나르고, 사람들은 이를 1990년대 사용하던 '상대주의'와 비슷한 맥락으로 받아들인다.

그런데 많은 MZ가 무엇이 옳고 선하며 진실인지에 대해 매우 강한 확신을 가지고 있으며 이를 불변의 진리처럼 주장한다. (오늘날에도 황금률을 진실의 척도를 나타내는 말로 사용할 수 있을까?) 이는 상대주의와 거리가 멀다. 그뿐 아니라 "넌 네 맘대로, 난 내 맘대로" "네 생각은 알겠어"라는 여유 있는 태도도 더는 통하지 않는 것 같다. 이제는 사람들의 의견이나 관점이 특정 피부색이나 성별, 연령 집단에 속한지에 따라 오염되고 정당성이 떨어지기도 한다. 또 그와 반대되는 집단에 속한 사람들의 의견이나 관점은 무조건 특별한 진실을 말하는 힘이 있는 것처럼 받아들여지고 있다.

역설적이지만 MZ는 경계선에 있는 아이디어와 세상을 바라보는 방식에 훨씬 더 개방적이다. 영적인 개념이나 비과학적인 사고방식도 그들은 받아들인다. 마치 진리에 대해 비상대주의적 태도를 취하는 듯하면서도, 그 진리에 도달하는 방식에 대해선 확신이 없어 보이고, 무엇이 진리인지에 대해서는 확신에 가득 찬 것 같다.

우크라이나 전쟁은 진실이 보는 사람의 눈에 따라 달라진다는 관점을 무너뜨리는 데 크게 기여했다. 블라디미르 푸틴 (Vladimir Putin)은 우크라이나 합병을 위한 정당한 전쟁이라고 천

명했지만, 우크라이나 전쟁은 악으로 자행된 학살이자 침략이라는 사실을 부인할 수 없기 때문이다. 이는 반박할 수 없는 명확하고 객관적인 사실이다.

MZ세대에게 진리를 오직 과학으로만 추론할 수 있느냐고 묻는다면 그들은 눈썹을 찌푸릴 것이다. 그들에겐 감각적인 경험도, 주변부와 경계선에 있는 영역들도 매우 가치 있는 일이기 때문이다. 과학 분야에서도 비슷한 분석을 내놓았는데, 스벤 브린크만(Svend Brinkmann)은 진리의 수호자가 호킹과 도킨스 같은 정통 과학자에서, 조너선 하이트(Jonathan Haidt)와 조던 피터슨(Jordan Peterson) 같은 사회과학자로 넘어갔다고 했다. 과거에는 진리 탐구의 대상이 '우주의 신비'였으나, 오늘날은 '사람 마음과 공동체의 신비'가 된 것 같다. 그리고 과학은 그 수수께끼를 푸는 수단이다. 좋든 싫든, 당신의 일터에도 이런 수수께끼가 있을 것이며, MZ세대와 함께 일하고자 하는 모든 기업은 그것을 풀어야 한다.

## 인식론적인 위기

개인적으로 나는 주위에 있는 젊은이들과 현안에 관해 토론하면서 '진리'에 다가가는 방법이 근본적으로 바뀌었음을 깨닫고 혼란을 느꼈다. 무엇을, 어떻게 알 수 있는지, 그리고 어떤 척도로 진리를 결정할 것인지의 문제는 인식론의 화두다. 이런 주제를 다룬 글이 복잡하고 많다는 사실은 곧 우리 사회에 새로운 인식론적 다원주의나 인식론적 위기가 떠오르고 있다는 뜻이다. 우리는 어떻게 진리에 닿을 수 있는지, 진리가 어디에서 오는지, '진짜 가짜'와 '가짜 가짜', 그리고 '진짜 진짜'를 어떻게 구분해 낼 수 있는지를 확신할 수 없게 되었다.

지난 50년 동안, 우리가 '진리'의 의미를 너무 제한해 왔다는 우려에는 그럴 만한 근거가 있었다. 앞서 말한 바와 같이 과거에는 과학만이 진리를 결정하고 해석할 수 있다고 생각했다. 그러나 지금 세대에서는 궁극의 과학적 진리를 둘러싼 벽들이 무너지고 있다. 분명히 그런 방법으로는 도달할 수 없는 진리들이 있다. 사랑은 단순히 생물학으로 설명할 수 없으며, 정신건강도 심리학 이론으로 환원될 수 없다. 타인과 공감할 능력이 있는 사람은 감정을 단순히 연구만 하는 자가 파악하지 못한 '진리'를 깨달았다고 할 수 있다. 어떤 사람을 안다는 것과 이해한다는 것은 다르다. 측정할 수 없지만 진정한 진리와 진실이 존재하며, 우리는 이를 그저 의견이나 감정, 또는 경험이라 불러선 안 되고 진리 또는 진실이라고 불러야 한다.

인식론적인 지평을 넓히는 것은 좋은 일이며, MZ세대가 추구하는 것도 그런 것이다. MZ는 주관적이고 경험적인 진실을 각별히 중요하게 여기고, 세상 진리는 개인들의 경험을 이해함으로써 발견할 수 있다고 생각하는 것 같다.

MZ는 훨씬 더 다원적인 방법으로 진리에 접근한다. 이들은 경계와 한계를 멀리했다. 폭, 유연성, 개방성, 유동성 등은 MZ가 이전 세대보다 더욱 발전시킨 철학적 개념이다. MZ는 철학적인 관점도 훨씬 더 유연하다. 이런 사고방식과 행동 양식을 고려하지 않는다면 MZ와 원활히 소통하기가 어려울 것이다.

여기에 난점이 있다. 경직되고 독단적인 태도를 보이는 베이비붐 세대와 MZ 사이의 틈을 메우고 양쪽에서 각각 배울 점을 찾아야 한다. 안정을 추구하고 단 하나의 진리를 찾으려는 자세와, 안정성보다는 탐구 자체에 의미를 부여하고 다원성에 가치를 두는 사고방식 모두 각각의 장점이 있기 때문이다.

다양한 학문과 여러 세대의 통찰과 경험을 합치면 '진리'에 대한 더욱 풍성하고 완전한 이해에 이를 수 있다. 과학적인 관찰에 의존하지 않는 도덕이나 종교 같은 영역에서도 다시 한번 '진리'를 추구할 가능성이 있다. 그럼에도 현재로써는 다원주의적 인식론의 장점이 잘 체감되지 않는다.

다원주의는 치유가 아니라 균열을 확대하는 방향으로 작용해 왔다. 다원주의는 과학이 진리를 독점하는 철옹성을 허물고 신선한 표현과 타당성을 허용하는 세계에 대한 새로운 이해 방식을 열었다. 그 결과 진리에 대한 이해가 더 풍부해진 게 아니라, 사람들이 진리를 백만 개의 조각으로 분열시키고 그 조각들 위를 계속 밟고 서 있어 진리에 도달하기는 더 어려워졌다. 그 주된 원인 중 하나는 MZ세대가 이른바 '비판 이론(critical theory)'이라는 것을 채택한 데 있다.

## 포스트모더니즘과 비판 이론

비판 이론은 지난 50년간 프랑스 포스트모더니즘 사상가 장 프랑수아 리오타르(Jean-François Lyotard), 미셸 푸코(Michel Foucault), 자크 데리다(Jacques Derrida) 등에서 비롯되었다(이들이 의도한 결과는 아니겠지만). 이 사상가들은 권력의 사용이라는 관점에 따라 세상과 지식, 그리고 진리를 인식했다.

기본적으로 세상은 권력 격차의 렌즈를 통해 정의할 수 있다. 문화 그 자체는 깊은 층으로 이루어진 억압의 거미줄로서, 제도적이든 기업적이든 언어적이든 인식론적이든 존재하는 모든 구조가 이 억압을 강화한다. 푸코는 우리가 진리를 결정하는 방식은 과학적이든 비과학적이든 간에, 실제로 진리를 추구하는 시스템이 아니라, 무엇이 옳은지 그른지 자의적으로 정의하기 위해 사람들이 문화적으로 만들어낸 시스템에 불과하다고 주장했다. 지식에 한도를 정하는 순간 억압이 발생하게 된다. '인식론적인 게임'에서 우위를 잡은 사람에게 권력이 생기기 때문이다.

이런 구조는 사회가 어떤 주제를 논의하는 방식, 즉 '담론'에 의해 고착화되며, 이는 진리를 결정하는 방식에 정당성을 부여한다. 인식론적인 세상에서 모든 형태의 범주화와 경계는 깊은 불신의 대상이다. 진리에 다가가는 과정은 철저히 객관적이어야 한다. 그 과정 자체가 권력을 과도하게 남용하는 것이기 때문이다.

과거로부터 많은 사상가가 흑백 이분법적 사고방식에 저항해 왔다. 동양 문화권에서는 음과 양이라는 서로 보완적 관계를 상정했고, 서구 기독교에서는 완전한 신이면서 완전한 인간인 복잡한 존재를 받아들였다. 그로써 우리는 진리가 명확한 범주에 속하는 게 아니고, '예, 아니요'의 이분법을 초월하는 영역임을 늘 인지했다. 흑과 백 사이는 명확한 선이 그어진 게 아니라 회색의 무한한 그림자가 채우고 있다고 인지한다. 그러나 포스트모더니즘의 접근법은 이와 다르다.

포스트모더니즘에서는 그림자 층은 없고 모든 것이 회색이다. 흑과 백이라는 딱지는 특정 사람들을 배제하기 위한 문화적 장치일 뿐이다. 전통적 세계관이 비(非)이분법을 취하는 것은 전체 그림을 좀 더 선명하게 보려는 의도다. 반면 비판 이론은 우리가 원천적으로 진리에 도달할 수 없다는 회의론에 기반하며, 따라서 진리 탐구는 무의미할 뿐만 아니라 위험한 일이라고 본다. 푸코는 우리가 '진리 체제'라는 덫에 갇혀 살아가고 있다고 말했다.

프랑스 포스트모더니즘 철학자들은 광범위한 지적 유산을 남겼다. 구글 학술 데이터에 따르면 푸코는 당대의 가장 영향력 있는 학자로 100만 개 이상의 논문에 인용되었다. 젠더 연구, 퀴어 이론, 비판적 인종 이론 등 대학의 수많은 강의가 그의 사상에서 비롯되었다고 해도 과언이 아니다. 킴베를레 크렌쇼(Kimberlé Crenshaw)의 '교차성(intersectionality)' 같이 현대 정의론과 윤리학을 둘러싼 담론의 핵심 사상 또한 포스트모더니즘에서 비롯되었다고 말할 수 있다.

포스트모더니즘 관점에 따르면 진리라는 것은 아예 존재하지 않으며 과학적 사실조차 믿을 수 없다. 지식이란 '객관적 현실에 대한 정확한 이해'를 뜻하는 일반적인 낱말일 뿐 환상에 불과하며, 우리는 문화적으로 강요된 범주에 따라 무엇이 진실인지를 결정한다.

헬렌 플럭로즈(Helen Pluckrose)는 비판 이론의 핵심 사상을 다음과 같이 요약했다.

- 객관적인 진리를 얻을 방법은 없다. 모든 것은 문화에 의해 결정된다.
- 사회는 다양한 권력 시스템에 의해 지배된다.
- 사실과 허구, 감정과 이성, 과학과 예술, 남성과 여성을 구분 짓기 위해 사용하는 범주는 허구다. 이 모든 범주는 권력을 뒷받침하기 위해 존재한다. 이 범주들은 해체

되어야 한다.

- 언어는 도덕과 무관하지 않다. 언어는 억압적인 사회 현실을 구성하는 데 이용되고 있으며, 우리는 회의적인 관점에서 언어를 바라보아야 한다.
- 자율적인 개인이라는 개념은 허구에 불과하다.
- 보편적인 인간 본성이라는 것은 존재하지 않는다.

플럭로즈는 이어서 말했다.

[이 새로운 비판적 관점에서] 공통적인 인간성과 개별성은 본질적으로 허상이며, 사람들은 사회적 위치에 따라 담론의 전파자이거나 담론의 희생자다. 이 사회적 위치는 개인적 참여보다는 각 개인의 정체성에서 결정된다. 도덕성은 문화에 따라 상대적이며, 진실 또한 그러하다. 실증적 증거는 의심스럽고 과학, 이성, 보편적인 자유주의를 포함한 모든 문화적 지배 사상도 마찬가지다. 이런 계몽주의적 가치들은 지나치게 순진하고 전체주의적이며 억압적이기 때문에 이를 혁파할 도덕적 필요성이 있다. '소외된' 집단의 경험과 서사, 신념은 앞서 말한 계몽주의적 가치들과 동등하게 '진실'하지만, 억압적이고 불공정하며, 사회적으로 완전히 자의적으로 결정되는 현실과 도덕성, 그리고 지식에 저항하려면 계몽주의적 가치들보다 훨씬 더 우선시되고, 더 중요하게 다뤄야 한다.

이런 세계에서 유일한 진리는 억압적이고 문화적으로 만들어진 구조가 존재한다는 사실뿐이다. 이것만이 유일하게 객관적인 진실이다. 세상과 인간 사회는 본질적으로 적대적이고 폭력적이며, 서로를 지배하려는 다양한 집단이 있을 뿐이다. 발전하는 길은 이런 억압적 문화 구조를 지속적으로 드러내고 해체하는 것뿐이다. 요컨대 비판적 이론을 신봉하는 많은 이들은 "정체성… 전통, 민속, 해석, 감정에서 비롯된 지식의 편에 선 모든 과학적 시도를 거부하려고 한다."[1]

## 토론의 종말

이 같은 비판 이론의 사상은 과거에는 학계의 일부에서만 거론되었지만 오늘날에는 주류 사회에 편입되어 MZ세대 논리의 근거가 되고 있다. 지금 우리가 직면하고 있는 정치, 세대, 개인 갈등의 핵심은 대부분 그런 사상에서 비롯된다. 경제도 마찬가지다. 비판 이론의 사상은 인종, 성별, 국가, 국경 같은 글로벌 문제의 중심을 차지했고, 인간으로서 살아간다는 것과 공존한다는 것의 의미에도 영향을 미친다. 물론 경제와 기업에도 매일같이 영향을 미친다.

포스트모더니즘적 비판 이론은 세대 간 협력과 대화를 가로막는 가장 큰 장벽일지 모른다. 왜냐하면 비판 이론은 순전히 사람들이 속한 집단의 정체성에 근거하여 그들을 비하하기 때문이다. 그 결과 비판 이론은 사람들을 결속하고 협력하게 하기보다는 서로 대립하게 하고, 분열과 정복을 추구하도록 조장한다. 세대 변화의 중심에 캔슬 컬처(cancel culture)*가 자리하고, 다수의 의견과 반대 시각을 가진 의견을 배척하는 문화가 주류로 떠오르면서 심각한 일이 벌어지고 있다. 민주주의의 초석이자 시장경제의 근본인 표현의 자유가 존재론적 위기에 처했다.

질문은 곧 반체제로 받아들여지고, 기관은 일차원적인 억압 확산 주체로 간주되며, 진리 규명을 위해 반드시 필요한 토론조차 의심의 눈초리를 받는다.

《인디펜던트(Independent)》 2020년 7월호에서, 영국의 노동당 의원 나디아 위톰(Nadia Whittome)은 다음과 같이 썼다.

'토론' 자체가 무해한 것인 양, 중립적인 행동인 양 토론을 숭배해서는 안 됩니다. 만약 여성이 남성보다 선천적으로 지능이 낮은가, 장애인과 비장애인이 같은 급여를 받는 게 옳은가, 하는 토론을 하고자 한다면 우리는 당연히 경악할 것입니다. 이런 경우에는 토론이라는 행위 자체가 이미 평등을 후퇴시

---

\* 캔슬 컬처: SNS에서 자신과 생각이 다르면 팔로우를 취소하는 문화로, 자신과 다른 생각을 드러낸 사람을 배척하는 행동 방식을 말함. – 옮긴이

키고 의심과 증오의 발판이 될 것입니다.

위톰은 1996년생 MZ이며 영국 하원의 최연소 의원이다.

학문적 자유와 진리의 수호자였던 대학들이, 위의 인용문처럼 '여러 다른 의견을 듣는 것만으로도 만연된 억압 구조가 강화될 것'이라는 포스트모던한 두려움에 사로잡힌 MZ세대가 벌이는 운동 때문에 동요하고 있다. 그들은 노 플랫폼 운동(no-platforming)*, SNS 팔로우 취소, 발언의 자유 박탈 등을 통해 압력을 행사한다. 헤테로독스 아카데미(Heterodox Academy, 학문적 자유를 지키려는 연구 단체)의 최근 연구에 따르면, 설문에 응한 미국 대학생 중 55%가 학교에서 자신이 생각하는 바를 자유롭게 말할 수 없다고 느낀다고 답했다.

추가 조사 결과, 대학 당국과 교수진도 포스트모더니즘적인 압력을 실감하고 있었다. 미국 대학에 재직 중인 445명의 교수를 대상으로 "교수진이나 직원, 그리고/또는 다른 동료가 동석한 자리에서 논란이 있는 주제에 대한 견해를 피력한다고 가정했을 때, 다음 항목에 대해 얼마나 우려되는가?"라고 물었다. "평판이 손상될 것이라는 생각이 든다"라는 항목에 32.68%가 "매우 우려된다"라고 답했고, 27.27%는 "극도로

---

* 노 플랫폼 운동: 영국에서 시작된 학생 보이콧으로, 일부 사람이나 조직에게 발언 기회를 금지하는 운동 – 옮긴이

우려된다"라고 답했다.

"내 경력에 해가 될 것 같다"라는 항목에는 24.75%가 "매우 우려된다"라고 답했으며 28.68%가 "극도로 우려된다"라고 답했다. 특히 설문에 참여한 교수 중 절반 이상이, 반자유주의자와 지적 트라이벌리즘(tribalism)* 세력으로부터 의사 표현을 하지 말라는 압박이 커지고 있다고 답했다.

지금 막 노동 시장에 진입하는 세대가 처한 환경이 바로 이렇다. 이런 환경은 미래의 의사결정에도, 기업 전략의 수립과 실행에도 깊은 영향을 미칠 것이다.

모든 MZ세대가 포스트모더니즘 철학자들의 사상을 무조건 받아들이는 것은 아니다. 많은 젊은이가 건설적이고 활기찬 토론에 큰 가치를 두고, 여러 근거를 심도 있게 검토하여 초당파적 결론에 이르며, 자신과 생각이 다른 사람들과도 조화롭게 공존하기를 원한다. 최근 케임브리지 유니언(Cambridge Union, 케임브리지대학교에 있는 토론 학회)에서 "우리는 반대할 권리를 지지한다"[2]는 발의안이 압도적인 찬성표를 받은 것을 보며 기뻤다.

그럼에도 불구하고, 우리가 사는 이 세계는 포스트모더니즘 방식이 지배하고 있으므로, 이 세계관의 지적 유산과 그

---

* 트라이벌리즘: 부족주의라고도 함. 세계화에 대한 반작용으로 뚜렷한 정체성을 갖고 있는 특정 부족(tribe), 즉 이해관계가 동일한 집단의 영향력이 커지고 있는 현상을 의미함. - 옮긴이

결론을 인식하는 것은 중요한 일이다. MZ세대가 협력을 추구하며, 공감적이고 연결되어 있다고 칭송하는 많은 미사여구가 있지만, 이들의 선의와 에너지가 매우 비관적이고 유해한 세계관에 이용되는 것도 사실이다. 그 때문에 세대 간, 혹은 같은 세대에서도 협력을 하거나 새롭고 아름다운 무언가를 만들어낼 가능성이 줄어들고 있다. 그런 세계관은 MZ의 공감과 운동가적인 정신을 가리고 그들을 파괴적인 목표로 몰아간다.

이런 식으로 진실의 객관성이 훼손되고 있다. 그리고 이런 현상은 가짜 뉴스의 시대에 더욱 심해졌고, 가짜 뉴스는 독자적인 생명력과 정당성을 가지게 되었다. 허위 정보와 미디어에 대한 신뢰가 붕괴함으로써 진실이라고 주장하는 사람은 아무도 믿을 수 없다는 세계관이 한층 강화되었다. 우리가 할 수 있는 유일한 일은 가장 옳아 보이는 정보 출처를 선택하고, 진실은 말하는 사람의 마음에 있다는 원칙을 고수하는 것뿐이다. '나만의 진실'이 '진리'가 되는 것이다.

코로나는 객관성과 주관성의 충돌을 더 확대해 글로벌 무대로 끌어올렸다. 의학처럼 확실하고 객관적인 영역에서는 모두가 하나의 진리에 동의하기가 상대적으로 수월하다. 그러나 이마저도 흔들렸다. 모든 면에서 사람들이 주관적으로 믿고 싶은 바에 의해 진리가 결정되는 경향이 점점 더 강해졌다. '과학'이 절대적이고 객관적인 진리의 척도로 사용되었고, 정부나 언론에서는 과학을 절대적인 확실성 여부를 시험하는 수단으로 사용했다. 그러나 코로나바이러스에 대한 과학적 지식은 매일 새로운 사실이 발견되면서 계속 변하고 있었다. 이는 당연한 일이다.

그런데도 사람들은 과학적 지식이 우리를 구원할 수 있는 유일한 진리인 것처럼 믿었다. 내 말은 과학을 신뢰하지 말았어야 한다는 이야기가 아니라, 2020년 팬데믹 기간은 과학자들이 코로나에 대해 새로운 사실을 계속 알아가는 상황이었기 때문에 바이러스에 대한 사실 또한 계속 변하고 있었다는 뜻이다. 그러나 언론과 대중은 자신들이 진리라고 믿고 싶은 통계나 과학적 발언에 매달려서 마치 객관적인 사실인 양 내밀었다. 과학적 지식이 주관적인 감을 뒷받침하는 수단으로 이용되었다.

5G 통신탑이 바이러스를 퍼뜨린다는 소문부터 민간요법에 이르기까지 터무니없는 음모론이 진리의 지위를 차지하기도 했다. 특정 개인들은 자신의 주관적인 편견을 확인받기 위해 음모론을 객관적인 진리라고 내세웠다. 강한 불안과 공포가 지배하던 시기에 우리는 진리나 진실이 무엇인지 알 수 없었다. 이는 우리가 진리를 확립할 능력을 더는 갖추지 못했다는 사실을 보여주었다. 이는 자본주의에도 큰 영향을 미쳤다.

# 진리는 왜 중요한가?

진리의 출처에 대한 신뢰는 매우 중요하다. 42개국 1만 3,416명의 밀레니얼 세대와 10개국 3,009명의 Z세대를 대상으로 딜로이트(Deloitte)가 실시한 2019년 글로벌 밀레니얼 설문조사 결과에 따르면, 정치 지도자나 종교 지도자를 신뢰할 수 있거나 정확한 정보의 출처로서 생각하느냐고 묻는 질문에 응답자의 약 45%는 "전혀 신뢰하지 않는다"라고 답했으며, 27%는 미디어를 "전혀 신뢰하지 않는다"라고 답했다.[3]

2022년 에델만 신뢰도 지표조사(Edelman Trust Barometer)에서도 비슷한 결과가 나타났다(세대를 나누어 조사하지 않음). 응답자 중 거의 절반이 정부(48%)나 미디어(46%)를 사회 분열 세력으로 보고 있었다.[4] 이런 충격적인 수치는 신뢰가 심각한 수준으로 무너졌음을 보여준다. 앞으로 우리는 제도와 개인 사이에 신뢰를 재건하는 일을 해야 한다. 한번 신뢰를 쌓는 데는 수십 년이 걸리지만 무너지는 건 한순간이다. 사실, 글로벌 금융위기에서 금융 시스템이 무너졌던 가장 큰 이유는 신뢰의 붕괴였다.

정보의 시대가 오면서 신뢰할 수 없는 가짜 정보를 퍼뜨리기가 너무나 쉬워졌다. 알고리즘은 매우 유용하기는 하지만 우리의 디지털 생활과 마음을 지배할 수 있음이 드러났다. 오늘날 인공지능과 검색 알고리즘이 우리가 무슨 정보를 어떻게 얻는지를 결정하는 데 지배적인 힘을 가지게 되면서 정보 시대는 일종의 알고크라시(algocracy)* 체제가 되었다. 알고리즘은 이제 방대한 데이터를 처리하기 위한 도구를 넘어서서 사람들의 감정적, 재무적, 개인적 이익을 활용하고 있으며, 개인의 의사와는 무관하게 사람을 특정 범주로 분류한다.

유튜브나 인스타그램, 틱톡 같은 디지털 플랫폼은 거의 전적으로 광고 수익에 의존해 운영된다. 이들 기업은 사람의 관심을 바탕으로 매출을 창출하기 때문에 사용자를 플랫폼에 머무르도록 하는 것이 매우 중요하다. 검색 알고리즘은 사용자들이 좋아할 만한 콘텐츠를 추천해 줌으로써 사람들을 플랫폼에 묶어둔다. 더 많은 정보를 수집할수록 추천 로직은 더 정교해진다.

그 자체가 나쁜 일은 아니다. 감당할 수 없는 양의 정보가 범람하는 환경에서 맞춤형 디지털 콘텐츠는 매우 유익하다. 검색 알고리즘은 사용자의 진짜 관심 분야를 반영하고 확장하는 단순한 거울 같은 것이다. 예를 들어 당신이 재즈를 좋아한다고 주장할 수는 있지만, 스포티파이(Spotify) 추천 목록을 보면 그 주장이 사실이 아닐 수도 있다. 문제는 공포나 편집증, 트라이벌리즘을 형성하고자 하는 충동처럼 확장해서는 안 될 인간 본성을 반영하고 확장할 때 발생한다.

---

* 알고크라시: 알고리즘(algorithm) + 지배 체제(cracy)의 합성어로 알고리즘에 의한 지배를 의미함. - 옮긴이

알고리즘은 일상생활의 불안 심리를 악용하도록 프로그 래밍 될 수 있다. 스트레스 수준이 높아지고 사람들이 자기만 의 감정 세계에 갇히게 되면 어떤 상황에서든 최악의 결과를 생각하고 재앙을 상상하는 성향이 커진다. 이런 인간의 약점 을 이용하기 위해 진실이 아닌 것을 진실이라고 주장하는 경 우를 얼마든지 볼 수 있다. MZ세대가 내향성을 띠고, 자신이 직접 경험한 주관적인 현상만을 신뢰하는 것도 놀라운 일은 아니다.

진리의 권위에 대한 신뢰 붕괴와 포스트모더니즘의 비판 이론에서 비롯된 소모적인 세계관 때문에, MZ세대는 일종의 존재론적이고 도덕적인 패닉에 빠지게 되었다. 이들은 도덕적 판단에 대한 객관적인 기준을 명확히 제시하지 못하면서, 동 시에 함께 잘 살아가기 위한 규범을 평가하려고 노력해 왔다. '무엇이든 허용'되어서는 안 된다는 기본적인 인식은 있지만, 이들은 아직 자신만의 도덕적 기초를 정립할 의지가 없다.

따라서 MZ세대는 정확히 같은 사안에 대해서 도덕적으 로 정반대 입장을 동시에 취하면서도 전혀 불편함을 느끼지 않는, 매우 특이한 성향을 지니게 되었다. 예를 들어 기후 변 화가 우리 사회에 가장 큰 위협이라고 생각하면서도, 비행기 를 타고 여행하는 생활 방식을 여전히 동경한다. 마찬가지로 비트코인 채굴로 인한 막대한 환경 파괴를 감수해야 함에도 MZ세대의 가상화폐에 대한 열정은 식지 않았다. 이런 상반된 모습에서 나는 '우리'의 도덕성과 '나'의 동기부여가 다르다는 사실에 주목했다.

'우리'는 공동선을 위해 잘 살아가기 위한 일종의 윤리적 명령으로서의 지향점이다. 반면 일인칭으로서 '나'의 나르시시즘적인 동기부여는 수면 아래에 숨어서 한 세대를 옭아매는 거대한 윤리적인 뱀파이어 오징어와 같다. 다시 말하면, MZ는 도덕적으로는 '우리'를 우선시해야 한다고 생각하지만, 여전히 '나'를 가장 우선순위에 두고 싶어 하는 내적 욕망과 유혹에 갇힌 세대다. 다면적, 다원주의적 도덕과 진리관에도 장점은 있지만, 그 모순을 가려내기 힘들다는 것은 단점이다.

하버드대 마이클 샌델(Michael Sandel) 교수 수업이 인기 강의라는 사실은 흥미롭다. 샌델의 윤리와 정의에 대한 강의는 진정한 도덕적 행동이 무엇인지 혼란스러워하는 MZ세대의 관심을 완전히 사로잡았다. 강의 내용은 도덕적 추론과 정치학의 기본 개념 위주로 구성된 것으로, 그 자체가 엄청나게 독창적이지는 않지만 강의를 진행하는 방식은 주목할 만하다.

샌델 교수는 학생들이 도덕적 추론과 정의에 대해 서로 토론하도록 한다. 토론 주제는 단순한 도덕적 질문부터 복잡한 정치 이론에 이르기까지 다양하며, 샌델은 토론을 중재하고 조정하며 쟁점을 명확하게 하는 역할을 한다. 그는 토론의 큐레이터이자 진리의 큐레이터 역할을 한다. 대학가와 전 세계의 행동주의자 운동에서 비판 이론자들이 주류를 차지하고는 있지만, MZ세대 젊은이들의 마음 깊은 곳에는 진리를 발견하고 함께 탐구하고자 하는 열망이 있다. 샌델은 이런 점을 인지하고 현대 기술의 잠재력을 활용해 과거에는 볼 수 없었던 규모로 이를 실현하고자 한다.

테드 강연에서 샌델은 이렇게 말했다. "이런 방식으로 생각하고 토론하고, 중요한 윤리적 질문에 대해 진지하게 접근하고, 문화적 차이를 탐구하고, 또 베이징, 뭄바이, 매사추세츠 케임브리지 학생들과 실시간 화상통화로 글로벌 강의를 연다면 흥미롭지 않을까요? 저는 한번 시도해 보고 싶습니다."

## 위키도덕성은 답이 아니다

위키도덕성이란 신뢰할 만한 출처에서 나온 도덕성이 아닌, 대중의 투표와 동료 검토를 거쳐 확립되는 도덕성을 말한다. 즉 서로 다른 진실과 도덕적 주장을 오려 붙이고 편집한 도덕적 추론으로, 이는 우리가 나아갈 방향이 될 수 없다. 위키도덕성은 포용적인 방식으로 만들어진 것처럼 보이겠지만, 사실은 진정한 다양성을 말살한다. 다양한 도덕적 입장들 사이의 타협과 설득, 그리고 대화는 인류의 도덕적 지향을 평평하게 만드는 게 목표가 아니다. 인류는 베이지색이 아니라 폭발적인 총천연색의 모음이다.

프란치스코 교황(Pope Francis)은 다음과 같이 썼다.

나 자신이 확고한 기초 위에 서 있을 때만 나는 타인과 만날 수 있습니다. 내가 단단한 기초 위에 서 있어야 타인이 주는 선물을 받아들이고 나 또한 진정한 선물을 줄 수 있기 때문입니다. 내가 내 민족과 문화에 단단히 뿌리를 내리고 있어야만 다른 사람들을 환영하고, 그들의 기여를 가치 있게 여길 수 있습니다.

이는 시간을 초월한 지혜다. 진정한 포용성이란 결단력과 줏대가 없다는 의미가 아니라, 확고한 사고의 기초 위에서 기꺼이 마음을 바꿀 수 있는 상태를 의미한다. 좁힐 수 없는 차이가 반드시 갈등으로 이어지는 건 아니고, 함께 조화롭게 살아간다는 게 모두 다 같은 이념을 가지고 살아간다는 뜻도 아니다.

진실 혹은 진리의 발견은 힘들고 어려우며 긴 과정이다. 지혜로 가는 길은 구글 검색이나 X(트위터) 상의 대화를 통해서 얻을 수 없으며, 인내와 헌신이 필요하다.

이 여정에서 우리는 단단한 기초에 발을 딛고 서 있어야 한다. 100% 정확할 때까지 아무것도 믿지 않고 부정확한 모든 것을 일일이 분해해 살펴보는 자세로는 절대 진리를 발견할 수 없다. 매번 '처음부터 다시' 시작할 수는 없기 때문이다.

자신의 이상을 위해 최선을 다하면서도 타인의 다름을 선물로 받아들이는 겸허한 사람들이 겸손히 의견 교환을 할 때 진실 혹은 진리가 흐른다. 오늘날의 젊은이들은 보편성과 개방성을 원한다. 그러나 고국 문화의 우수성을 알지 못하거나 자신이 속한 문화권에 풀리지 않은 적대감을 가진 사람들의 얄팍함에서 비롯된 잘못된 개방성은 지양해야 한다.

젊은이들은 자신의 역사적 문화와 조상에 존경심을 가질 필요가 있다. 조상들이 가장 덕망 있고 현명한 사람이었기 때문이 아니라, 자신의 뿌리가 있는 편이 없는 것보다 낫기 때문이다. 자기혐오나 분노에 얽매이지 않고 앞으로 나아가는 것이 항상 옳다. 오늘날에는 도덕적인 절제와 일관성이 절실히 필요하다. 진리에 관해서는 감정적으로 반응해서는 안 된다.


## 위태로운 시장경제를 위한 해법

진리는 시민 사회가 원활히 기능하고 번성하기 위한 필수 구성 요소이자, 우리의 자유를 수호하기 위한 시장경제의 원동력을 뒷받침한다. 그러므로 앞으로 수십 년 동안 진리는 더욱더 중요한 존재로 자리매김할 것이다. 이는 아마도 한 세대의 정신이 달린 싸움으로, 이 논쟁에서 베이비붐 세대는 실질적으로 중요한 역할을 할 것이다.

영국 시인 존 밀턴(John Milton)은 역사상 가장 영향력 있고, 가장 열정적으로 표현과 언론의 자유를 옹호하는 철학 연설문 「아레오파지티카(Areopagitica)」에서 "진리와 거짓이 맞붙게 하라. 자유롭고 열린 대결에서 진리가 패한 적이 있느냐?"라고 반문했다.

그러나 이는 감정적 반응과 문화적 편견, 기득권을 인식하지 못한 말이고, 또한 소셜미디어가 세대의 윤리적 인식을 흔들 수 있음을 인지하지 못한 말이기도 하다. 이런 것들이 오늘날 우리가 진리의 위기에 직면하게 된 이유다.

MZ세대는 회의적일지 모르지만 쉽게 속지 않는다. 연장자들은 젊은이들이 진리와 객관적 사실에는 관심이 없고 감정과 마음의 충동에 의해서만 움직인다고 비난하기가 쉽다. 하지만 내가 관찰한 바에 따르면, MZ는 진리를 절실히 갈망한다.

나는 포스트모더니즘의 비판 이론이 젊은 세대에게 매력적인 이유 중 하나가 사회를 개인주의적인 과학적 시각에서 접근하지 않고 인간의 진리를 어떤 식으로든 설명하고 해석해 주기 때문이라고 생각한다. 비판 이론은 집단주의와 마찬가지로 관계적이고 공동체적인 충동에 호소한다. MZ는 공동체에 깊은 관심이 있고, 그러려면 믿을 수 있는 진리 위에 서야 한다.

나는 포스트모더니즘적인 비판주의가 오래 지속할 것으

로 생각하지 않는다. 이는 나만의 생각이 아니다. 사이먼 젱킨스(Simon Jenkins)는 플럭로즈와 제임스 린지(James Lindsay)의 책 『냉소적 이론들(Cynical Theories)』의 서평을 《타임스 문학판(Times Literary Supplement)》에 기고했는데, 이렇게 썼다. "나는 이 순간도 지나가리라고 확신하지만, 세일럼(Salem)과 바이마르(Weimar)*로 이어지는 서양 이념의 탈선 현장을 엿보고 있다는 생각이 든다."**5**

남아프리카공화국 백인 정권이 유색 인종에 대한 분리와 차별정책을 시행하던 '아파르트헤이트' 시절, 나는 남아프리카공화국 요하네스버그에 있는 대학에서 학문적 자유위원회 회장이자 학생 리더였다. 우리는 인종, 피부색, 신념, 또는 성별에 상관없이 누구나 지식을 추구할 수 있는 대학을 만들기위해 투쟁했다. 당시 모든 대학이 인종 차별로 분리되어 있었고, 내가 다니던 대학에는 백인만 입학할 수 있었다. 되돌아보면, 표현의 자유가 민주주의의 기초이자 자유에 대한 약속이라는 신념을 지켜내기 위해 다 같이 노력할 수 있었다는 사실에 감사한 마음이 든다.

이 모든 노력은 당시 정권에 의해 무산되었지만 그 이후 나는 대학에서 진리를 추구하고 표현의 자유를 수호하는 것에 대해 변함없는 열정을 유지했고, 특히 위험 신호가 이미 깜

---

* 세일럼은 미국이 영국 식민지 시절이던 17세기 보스턴 근교의 어촌명으로, 당시 일어난 마녀사냥과 종교재판을 상징함. 바이마르는 독일에 제1차 세계대전 이후 설립된 공화국으로, 민주주의의 취약성과 정치적 극단주의, 사회적 분열을 상징함. - 옮긴이

빡이고 있는 오늘날의 대학에 대해서는 더욱 그렇다. 다른 사람들에게 적대적인 견해를 표출하는 데 여념이 없고 자유롭고 공정한 생각의 표현을 가로막는 곳에서 새로운 세대가 자라난다는 것은 내게는 이해할 수 없는 일이다.

진리를 옹호하고 무언가를 쌓아가는 일에 열정을 가진 사람들은 이런 해체주의적 사고방식에 늘 저항하며 살아가야 할 것이다. 진리를 소중히 여기는 공동체에서는 진정한 자유로운 생각의 교류가 가장 우선시될 것이며, 이런 공동체가 사회를 이룰 때 자유로운 표현의 권리가 보호될 것이다. 영향력 있는 기관이 하나만 있어도 비판 이론의 요구에 대항하고, 목소리 큰 소수 의견이 다수의 의견처럼 보이는 허상을 타파할 수 있다.

실제로, 학생들 사이의 문화 충돌이 절정에 달했을 당시, 케임브리지대학은 표현의 자유를 보호하기 위해 이 같은 단호한 결정을 내렸다. "동료들이 어리석어 보이는 말을 하더라도 인내해야 하며, 이들이 공격적인 견해를 표현할 때는 정중하게 지적해야 합니다. 의견이 다른 동료를 검열해 달라고 부총장에게 달려가서는 안 됩니다."

군중 심리는 일시적으로 나타났다 사라진다. 그리고 나는 침묵하는 대다수의 MZ가 교양 있는 토론을 통해 생각을 자유롭게 교류하고 이 문화 전쟁을 넘어서 나아갈 것이라고 믿는다. 그때 비로소 우리는 진리에 대한 갈증을 해소할 수 있게 될 것이다.

광고업계에서 일하는 한 젊은이가 다음과 같이 말했다.

> 흔히 "넌 네 맘대로, 난 내 맘대로" "네가 옳다고 생각하는 대
> 로 살아" 같은 말을 하지만, 콘텐츠 소비 행태를 보면 우리가
> 사는 방식은 그렇지 않습니다. 글로벌화된 도시들은 대부분
> 극단적인 실존주의자나 완벽한 도덕적 상대주의자로 넘쳐나
> 고 있지 않습니다. 오히려 건강과 웰빙에 관심이 많고, 풍요롭
> 고 충만한 삶을 살고자 하는 의욕에 차 있으며, 현대 삶의 심
> 각한 불의와 공포에 맞서려는 사람과 공동체로 가득 차 있습
> 니다. 무관심이 존재한다면, 관심이 부족해서가 아니라 오히
> 려 지나친 관심을 받을까 봐 두려워서일 것입니다.

사실 우리는 탈진실 시대 속에서 살아가고 있지 않다. 만
약 그렇다면 《뉴욕타임스》가 최근 "지금 그 어느 때보다도 진
실이 중요합니다"라는 광고를 내보냈는데, 그런 일은 없었을
것이다.

세계에서 가장 영향력 있는 언론사에서 이토록 대담하고
도발적인 광고 문구를 싣는 데는, 광고 대행사부터 이 문구가
효과적일 거라는 확신이 있어야 한다(적어도 그렇게 보여야 한다). 그
리고 현대인들이 가장 관심을 두는 것이 '진리'임을 광고주인
《뉴욕타임스》에 설득하기 위해서는 먼저 몇 달 동안이나 데

이터 분석, 사회학 연구, 민족지학적 자료 수집, 시장 조사에 매달렸을 것이다.

하지만 우리는 진리로 돌아가는 길을 당연시할 수만은 없다. 함께 진리를 구축하고, 진리의 중요성을 재발견하여 진리의 객관성을 확신할 수 있어야 한다. 아무리 복잡해 보이더라도 단 하나의 진리가 존재하며 우리가 함께 나아가야 한다는 확신이 필요하다. MZ는 놀라울 정도로 열린 마음을 가지고 있지만, G. K. 체스터턴(G. K. Chesterton)이 말했듯이 "단순히 열린 마음을 가지는 것만으로는 안 된다. 마음을 여는 이유는 마치 입을 벌리는 것처럼, 다시 마음을 닫아서 실체적인 것을 물고 있기 위해서다."

시장경제는 시장 참여자 모두의 명확한 동의 없이는 존재할 수 없다. 새로운 주식이 공개 시장에 상장될 때마다 공시 서류에 적힌 모든 문구의 진실 여부를 확인하기 위해 까다로운 검증 과정을 거친다. 공개된 자료는 투자자들이 투자 결정을 내리는 근거가 되기 때문에 중요한 과정이다. 마찬가지로 기업에 대한 분석 자료 또한 질문에 대한 경영진의 정확하고 진실한 답변이 중요하다. 이것이 바로 시장경제가 작동하는 본질이다. 진리와 진실이 위협받는다면 시장경제는 기능할 수 없다.

여기까지 부의 대이동을 앞두고 우리가 직면한 도전 과제를 살펴보았다. 부를 이전하는 세대와 이전받는 세대가 서로 적대하며, 함께 나아갈 방법은커녕 그 어떤 것에도 서로 동의하지 못하는 상황에 놓여 있다. 현재의 자본주의 시스템은 21세기의 다양한 문제를 해결하는 데 적합하지 않으며, 시스템의 존속을 위해 자본주의를 옹호해야 할 사람들조차 이를 받아들이지 않고 있다.

　진보한 기술은 우리를 하나로 조화롭게 묶어주기도 하지만, 생각하지도 못한 방식으로 갈라놓기도 한다. 개인주의의 결과로 무너진 공동체는 회복하지 못하고 있고, 그 반동으로 많은 MZ가 집단주의의 유혹에 흔들리고 있다. 그리고 우리는 객관적인 진리를 확립하는 것이 어렵고, 어쩌면 거의 불가능한 시대에 살고 있다.

　이런 위협을 해소하지 못한다면 자본주의와 현재 사회 체제가 유지되지 못할 수도 있다. 이 위협들은 전 세계적으로, 그리고 실제로 산재해 있으나 갈등을 통해서는 해결할 수 없다. 계속해서 적대적인 길을 걸어간다면 통합과 화합으로 이어지는 대신 균열과 앙금, 고칠 수 없이 부서진 사회 제도만이 남을 것이다. 하지만 아직은 돌이킬 수 있다.

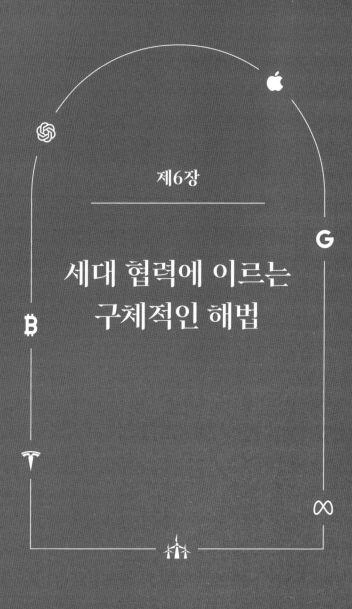

제6장

세대 협력에 이르는
구체적인 해법

❖
❖ ❖
❖

　서문에서 나는 사회 혼란에 이르는 길이 아니라, 좀 더 포용적이고 목적 지향적이며 변화된 자본주의로 향하는 좁은 길이 있다고 말했다. 나는 이 길을 구성하는 기초를 '코(CO)'* 라고 부른다. CO는 '나'에서 '우리'로의 전환으로, 본질은 개인주의에서 벗어나 협력, 공감, 공동체 및 함께하는 경험으로 나아가는 것이다. 이때 포기해야 하는 것보다 얻을 게 훨씬 더 많다는 사실을 이해하는 것 또한 CO의 본질이다. 무엇보다 CO는 통찰력과 경험이 조화롭게 어우러져야만 우리가 가야 할 좁은 길을 찾아 자본주의를 존속시킬 수 있기에, 최선의 결과를 얻기 위해서는 MZ와 베이비붐 세대가 힘을 합쳐야 한다는 사실을 이해하는 것이다.

　이후 나는 CO를 좀 더 깊이 있게 다루고 설명할 예정이다. CO-리더십, CO-워킹, CO-공감, CO-크리에이션, CO-운명 등 파국을 피하고 화해로 나아가는 방법에 대해 알아볼 것이다.

---

\* CO는 협동, 협력을 뜻하는 cooperation에서 차용한 말. 저자는 CO를 이용해 여러 복합명사를 만들어냈다. 저자의 의도를 훼손하지 않기 위해 굳이 번역하지 않고 원문 그대로 CO를 사용한다. - 편집자

# 더닝 크루거 효과

━━━✦━━━

새로운 기술을 배우고 싶다고 생각한 적이 있는가? 체스 챔피언들이 지혜와 전략을 겨루는 모습에 매료되어 체스를 배워보고 싶다거나, 영화 '쉰들러 리스트(Schindler's List)'의 주제곡을 바이올린으로 연주하는 거리의 악사를 보며, 나무 악기와 두 손만으로 그런 아름다움을 빚어낼 수 있는 사람이 된다면 얼마나 행복할까 하는 생각을 해보았을 수도 있다. 그러나 대부분에게 이런 찰나의 깨달음은 마치 복권에 당첨되었으면 좋겠다는 생각과 마찬가지로 지나가는 공상이나 희망일 뿐이다. 체스 챔피언이나 바이올린 천재가 되면 얼마나 좋을까 하는 생각은 아주 잠깐이고 이내 현실로 돌아가고 만다.

물론 때로는 잠깐의 공상을 넘어 실제로 첫발을 내딛는 경우가 있다. 체스 세트나 초보용 바이올린을 구입하는 것처럼 말이다(사실 후자는 꽤 큰 투자다). 이런 경우는 대부분 둘 중 하나의 결과로 이어진다.

체스의 경우, 체스 말들이 어떻게 움직이는지 익히고 몇 가지 기본적인 전략을 배우면 바로 게임을 시작할 수 있다. 수준이 비슷한 초보자들과 처음 몇 번 겨루고 나면, 비록 체스를 시작한 지 얼마 안 되었고 초등학교 체스 챔피언보다도 못한 실력일지라도 자신감이 하늘을 찌를 정도로 치솟게 된다. 이는 자신감과 실제 능력이 불일치하는 상태로, 심리학에서는 이런 현상을 더닝 크루거 효과(Dunning-Kruger effect)라고 부른다.

'자신감'과 '경험'의 함수를 그래프로 표현해 보면, 초기에는 능력에 비해 터무니없는 수준까지 자신감이 급상승하는 것을 볼 수 있다. 그러다 특정 분야에서 경험을 쌓고 더 많은 능력을 갖추게 될수록 자신감이 크게 하락하면서, 실제로는 매우 뛰어난 능력이 있는데도 불안감과 자기 의심에 시달리게 된다.

나는 과거에 재직하던 최고 수준의 대학에서 이런 현상을 많이 목격했다. 상대적으로 비명문대에 다니는 학생들이 오히려 자기 확신이 뚜렷하고 거의 모든 객관적인 척도에서 매우 지적이고 논리적이었던 반면, 명문대생들은 자신에 대한 의심이 가득 차 있었다. 이들은 진정한 전문가가 되어서야 비로소 자기 능력에 대해 자신감을 가졌다.

체스와 관련된 더닝 크루거 효과가 한쪽 극단의 예라면, 다른 쪽 극단은 바이올린 같은 것을 배울 때 발생한다. 당신의 아이가 바이올린을 처음으로 배운다면, 예쁜 아이의 손에서 저주받은 소음이 나오고 그 소음만큼 아름답지 않은 것도 없음을 깨닫게 될 것이다.

새로운 기술을 배우는 것이 어렵다는 사실은 누구나 알고 있다. 그러나 우리는 처음 백 번 또는 천 번의 단계가 얼마나 절망스러운 일인지 종종 잊곤 한다. '쉰들러 리스트'의 주제곡은 아름답지만 그 곡을 연주할 기술을 습득하려면 먼저 몇 년 동안 단조로운 음계나 아르페지오를 연습해야만 한다. 어떤 사람들은 바이올린을 처음 배울 때부터 바로 거창한 곡을 연주하려고 한다. 이들은 악기를 마스터하는 방법을 배우는 대신 한 곡에 매달려서 한 소절 연습에 몇 주씩 보낸다.

바이올린 같은 악기 학습 곡선은 특히 가파르기 때문에 예술에 가까운 소리를 만들어내려면 여우 두 마리가 밤에 싸우는 듯한 소리를 내면서 몇 년 동안 인내가 필요하다. 악기를 잘 다루려면 시간과 노력이 어마어마하게 들어가기 때문에 성인이 되어서 악기를 배우기 시작한 사람들은 대부분 빠르게 포기하기 마련이다.

왜 내가 이런 이야기를 꺼냈을까? 이 이야기가 CO를 통한 성공과 어떤 관련이 있을까?

사실 CO는 본질적으로 배울 수 있는 이론이라기보다는 익혀야 하는 기술에 가깝고, 다른 사람으로부터 배워야 하기 때문이다. 모든 사람이 CO를 습득할 수 있기에 다른 사람으로부터 배울 수 있다는 점은 CO의 가장 큰 장점 중 하나다. CO라고 이름 붙이지 않았을 뿐 우리의 상상력은 이미 CO라는 기술을 알고 있다.

# 세대 간 협력에 이르는 길

우리 세대의 가장 큰 열망의 한가운데에 CO가 있다. 오랫동안 사회의 틀을 이루었던 급진적인 개인주의와 피상성을 버리고, 우리는 인류의 삶에 대한 통합적이고 전체론적인 비전에 눈을 뜨게 되었다. 우리는 진정한 연결을 갈망하며 복잡한 이 시대에 함께 변화를 이루어낼 단순한 방법을 간절히 찾고 있다. 오늘날 우리는 친구 관계 같은 작은 규모부터, 국가 간의 글로벌 거버넌스 같은 거대한 규모에 이르기까지 공동체와 연결을 추구한다. 그러나 이런 바람에도 불구하고 우리는 여전히 목표에 도달하지 못했고 치유에 이르는 데도 실패했다.

여기서도 우리는 기술을 익힐 때와 같은 종류의 도전에 맞닥뜨린다. 어떤 이는 더닝 크루거 효과의 함정에 빠져 활동가로서 또는 연구자로서 활동한 지 몇 년 안 됐는데도, 엄청난 자신감을 가지고 사회의 모든 문제를 해결할 수 있는 만병통치약을 가지고 있다고 주장한다. 슈퍼 앱이나 새로운 정치 시스템, 특정 지도자 같은 한 가지 해결책이 세계를 바꾸어 놓을 것이라고 주장하는 이들도 있다. 물론 이는 올바른 길이 아니다.

또 다른 편에는 CO에 대한 거대한 야망을 가진 풋내기 몽상가들이 있다. 이들은 글로벌 규모의 창작 커뮤니티를 구축해 서구 세계의 예술을 되살리는 꿈을 품고 있을지 모르지만, 이를 현실로 만드는 데 필요한 수년에 걸친 노력은 부족하다. MZ는 이상주의로 가득 차 있고, 이는 멋진 일이다. 그러나 CO를 현실로 구현하기 위해서는 이상주의만으로는 충분하지 않으며, 몇 년에 걸친 연습과 시행착오가 필요하다. 또한 공동체 안에 존재하는 많은 인간적인 충동 간에 조화를 이루어야 한다. 이는 어려운 길이지만 성공으로 향하는 통로이기도 하다.

우리는 사람의 진정한 본성과 변화의 속도, 현재 세계의 상태를 모두 고려해야 하며, 뒤처지는 사람 없이 다 같이 앞으로 나아가야 한다. 제도적 자본주의자 중에서도 좋은 일을 행하려는 사람들이 있고, 사람들 내면 깊이 애착과 헌신하려는 마음이 존재하며, 한 국가의 문화는 그 나라의 국민에게 의미가 있다. 우리는 이를 인지해야 한다. 좁은 시야를 가지고 다른 산업이나 공동체를 무시해서는 안 된다. 우리는 "누구와 싸울 것인가?"가 아니라 "누구와 협력할 것인가?"라는 질문을 던져야 한다. 이는 CO를 실현하기 위해서 절대적으로 중요한 요소다.

그러나 요즘 많은 사람은, 자신이 싫어하는 무언가와 끊임없이 대립하며 누구와 싸울 것인지부터 먼저 생각한다. 그 결과 우리는 자기만의 세계에 갇히고 만다. 효과적으로 함께 협력하기 위해서 이런 태도는 반드시 탈피해야 한다. 우리는 언제나 교집합을 찾아야 한다. 그렇지 않으면 우리는 개혁이 아니라 혁명으로 향하게 될 것이다. 그리고 혁명은 거의 언제나 피바다로 끝난다.

이는 내 개인적인 경험에서 일부 비롯된 것이다. 나는 대부분의 직장 생활을 런던에서 가장 큰 은행과 금융기관에서 보냈다. 2008년 글로벌 금융위기 당시 폭풍의 한가운데에 있었고 현재의 은행 시스템의 위기를 포함해 수도 없는 호황과 불황을 겪었다. 그러면서 금융기관이 얼마나 큰 힘을 가지고 있는지 깊이 인식하게 되었다.

MZ세대가 그런 금융기관을 혹독하게 비판하는 것은 당연한 일이다. 외부 시각에서 보면, 이들 금융기관은 글로벌 경제의 신흥 독재자처럼 보인다. 마치 소수의 연장자가 거대한 유리탑 안에서 수천억 달러를 가지고 게임을 하다가 그 모든 사건이 벌어진 것 같다.

이들 금융기관에서 탐욕과 경영 실패가 존재하는 것은 사실이다. 그러나 문제를 지나치게 단순하게 생각해서는 안 되며, 나는 보다 통합된 세계를 위해 중요한 원칙을 기존의 질서에서 발견할 수 있다고 믿는다. 이것이 다른 사람과 협력해야 한다는 내 주장의 요지다. 많은 MZ는 금융기관과 이를 유지해 온 자본주의 구조에 책임을 물어 이들을 완전히 무너뜨려야 한다고 주장한다. 그러나 이는 실용적이지 않고, 실행 가능하지도 않으며, 신중하지 않은 생각이다. 소중한 것까지 함께 버리는 우를 범하는 셈이기 때문이다.

# 교차로에 머물기

금융권 경력 외에 나는 인생의 대부분을 기독교회에서 멘토로서 봉사해 왔다. 직업 이상의 인생도 존재한다는 내용과 직장에서 진정한 존재의 목적을 찾는 방법에 대해 글을 쓰기도 했다.

첫 책 『일터의 하나님(God at Work)』을 출판했을 때, 금융기관이라는 유리탑에서 일하던 동료가 나를 황당한 표정으로 바라보던 일이 기억난다. 야심으로 가득 찬 은행가가 영적 세계에 관한 책을 쓰다니? 영적 세계는 회계연도나 분기 실적 보고서, 혹은 기업 공개와는 완전히 대척점에 서 있는 관념처럼 보였기 때문이다.

이 두 세계가 때로 충돌을 일으키는 것은 사실이다. 그러나 나는 살아오면서 이 두 영역이 내가 예상했던 것 이상으로 보완적인 관계임을 보았다. 긴장 상태를 조성할 때도 있고, 결국 두 가치 중 하나를 선택해야 할 때도 있지만 직장과 신앙은 조화를 이룰 수 있다. 정치적 행동주의 관점에서 나는 이와 비슷한 긴장을 경험했다.

나는 1970년대 남아프리카에서 인종 차별에 맞서 학생 운동에 참여할 당시 "가장 중요한 것은 사람이다"라는 신념을 전적으로 지지하던 사람이었으며, 2020년 BLM 가두행진에 참여하기도 했다. 동시에 2008년 수천 명의 젊은이가 성바오로 성당 앞에서 자본주의 철폐를 외치며 소비자들의 돈으로 무책임하게 자신의 배를 채워온 금융권을 처벌해야 한다고 주장했을 때, 나는 '기득권층'인 베이비붐 세대에 속하기도 했다. 당시 나는 시위대와 시 정부 사이에서 중재를 해달라는 요청을 받았는데, 그 과정은 결코 평화롭지 않았다. 시민운동가들은 자신들이 일종의 권력과 자신감, 결단력을 가지고 있다고 느끼면서도 한편으로 저항하는 입장에 서게 되면, 위축되고 이해받지 못하고 있다는 기분도 든다.

다시 한번 강조하지만 이 두 가지 경험은 대척점에 서 있으면서도 커다란 변화와 불만, 그리고 공포심이 감도는 시대에 살아간다는 것이 어떤 것인지 이해할 수 있는 중요한 통찰력을 주었다는 점에서는 같다. 잘난 척하거나 내 자랑을 하려는 것은 아니지만, 나는 일평생 이토록 어려운 교차점에서 살아왔다. 상황은 나의 바람보다 좀 더 복잡했다.

이런 교차점에서 가장 실질적이고 효과적이며, 행동에 옮길 만한 통찰력을 얻을 수 있다. 오늘날 많은 사람이 경계인, 즉 '사이에 있는' 사람들을 찾는다. 경계인은 특정한 기관이나 세계에 속하지 않으면서 외부에서 그 안을 들여다보고 독특한 통찰력을 얻는다.

그러나 경계인이 좀 더 나은 세상을 만드는 데는 도움이 되지 않을 것이다. 왜냐하면 경계인은 그 세계의 실제 삶을 제대로 이해하지 못하기 때문이다. 우리가 필요한 건 교차점에 있는 사람들의 소리다. 전혀 다른 세상에 속하면서 복잡 다양한 여러 사회 영역의 내부 구조를 이해하고 있는 사람들이 내는 목소리가 필요하다. 이것이 CO의 모습이자 CO가 형성되는 과정이며, 진정한 협력이다.

나는 지금 우리 세계가 가장 필요로 하는 것은 적절한 시기에 적절한 방법으로 무엇을 해야 할지를 제시할 수 있는 '실질적인 지혜'라고 생각한다. 내가 할 일은 MZ의 선한 의도를 지탱하는 생각들을 다듬고, 이를 구현할 수 있도록 실질적인 길을 제시하는 것이다.

앞서 말한 바와 같이, 베이비붐 세대의 경험과 MZ의 통찰력을 합칠 때만 이 시대에서 필요로 하는 실용적인 지혜, 즉 선견지명을 얻을 수 있다. 두 세대가 가진 경험과 통찰력의 영점을 맞추는 쌍안경 방법론을 통해 하나의 또렷한 시야를 얻을 수 있다. 우리에게는 '야누스의 얼굴'이 필요하다. 속임수를 쓴다는 의미에서의 야누스가 아니라 한쪽 얼굴은 과거를, 다른 쪽 얼굴은 미래를 바라보는 야누스의 두 시선이 합쳐졌을 때, 자본주의의 발전과 보완에 강력한 힘이 될 것이다.

## 세대 간 협력과 분열

그렇다면 어디서부터 출발해야 할까? 앞서 나는 MZ세대가 부의 대이동의 수혜자로서 자본주의와 우리가 살아가는 방식을 완전히 바꿀 것이라고 말했다. MZ세대는 훌륭하니 아무 간섭없이 그들에게 무난히 바통을 넘겨줘도 될까? 젊은 세대 홀로 이 문제를 풀 수 있을까? 단언컨대 그렇지 않다.

우리 세대의 많은 이가 MZ세대는 그 바통을 떨어뜨릴 것이라고 확신하며 이들에게 바통을 넘기고 싶어 하지 않는다. 반면 많은 MZ는 그 바통 자체가 목적에 맞지 않는 것이라고 생각하며, 아예 던져버리고 싶어 한다. 그러나 우리는 그 바통을 지켜야 한다. 다시 말해 시장경제의 핵심 요소인 인센티브와 성과, 그리고 가치 창출에 대한 보상을 지켜내야 한다. 또한 '공동의 선'이 무엇인지 명확하게 정의하지 못하는 신사회주의를 지양해야 한다.

우리가 좁은 길을 통해 더 나은 자본주의, CO로 정의된 더 나은 시스템에 이르기 위해서는 세대 간 분열을 봉합해야 한다. 여기에는 베이비붐과 MZ 모두의 참여와 노력이 필요하다.

## CO-투자의 이점

특히 베이비붐 세대는 이런 변화를 깨달아야 한다. 이런 변화는 단지 일시적인 현상이 아니며 깊은 불평등감이 해소되지 않으면 사회적 단절과 반체제 정서가 수면 위로 불거지게 될 것이다. 지난 60년간 우리 베이비붐 세대는 상당한 혜택을 누렸으며 이를 다음 세대로 전달하는 것이 우리의 의무다. 이는 여러 형태로 나타날 수 있는데, 예를 들어 창업을 재정적으로 지원할 수 있다. MZ는 도움에 목말랐으며 초기 창업자로서 날아오르기 위해 자본 수혈을 필요로 한다. 이를 CO-투자라고 부르겠다. 재정적으로 여유가 있는 기성세대는 MZ에게 투자할 기회를 찾아보기를 권한다.

정서적인 면이나 전문적인 조언을 제공하는 것도 방법이 될 수 있다. 아무리 세상이 변했다고 할지라도 관계의 기본적 규칙은 그대로다. 좋은 비즈니스는 언제나 좋은 비즈니스일 것이므로 시간을 내어 젊은 창업가들에게 조언해 주는 것이 좋은 출발점이 될 것이다. 나는 MZ에게 투자하는 것이 엔지오(NGO)에 기부하는 것 이상으로 선한 행위라고 생각한다.

어쩌면 당신은 젊은이들이 당신의 도움을 원하지 않는다거나 당신의 관점을 겸허하게 받아들이지 않을 것이라고 생각할지도 모른다. 하지만 내 경험에 따르면, 만약 젊은이들의 성공을 돕고 싶다는 진심이 있다면, 그 마음 자체가 젊은이들에게 귀중한 자산이다. 일정 수준의 여유 자금이 있으면 직접 투자에 참여하기가 훨씬 수월하다.

MZ들이여, 그대들은 기성세대를 용서하고 그들과 협력해야 한다. 먼저 나부터 젊은 세대에게 미안하다고 사과하고 싶다. 젊은이들은 매우 어려운 패를 받았다. 베이비붐 세대가 모든 책임을 지는 것이 온당하다고는 생각하지 않지만, 적어도 일부 또는 대부분의 책임이 우리 세대에게 있다. 젊은이들이 성공할 가능성은 우리 세대보다 낮을 것이다. 잘못된 시기에 올바른 카드를 내거나, 또는 올바른 시기에 잘못된 카드를 내는 등 모든 시대에 승자와 패자가 나뉘었으며, 불평등은 늘 존재해 왔다. 그럼에도 불구하고 젊은이들이 기회나 부, 영향력의 측면에서 세대 간 강한 불평등을 느낀다는 점을 이해한다.

MZ인 여러분이 특히 경제적으로 불이익을 받았다고 느끼는 데는 많은 이유가 있다. 그러나 부당하다는 생각 때문에 마음을 시니컬하게 내버려 두어서는 안 된다고 감히 말한다. 나는 전도유망하고 지적이며, 부지런한 젊은이들이 부당하다는 감정에 사로잡힌 나머지 자신의 잠재력을 제대로 발휘하지 못하는 광경을 너무나 많이 봐왔다.

## 새로운 리더십의 모습

남아프리카공화국에서 성장한 내게 넬슨 만델라(Nelson Mandela)는 영웅이었다. 나는 여러 차례 만델라를 만났고, 그가 만든 어린이 기금의 영국 신탁 관리자로 활동하기도 했다. 오랜 수감 생활을 마치고 석방된 후, 그는 화해의 아이콘이 되었다. 언젠가 만델라는 이렇게 말했다. "분노란 독을 마시고 다른 사람이 죽기를 바라는 것이다."

나는 이 말이 세대 간 균열에도 똑같이 적용된다고 생각한다. 다른 세대를 무시하는 이들이 늘 있을 것이다. 이들은 다른 세대를 향해 감사할 줄 모르고, 자신의 권리만 주장하며, 진정한 노력이 무엇인지 모른다고 비난한다. 이들을 악당 취급하면 이들은 부당하다며 분노한다. 하지만 이는 중요한 문제가 아니다. 중요한 것은 분노와 증오를 초월해 자신이 중요하다고 생각하는 일에 몰두하는 것이다. 또 판에 박힌 날카로운 말에 보복하지 않는 것이다.

유연한 마음과 야무진 손을 가진 젊은이라면, 기꺼이 젊은 세대 곁에서 성장을 돕고 싶어 하는 연장자들이 있음을 알게 될 것이다. 런던에서 가장 큰 사모펀드 그룹을 경영하는 한 친구는 자신에게 다양성이 얼마나 중요한 가치인지 말한 적이 있다. 내가 무슨 뜻이냐고 물어보자, 그는 성공적인 의사결정을 하기 위해서는 세대 간 다양성이 가장 중요한 요소 중 하나라고 답했다. 그는 사회가 매우 빠른 속도로 변하고 있고 그 변화의 속도가 베이비붐 세대에게는 자연스러운 것이 아님을 깨닫고 겸허한 마음이 들었다고 설명했다. 여러 세대의 관점을 받아들이면 토론과 의사결정의 질이 개선되고, 더 나은 투자 결과로 이어진다는 것이다. 그는 회사의 젊은 임원들로부터 강한 비판을 받은 후 이런 결론에 도달했다고 말했다.

젊은 세대의 이야기를 경청하려는 기성세대가 분명 있다. 그러니 MZ인 여러분도 목소리를 내고 용기와 격려를 받기를 바란다. 일부 기득권층 또한 젊은이들의 목소리를 듣고 있으며, 젊은이들이 느끼는 세대 간 소외감을 해결하려고 노력한다. 비판하기는 쉽지만 비판은 여러 가지 해결책과 함께 제시될 때 더 잘 받아들여지는 법이다.

나는 모든 젊은이에게 베이비붐 세대와 협력할 기회가 온다면 그 기회를 잡기를 권한다. 자산 형성 과정에서 혜택을 받았던 기성세대와 한 팀을 이루라. 사회 전체를 보면 인류는 점점 더 긴 시간을 일하고 있고 은퇴한 이후에도 새로운 도전과 흥미로운 프로젝트를 추구하는 사람이 여전히 많다. 이런 사람들에게 협력할 과제를 주어라. 지금처럼 근간부터 급속히 변하는 경제 체제에서 디지털 세대에겐 직관적인 것들이, 베이비붐 세대에겐 번뜩이는 통찰력이 그 과제가 될 수 있다.

마찬가지로, 연장자들의 경험이 조직의 효과적인 성장을 위해 깊은 지혜가 될 수 있다. MZ의 통찰력과 베이비붐 세대의 경험을 결합하면 기존 세대의 기업보다 앞서 나갈 기회가 올 것이다. 그러니 당신과 함께 협력할 파트너와 멘토를 찾으라. 당신의 사업에 기꺼이 투자하고 당신의 성공을 바라는 사람들 말이다. 모든 사람이 이런 기회를 누릴 수 있는 것은 아니지만, 혼자서 이루어내겠다는 고집을 부리지 말고 기회가 온다면 꽉 잡아야 한다. 다음 100년을 좌우할 자본과 권력과 영향력을 물려받을 세대가 홀로 그 모든 걸 떠안겠다고 생각한다면 그건 위험한 일이다. 이는 CO에 정면으로 반하는 행위다.

내가 이 책을 쓰게 된 것도 바로 그 때문이다. 다가오는 변화에 효과적으로 대처할 수 있도록 베이비붐 세대와 MZ 모두에게 지침을 제공하고자 한다. 앞서 나는 많은 MZ가 시장 경제에 대해 부정적인 견해를 가지고 있다고 언급한 바 있다. 베이비붐 세대의 영향력이 감소하기를 조용히 기다리며, 문지기가 사라지면 체제를 완전히 전복시키겠다고 생각하는 젊은 이가 많다. 나는 이런 생각이 왜 매력적으로 다가오는지를 이해한다. 그러나 그 결과는 아름답지 않을 것이며, 그 결과를 감당할 사람은 기성세대가 아닌 MZ세대가 될 것이다.

지금 필요한 것은 개선이다. 자본주의는 CO에서 영감을 받은 MZ세대의 통찰력과, 베이비붐 세대가 경험으로 터득한 지혜가 어우러지면서 개혁되어야 한다. 개선은 많은 비용이 드는 일이고 복잡한 반면, 폭력적인 혁명에서 느낄 수 있는 단기적인 만족은 주지 못한다. 그러나 개선은 세상을 더 낫게 바꿀 잠재력을 내포하고 있다. 나는 CO를 통해서 이를 이루어 낼 수 있다고 믿는다.

이 책의 나머지 부분에서는 지금까지 논의했던 우리 사회의 큰 균열이 CO라는 마음가짐을 받아들이면서 어떻게 치유될 수 있는지 살펴보려고 한다. 현재 세계는 다른 세대의 잘

못으로 인해 지옥으로 향하고 있으며, 그 누구도 어쩔 수 없다는 생각이 모든 사람을 지배하고 있다. 하지만 내 의견은 다르다.

일반적으로 역사는 아주 천천히 미세하게 움직인다. 사회도 마치 빙하처럼 아주 서서히 변화한다. 그러나 지금 우리는 다행히도, 이 세계의 근간을 뒤흔드는 변화가 매우 급작스럽게 일어나고 있음을 적어도 인지는 하고 있다. 이런 특혜를 받고서도 아무런 조처를 하지 않는다면 그 결과는 참혹할 것이다.

"성공적인 사회는 사회 구성원들에게 미래에 대한 꿈을 제공한다."[1] 나는 CO를 통해서 이런 꿈을 만들어나갈 수 있다고 믿는다. 이는 실행 가능한 일이며, 우리가 더 나은 쪽으로 나아갈 수 있는 현실적인 계획이다. 먼저 리더십에 관해 고찰하고, 21세기 리더십은 어떤 모습이어야 하는지를 살펴보겠다.

투자세대 대전환

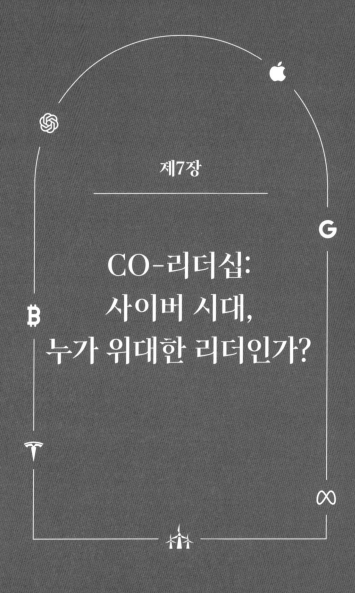

제7장

CO-리더십:
사이버 시대,
누가 위대한 리더인가?

CO를 논의할 때 리더십의 개념이 매우 중요하다. 누가 대화를 주도할지에 대한 합의가 이루어지지 않으면 방향을 잃게 되기 때문이다. 문제는 오늘날 서구권에서 권위와 리더십 자체가 신뢰를 잃고 있다는 것이다. 이 점은 서구 세계의 미래와 그 경제를 지탱하는 자본주의에 큰 영향을 미친다.

대체로 우리 세대는 강하고 확실한 리더가 필요하다고 믿어왔다. 이런 리더는 위대하고 비전을 제시하는 선구자의 모습을 띠는 경우가 많았다. 이는 리더십 유형 중 '위인 이론(great man theory)'에 속한 리더로, 이 이론에 따르면 날 때부터 지배자의 기질을 가진 사람이 있다. 나폴레옹(Napoleon Bonaparte), 예카테리나 2세(Catherine the Great), 윈스턴 처칠, 알렉산더대왕(Alexander the Great), 심지어 스티브 잡스도 이런 유형에 속한다. 예로 든 인물을 보면 대충 감이 잡힐 것이다.

위인 이론에서는 사회의 모든 위대한 업적이 위대한 지도자들의 비전과 사고력, 그리고 행동을 끌어내는 능력 덕분이라고 주장한다. 그러나 시장에 참여하는 MZ세대의 욕구가 변하면서 전통적인 지시와 통제 관리 모델은 점진적으로 약화하고 있다. 경영대학원에서는 권위적인 리더십 모델에서 협

　　　　　　　　　　　　　투자세대 대전환

력적인 리더십 모델로 변화를 선도하고 있다. 공유 리더십, 섬기는 리더십, 참여적 리더십이 새로운 모델로 등장했다.

요약하면, MZ세대는 리더십에 대해 다른 관점을 가졌다 (CO로 이끄는 것은 '위대한 인물'이 아닐 것이다). MZ가 생각하는 좋은 리더십이란 근본적으로 협력적이고 분권화된 형태다. 사실 경제계에서는 우리를 실망하게 한 리더가 무수히 많다. 겉으로는 위대한 리더지만 그들은 삶의 모든 영역에서 어떤 형태로든 우리를 실망하게 했다.

게다가 기술과 SNS의 발달로 중앙집권적 힘을 가진 리더 없이도 대규모 집단행동을 조직할 수 있음이 이미 입증되었다. 이 시대 가장 바람직한 권위는 모든 사람이 그 권위를 나누어 가지는 형태다. 이는 훨씬 매력적인 리더십처럼 보이며, 애석하게도 우리 시대 많은 리더에게서 나타났던 권력 남용을 방지하는 방법이기도 하다. 이런 태도는 권위 혹은 리더와의 관계에서 생긴 균열에 대한 반응이라는 사실을 인지할 필요가 있다.

## 지도층을 향한 강한 불신

앞서 살펴본 것처럼 금융 및 기타 기관, 정부, 미디어, 종교 지도자에 대한 신뢰는 현재 최저치에 이르렀다. 사실 '불신'이

이 세대의 기본값이다.

2022년 에델만 신뢰도 지표조사는 이렇게 결론을 내렸다. "약 60%가 신뢰할 근거를 발견하기 전까지 불신하는 경향이 있다고 답했고, 64%는 자신과 의견이 다른 사람들과 건설적이고 정중한 토론을 할 수 없는 지경에 이르렀다고 답했다. 불신이 기본적으로 깔려 있을 때는 토론이나 협력할 능력을 상실하게 된다."[1]

신뢰는 CO-리더십의 핵심이기 때문에, 불신은 바로잡아야 한다. 우리를 리드해야 할 주요 기관들이 스스로 바뀌려고 하지는 않을 것이다. 따라서 조직의 모든 수준에서 신뢰 구축을 우선순위에 두어야만, 새로운 CO 세대와 생산적으로 교류할 수 있을 것이다.

이런 경향은 범세계적이지만 서구에서 특히 그렇다. 리더와 기관, 그리고 권위를 주장하는 모든 것에 대해 강한 냉소주의가 존재한다. 이런 현상은 지난 몇 년간 좀 더 두드러졌을 뿐, 과거 수십 년간 계속된 화두였다. 그 결과 '권위'가 어떤 형태여야 하고 우리 삶에 어떤 역할을 해야 하는지에 대해 상반된 두 가지 시각이 생겨났다.

몇 년 전, 나는 뉴욕에서 개최된 포용적 자본주의에 관한 콘퍼런스에 참석했다. 회의 주제는 새로운 세대를 위해 시장경제를 어떻게 끌어나가야 할까였다. 더 많은 사람이, 특히 금융시장이 가장 혼란스러운 시기에 성장한 세대가 복리와 안정적인 경제 성장의 수혜를 누릴 수 있도록 자유 시장을 포용적으로 변화시키는 방법에 대한 논의가 회의 내내 이어졌다. 회의를 진행하는 동안 우리가 살아가는 이 시대를 한 단어로 되풀이해서 표현했는데, 그것은 뷰카(VUCA)였다. 뷰카는 다음의 약자다.

- 변동성(Volatility)
- 불확실성(Uncertainty)
- 복잡성(Complexity)
- 분노(Anger)*

뷰카는 현시대를 완벽하게 설명하는 단어로, MZ세대는 이런 환경에서 자신들만의 세계관을 형성했다. 뷰카 현상은 날이 갈수록 점점 더 심화하는 것 같다. 팬데믹의 영향을 제외하더라도 미국, 중국, 러시아 등 주요 글로벌 강국들의 지정학적 관계는 전에 본 적 없는 엄청난 긴장감을 형성하고 있다. 이들 각국은 서로를 앞지르기 위한 경쟁에 몰두하느라 글로벌 경제와 공급망 네트워크가 불안정해질 위험은 도외시하고 있다.

---

* 리더십 이론에서 뷰카(VUCA)의 A는 보통 모호성(ambiguity)의 약자로 사용되나 저자는 분노(anger)의 약자를 사용함. - 옮긴이

이와 동시에 인터넷 프로젝트마저 지정학적 경계를 따라 분열되는 듯하다. 인터넷이 처음 소개되었을 때 얼마나 많은 희망과 꿈에 부풀었는지 나는 아직도 기억한다. 1996년, 전자프런티어재단(Electronic Frontier Foundation) 창립자 존 페리 바를로(John Perry Barlow)는 「사이버공간의 독립선언문(A Declaration of the Independence of Cyberspace)」[2]이라는 성명을 발표했다. 선언문에서 바를로는 인터넷이 여러 민족 국가(혹은 "살덩이와 쇳덩이의 지겨운 괴물")에 의해 억압받지 않는, 자유롭고 이상적인 글로벌 사회로 이끄는 촉매이자 게임체인저가 될 거라고 설명했다. 인터넷은 사람들에게 권력을 나누어 줄 것이고, 사람들은 오래도록 인류를 구분했던 국경을 넘어설 것이라고 했다. 독립선언문 전문은 다음과 같다.

산업계의 정권들아, 너 살덩이와 쇳덩이의 지겨운 괴물아. 나는 마음의 새 고향 사이버공간에서 왔노라. 미래의 이름으로 너 과거의 망령에게 명하노니 우리를 건드리지 마라. 너희는 환영받지 못한다. 네겐 우리 영토를 통치할 권한이 없다.
우리는 우리가 뽑은 정부가 없을 뿐 아니라 그 필요성도 느끼지 않는다. 그래서 자유가 명하는 대로 네게 말하겠노라. 우리가 건설하고 있는 전 지구적인 사회 공간은 네가 우리에게 덮어씌우려는 독재와는 무관한 것이다. 너는 우리를 지배할 도덕적 권리가 없고 우리를 두렵게 할 강압적인 수단도 없다.

돌이켜 보면 이 선언문은 놀랍도록 순진하고 이상주의적이다. 지금까지 인터넷이 그런 역할을 했을까? 아니다. 인터넷은 독재와 무관하지 않다. 처음 시작은 이상주의에서 비롯되었을지 모르지만 빅테크기업은 많은 사람이 전혀 예상하지 못한 방식으로 독재자가 되었다.

《파이낸셜 타임스》부편집장 라나 포루하(Rana Foroohar)는 빅테크기업들이 그들의 창업 정신에 등을 돌렸다는 내용으로 책을 썼다. 책은 다음과 같이 시작된다.

> 구글의 행동 강령 첫 번째 조항으로 잘 알려진 "사악해지지 말라(Don't be evil)"는 이제 회사 초창기의 유물이 된 듯하다. 구글의 알록달록한 로고에서 발랄하고 이상적인 기업 정신이 느껴지던 때 말이다. 그런 느낌이 들었던 게 언제였나? 물론 구글이 적극적으로 사악해지는 쪽을 택했다고 비난하는 것은 부당할 수 있다. 그러나 사악하게 행동하면 결국 사악한 존재가 된다. 최근 몇 년간 구글을 비롯한 빅테크기업들이 그다지 바람직하지 않은 행보를 보인 사례가 여럿 있었다.[3]

사실 그렇다. '인터넷 드림'은 기대만큼 이루어지지 않았고, 바를로가 "살덩이와 쇳덩이의 지겨운 괴물"이라 칭했던 존재들은 오늘날 빅테크기업과 연합해 인터넷 세상 안에서 국경을 세우고 있는 것 같다. 중국의 만리방화벽(Great Firewall of

China)과, 위챗과 알리페이 같은 회사들이 생성하는 디지털 생태계는 이미 '인터넷 속의 중국'이라는 울타리 친 운동장을 만들어냈다.

러시아에서도 이와 비슷한 움직임이 일어나고 있다. 얀덱스(Yandex), 메일.러(Mail.ru, 현재 명칭은 VK) 같은 현지 테크기업들이 시장을 장악해 러시아의 검색 엔진과 생태계를 조성하면서 페이스북과 트위터, 구글에 대항하고 있다. 중국과 러시아에 거주한다면 구글이나 페이스북, 넷플릭스를 이용하지 않고서도 동일한 디지털 서비스 혜택을 누릴 수 있다. 한때는 매우 '단순'하고 민주적인 글로벌 공간이었던 인터넷조차 리더의 부재로 인해 뷰카 환경으로 변하게 되었다.

여기에 글로벌 금융위기 이후에 불거진 신뢰 문제, 기업 총수들이 연루된 대규모 스캔들, 글로벌 테러리즘에 대한 대응, 포퓰리스트 리더들의 득세, 거의 모든 산업 영역에서 일어나는 성추행 고발 등을 감안하면, 상황은 애초의 기대와는 사뭇 다르게 흘러가고 있다.

이 세상은 글로벌 유토피아가 되지 않았고, 인터넷이 우리를 더 자유롭게 해주지도 않았으며, 안정적으로 보였던 리더와 국가 기관, 그리고 사회 구조는 사실 매우 취약하다는 사실이 드러났다. 믿고 의지해야 할 리더들이 자신을 배신했다고 생각하기에, MZ가 느끼는 가장 큰 감정 중 하나는 분노일 것이다.

# 불안한 팔로워 세대

━━━✦━━━

현실을 제대로 반영하기 위해, 나는 뷰카의 마지막에 불안감(anxiety)을 하나 더 추가해 '뷰카아(VUCAA)'로 부르고자 한다. 현재의 세계 상황은 MZ세대에게 심각한 불안을 야기하고 있으며, 이런 점은 모든 일터에서 명백히 목격된다. 매일 모래밭을 디디고 선 것처럼 불안하다. 미시적으로나 거시적으로나 불안정한 세상에서 MZ는 불안감에 시달리고 있다. "나는 이런 세상에서 어떻게 살아야 할까?" "나의 존재 이유는 무엇이며 내 자리는 어디일까?" "내가 선 자리가 무너지지는 않을까?" 기업들은 직원들이 이런 불안감을 느끼지 않도록 대처할 필요가 있다.

앤디 베킷(Andy Becket)은 이런 시대정신을 잘 포착해 2010년대는 '영원한 위기'의 시대로 기억될 것이라는 글을 써서 《가디언(Guardian)》에 기고했다. 그는 다음과 같이 썼다.

> 2010년대는 민주주의와 경제, 기후와 빈곤, 국제 관계와 국가 정체성, 프라이버시와 기술의 시대였다. 위기는 2010년대 초입부터 존재했으며, 지금도 여전히 상존하고 있다. 어떤 것은 해결되지 않고 계속되는 위기이고, 다른 것은 처음 경험하는 새로운 종류의 위기다.[4]

MZ는 기관과 리더의 실패로 영원한 위기 상황이 초래되었다고 생각한다. 딜로이트의 2019년 글로벌 밀레니얼 설문조사에 따르면, 4분의 3에 가까운 73%가 정치 지도자들이 세상에 긍정적인 영향력을 행사하지 못하고 있다고 답했고, 3분의 2는 종교 지도자에 대해서도 같은 견해를 표했다. 이는 우리 베이비붐 세대에 대한 큰 비난으로, 객관적 사실 여부를 떠나 지도자에 대한 인식이 바닥까지 떨어졌다는 점 자체에 주목할 필요가 있다.

호주 가수 톤스 앤 아이(Tones and I)의 2019년 싱글 앨범 '아이들이 오고 있다(The kids are coming)'의 가사에도 이런 정서가 있다. 또 다른 MZ 팝스타, 올리비아 로드리고(Olivia Rodrigo)의 노래 가사도 젊은 세대가 품고 있는 불안감을 잘 보여준다. 로드리고가 18세이던 2021년 데뷔 앨범 「사우어(SOUR)」가 발매되었는데, 첫 트랙 '브루털(Brutal)'의 가사 "누가 날 좋아하고 누가 널 싫어하는지에 난 너무 집착하고 있어"에 그런 불안감이 잘 드러난다.

여기서 우리는 세상이 실제로 나쁜 방향으로 흘러가는지에 대한 객관적 사실보다 세상을 살아가는 젊은 세대가 직접 느끼는 경험이 훨씬 더 중요하다는 사실에 주목할 필요가 있다. '데이터로 본 세상(OWID: Our World In Data)'이라는 웹사이트 운영자이며 옥스퍼드대 출신 경제학자인 맥스 로저(Max Roger)는 지난 25년 동안 "극빈곤층 인구가 전일 대비 13만 7,000명 감소했다"는 헤드라인의 신문 기사가 매일 발간되어도 좋을 정도라고 말했다. 유발 하라리를 비롯한 '신낙관주의자(new optimist)'들은 지금이 인류 역사를 통틀어 가장 부유하고 건강하며, 평화로운 시대라고 입을 모은다.

스웨덴 작가 요한 노베리(Johan Norberg)는 1882년만 해도 뉴욕의 가구 중 단 2%만이 상수도 시설을 갖추었고, 1900년에는 성인 사망과 유아 사망률이 모두 높아 전 세계 평균 수명이 단 31세에 불과했다는 사실을 지적했다(당시는 '부머' 세대가 없었을 것이다). 신낙관주의자들에 따르면 세상은 그 어느 때보다 살기 좋은 곳이지만, 다만 감정적이고 정보가 부족하며, 클릭을 유도하는 황색 언론들만이 전 세계적으로 비관주의를 조장하고 있을 뿐이라고 한다.

이런 견해는 합당한 근거에 기반하고 있지만, MZ의 현실 인식이 숫자나 통계로만 설명될 수 없음을 간과한 것이다. MZ의 감정 깊은 곳에는 사회 전반적인 발전에 대한 생각보다는, 자신들을 끌어갈 책무가 있다고 생각했던 베이비붐 세대의 경제적, 정치적 리더들에 대한 신뢰의 상실이 더욱 강하다.


## 영웅 리더십의 다음 주자를 찾아서
———————❖———————

리더십과 기관이 실패하면서 우리 세계의 위대한 신화 중

하나였던 위인 이론이 무너졌다. 위인 이론은 19세기에 창안된 생각으로 역사는 뛰어난 지성, 영웅적 용기, 신성한 영감 같은 타고난 속성을 바탕으로 막대한 영향력과 독창성을 지닌 위대한 남성들(당시에는 여성의 사회 진출이 드물었기 때문에)과 영웅들이 발휘한 영향에 따라 결정된다는 이론이다.

이런 신화는 다양한 곳에서 나타난다. 예를 들어 탁월한 창의력을 지닌 천재나 영웅들이 그렇다. 아이폰 하나만으로 인간의 의미를 바꾼 스티브 잡스, 인종적 치유의 아이콘이 된 마틴 루터킹(Martin Luther King)과 넬슨 만델라, 오직 개인의 의지력으로 연합군을 승리로 이끈 윈스턴 처칠을 보라. 이처럼 과거에는 '리더' 하면 CEO나 정부 최고위층, 이사회 의장 등 단 한 사람만을 떠올렸다.

그러나 MZ는 리더십의 규칙을 바꾸고 있다. 우리는 CO-리더십의 시대로 들어서고 있다. 앞서 말했듯 이제는 "당신의 대표를 만나게 해주시오"가 아닌 "당신의 네트워크에 소개해 주시오"라고 말해야 하는 시대가 왔다. 명령과 통제를 통한 리더십의 시대는 지났고, 지금은 협력적 리더십의 세계다. CO란 공동 대표에서 사용되는 단순한 '공동'의 개념이 아니다. 경험과 학습의 공유가 새로운 CO-리더십의 핵심 윤리다. CO-리더십은 리더에 대한 기존 개념을 바꿀 것이다.

CO-리더는 전능하고 독재적인 리더가 아니라, 겸손과 포용성, 공감 능력이 있는 리더다. MZ들이 직장에 들어가 리더의 자리에 오르면서 직책에 상관없이 접근성을 중시하고, 회사 계층 구조보다는 투명성, 포용성, 핵심 역량을 더욱 중시하고 있다. 좋은 리더십을 넘어 '상호 협력'이 한층 더 중요한 가치가 되었다.

이런 조건에 따라 모두가 받아들여야 할 이상적인 리더십의 형태는 결국 CO-리더십으로 귀결된다. CO-리더십은 기업 전체의 재능을 결집하고 다양한 수준의 사람들을 통합하는 역량이다. 이는 또한 부패한 권력 구조를 해체하고, 더 안전한 업무 환경을 만드는 힘이기도 하다.

오늘날의 리더십이 과거와 달리 특별한 점은 네트워크를 통해 행사된다는 점이다. 디지털 기술 덕분에 과거에는 불가능했던 수준으로 함께 정보를 찾고, 공유하고, 발전시킬 수 있게 되었다.

## CO-리더십의 실제 사례

—═※═—

'아랍의 봄' '월스트리트 점거 운동' '홍콩 우산혁명' 'BLM 운동' 등 21세기에 일어났던 중요한 사회운동들은 한 명의 영웅적인 리더 없이 일어났다. 때로는 대변인들이 등장하고 사라지기도 했지만, 운동 전체를 결집하는 한 명의 핵심 리더 없이도 이런 운동들은 과거 100년간의 그 어떤 움직임보다 더 많은 사람에게 영향을 미쳤다.

그레타 툰베리는 멸종저항 운동(Extinction Rebellion)*에 앞장선 세대의 아이콘이자 영웅이지만, 그 운동의 리더라고 말할 수는 없다. 홍콩의 학생 운동가 조슈아 웡(Joshua Wong)은 중국 공산당에 맞서 민주주의를 지키기 위해 투쟁하면서 여러 차례 수감되었고, 저항 운동의 핵심 목소리이자 옹호자가 되었지만 우산혁명을 의미 있게 '리드했다'라고 할 수는 없다. 히잡 강제 착용을 반대하다가 체포 및 구금되었던 이란 여성 마흐사 아미니(Mahsa Amini)가 사망한 이후 이란에서 반정부 시위가 벌어졌지만, 이 시위에도 목소리를 내는 한 명의 지도자를 지목하기는 힘들다.

시위는 텔레그램 같은 메신저를 통해 유기적으로 조직되고 있으며, 정보는 초고속 디지털 회선을 통해 전달된다. 지금은 대규모 시위를 조직하기 위해 굳이 그 나라에 있지 않아도 된다.

2020년 7월 후반부터 8월, 벨라루스에서는 알렉산더 루카셴코(Alexander Lukashenko) 대통령의 장기 집권에 반대하는 민주화 시위대 수십만 명이 거리로 나섰다. 루카셴코는 1996년 대통령직에 오른 이래 자리를 지켜왔고, 2020년에도 '민주적'이라

---

* 멸종저항 운동: 지구상의 생명체들이 5억 4,000만 년 동안 다섯 번에 걸친 대멸종을 겪었으며, 300년 이내로 여섯 번째 대멸종을 맞게 된다는 주장을 펼치는 친환경 운동. - 옮긴이

고 주장하는 선거에서 승리한 참이었다. 홍콩의 민주화 시위에 필적하는 대규모 협력과 조직력을 바탕으로, 시위대는 독립을 상징하는 벨라루스 전통 국기를 흔들며, 플래카드를 들고 민스크 중심가와 브레스트, 고멜, 호치믹스크 등 소도시의 주요 시가지를 행진했다.

홍콩과 달리, 벨라루스 시위는 현지의 어린 학생들이 주도한 것이 아니었다. 해외 거주자로 텔레그램에서 '넥스타 라이브(NEXTA Live)'라는 채널을 운영하는 22세 블로거, 일명 스티아판 스비아틀로우(Stsiapan Sviatlou)를 중심으로 대규모 시위대가 조직되었다.

스비아틀로우는 해외에 있었기 때문에 정부의 감시와 검열을 두려워하지 않고 메시지와 선언문을 발표하며 군중을 움직일 수 있었다. 그는 체포 걱정 없이 동영상과 사설을 게시했고, 이 콘텐츠들이 스마트폰을 통해 수백만 명에게 전달되었다. 이전 세대는 광장에서 큰소리로 연설함으로써 대중의 마음을 움직였다. 그러나 오늘날 광장은 디지털상에 존재하므로 굳이 확성기를 들고 공개된 장소에 나타날 필요가 없다.

《애틀랜틱》 기자이자 작가인 앤 애플바움(Anne Applebaum)은 다음과 같이 말했다.

벨라루스 전역에서 사람들이 행진하고, 시위하고, 빨간색과 흰색이 섞인 깃발과 현수막을 들고 공장과 감옥 앞에 모인 이유는 이들이 넥스타의 게시물을 신뢰하기 때문이다. 스비아틀로우가 겨우 22세이고 아마추어 블로거이며, 해외에 있다는 사실에도 불구하고 벨라루스 국민은 넥스타를 신뢰한다. 아니, 좀 더 정확히 말하면 이들은 스비아틀로우가 해외에 거주하는 22세의 아마추어 블로거이기 때문에 넥스타를 신뢰한다. 벨라루스 정부는 견제와 균형, 법의 통치가 이루어지지 않은 일종의 대통령 군주제의 형태를 취하고 있다….

벨라루스 국민은 정부를 신뢰하지 않는다. 정부에 대한 반대가 허용되지 않기 때문이다. 그러나 200만 명 넘는 사람들이 넥스타 채널을 구독하고 수십만 명이 유튜브, 인스타그램, 트위터, 그리고 다른 텔레그램 채널에서 스비아틀로우를 팔로우하고 있다. 그 이유는 이들이 스비아틀로우를 신뢰하기 때문이다. 당연한 일이다. 스비아틀로우는 그들과 비슷한 사람들의 사진과, 그들이 잘 아는 장소들의 동영상을 전송한다. 공개된 그의 이미지는 낙관적이고, 이상주의적이며, 애국적이다. 사진 속 스비아틀로우는 보통 미소를 짓고 있다. 게다가 스비아틀로우는 경찰이 전화기를 검열할 수 없는 폴란드에 있으므로 누군가 그의 메시지를 읽거나, 누군가 그에게 정보를 보내도 안전하다.[5]

스비아틀로우는 전통적인 리더가 아니다. 그는 루카셴코의 정치적 경쟁 상대가 아니었고, 감동적인 연설을 하거나 시위의 최전선에 서지도 않았다. 그러나 그에겐 집단행동을 조정하는 재능이 있었고, 이것이 21세기에 변화를 만들어내는 기술이다. 그는 단순한 크리에이터가 아니라 큐레이터다. 이런 움직임을 단순히 정치적 시위로 치부하기는 쉽지만, 이는 새로운 패러다임이며 비슷한 시위가 기업을 대상으로도 곧 일어날 것이다. 이때 어떻게 대응하느냐에 따라, 기업 경영진과 보이지 않는 블로거들의 공동 이해 수준이 드러날 것이다.

## 협동의 어두운 단면

이런 점을 종합할 때, 나는 '공동교전(co-belligerence)'이라는 전술 개념을 떠올리게 된다. 공동교전이란 공식적으로 군사 동맹을 맺지 않고 공동의 적을 상대로 전쟁을 수행하는 것을 뜻한다. 우크라이나가 러시아와 전쟁을 하면서 여러 공동교전국의 지원을 받는 상황이 좋은 예다. 여기서 말하는 지원에는 물질적 자원, 정보 교환, 국지적인 작전 협력 등이 포함된다.

공동교전국 간에는 전쟁 동기가 다를 가능성이 상당히 크다. 군사 '동맹'에서는 이념이나 전쟁 동기가 같은 경우가 많은 반면 문화적, 종교적, 이념적 차이가 다르더라도 얼마든지 공동교전국으로 참전할 수 있다. 공동의 적만큼 사람들을 하나로 단결하게 만드는 것은 없다.

특정 시위에 대한 대중들의 지지는 MZ에게 공동교전과 비슷하게 받아들여지는 것일까? 기술 발전으로 연결성이 강화하면서 특정 세력이 사회운동을 주도하는 현상은 점점 약화하고 있다. 이와 함께 시위나 이념적 운동에 참여하는 구성원들이 큰 방향성을 위해 원칙을 어느 정도 양보하는 시대가 왔다. 이는 강력한 리더십의 시대는 지났다는 신호로 보인다. 대신 '대의'를 훨씬 진지하게 받아들이는 시대, 아이디어의 배후에 있는 사람보다 아이디어 자체를 더 중요하게 여기는 시대가 왔음을 시사한다.

이는 기업에도 중요한 의미인데, 왜냐하면 MZ가 신선한 사고와 다양한 관점을 바탕으로 모든 조직의 전략적 사고에 영향을 미칠 것이기 때문이다. 미래 전략과 성장에 대해 논의할 때 MZ 임원을 적극적으로 참여시켜야 제대로 된 의사결정 구조를 형성할 수 있을 것이다.

현시대의 마틴 루터 킹은 어디에 있을까? 이 세대에 마틴 루터 킹이 존재하지 않는 것이 유감스러운 일일까? 아니면 짐 크로 법(Jim Crow law)*에 맞서 싸우던 시민권 운동의 리더십이 현재의 CO-리더십에는 적용되지 않는다는 사실을 받아들여야 할까? 시민운동이 카리스마 넘치는 리더 없이도 계속될

---

\* 짐 크로 법: 1876~1965년 미국 남부에서 시행되었던 주 법으로, 공공장소에서 흑인과 백인의 분리와 차별을 규정해 놓은 법. - 옮긴이

수 있다는 점은 분명 긍정적인 사실이다. 외계인이 지구에 찾아와서 "당신들의 대표와 만나게 해주시오"라고 한다면 우리는 "우리 네트워크에 소개해 주겠소"라고 대꾸하게 될지도 모른다.

그런데도 CO-리더십이 늘 효과가 있는 것은 아닌 이유는 무엇일까?

현대의 많은 시위와 운동은 리더십이 분산된 세대의 놀라운 효율성과 힘을 보여주지만, 반면 치명적인 실패 사례 또한 보여주고 있다.

흑인의 생명은 소중하다고 외쳤던 BLM 운동은 CO의 이상이 실현된 대표적인 예로서, 디지털 채널로써 형성된 새로운 형태의 커뮤니티를 보여준다. 그러나 BLM은 가장 많은 논란을 빚은 운동이기도 하다. 문화적으로 대척점에 선 지지자와 반대자들에게 자주 인용되면서, BLM 운동은 애석하게도 국가와 세계 분열의 상징이 되었다. 통합과 화해(진정한 치유와 이해)는 그 어느 때보다도 멀어 보인다. 대중의 담론은 점점 더 양극화되고 있다.

왜 이런 일이 벌어지게 되었을까? 사소한 싸움으로 분열을 일으켰던 이들은 위대한 지도자들 아니었나? 우리가 민주화와 권위 분산을 꾀했던 것은 그 때문이 아니었던가? 우리의 주된 방식은 상호 협력 아니었던가? 그렇다면 적어도 최근까지 세계 강대국을 이끄는 지도자가 트럼프, 시진핑, 푸틴 같은 전형적인 위대한 지도자들인 이유는 무엇인가?

많은 경우, 상호 협력은 민주화, 구조의 평등, 권력과 리더십의 분산이라는 점에서 최대 장점이기도 하고 최대 단점이기도 하다. 전통적으로 지도자는 어떤 운동이나 조직이 공유하는 비전과 목소리를 내는 사람이었다. 이런 지도자는 운동이 '너무 멀리' 가고 있지는 않은지 판단하고, 지지자들을 대표해서 반대 세력과 대화하던 인물이었다. 명확한 지도자와 명확한 권위가 존재하지 않는 운동은 이런 장점을 누리지 못한다.

집단이 판단의 주체가 되며, 이전 세대에는 절대 커질 수 없는 목소리가 이제는 타당성과 합리성보다는 대중적 도발에 따라 증폭되고 있다. 국민을 위한, 국민에 의한 운동은 자칫하면 순식간에 폭동으로 변질될 수 있다. 포퓰리즘이나 트라이벌리즘은 협동의 어두운 단면이다.

MZ는 자신의 목소리를 낼 것이며, 자본의 힘과 영향력, 그리고 기술을 이용해 사회 전체적으로 불거진 관심사를 자본시장에 반영할 것이다. 만약 CO의 기본 원칙이 실현되지 못한다면, 지배적인 가치관에 동의하지 않는 사람들에게는 유감스럽지만 자본이 분배되지 않을 것이다.

# 트라이벌리즘이라는 위협 요인

━━━❈━━━

인터넷 초창기에는 기술과 정보화 시대의 대변혁에 관해 짐 바크스데일(Jim Barksdale)이 한 이런 말이 유행했다. "돈을 버는 데는 두 가지 방법밖에 없다. 하나는 번들링(bundling)이고 다른 하나는 언번들링(unbundling)이다." IBM과 AT&T에서 오래 근무했던 그는 인터넷 정보 시대의 출발점에 미디어 산업에서 일어나는 혁명적 변화를 그렇게 표현했다. 당시에 대대적으로 시작된 언번들링은 음악과 영상 산업의 판도를 완전히 바꾸어 놓았다. 언번들링이란 통째로만 구입할 수 있었던 것을 부분적으로도 구매할 수 있게 된 현상을 가리킨다.

음악이 언번들링의 좋은 예다. MP3 음원시장이 열리고 CD가 언번들링되었다. 이에 소비자들은 비싼 돈 주고 앨범을 사는 대신 자기가 좋아하는 곡만 사면 되었다. 마찬가지로, 종이 신문도 언번들링되면서 매일 조간신문을 구입할 필요 없이 페이스북과 구글의 뉴스 섹션을 읽으면 되었다. 온종일 실시간으로 뉴스를 볼 수 있는데 종이 신문을 살 이유가 있겠는가?

TV도 인터넷 스트리밍 서비스로 인해 심각한 언번들링 문제를 겪고 있다. TV 제공업체와 계약을 해지하고 최소한의 가격으로 좀 더 특화된 서비스를 제공받으려는, 더디지만 확실한 움직임이 있다. 나는 예전에 스카이 TV 번들 패키지를 구매하면서 특별히 필요하지도 않은 서비스를 사야 했다. 뉴스와 드라마 채널만 있으면 되는데, 패키지 안에는 스포츠, 영화, 만화, 종교, 디즈니, 역사 다큐멘터리 등 100개가 넘는 채널이 포함되어 있었다. 인터넷 언번들링은 이런 패키지 판매 형태를 끝냈다. 오락물 자체가 분리돼 인터넷 구석구석으로 들어갔다. 한 평론가의 표현에 따르면 "정보는 구글로, 교육은 유튜브로, 스토리텔링은 스트리밍으로, 현실 도피는 틱톡, 비디오 게임, 넷플릭스로" 옮겨갔다.

1990년대와 2000년대 초반에는 미디어 영역뿐 아니라 사회 정치 영역에서도 대규모의 언번들링이 일어났다. 토니 블레어(Tony Blair)가 이끈 영국의 신노동당이나, 앙겔라 메르켈(Angela Merkel)이 이끈 독일의 강력한 연립 정부처럼 전통적인 좌우파의 정책을 언번들링한 중도 성향의 지도자들이 각광받던 시대였다. 소련이 해체된 후 심지어 중국과 러시아에서도 중도 정치가 무대에 등장했고, 대부분의 정부가 자유 시장 자본주의와 금융 원칙을 부분적으로 수용했다. 러시아의 보리스 옐친(Boris Yeltsin)과 중국의 장쩌민(江澤民)도 글로벌 자유 시장의 흐름에 맞서 자국에 맞는 경제 개혁이 필요하다는 것을 알았다.

문화는 경제에서 분리되었고, 경제는 국가적 자부심과 사회 정책에서 분리되었다. 요컨대 이데올로기가 분리된 것이다. 특정 경제 체제를 받아들인다고 해서 공영 주택이나 낙태,

국가의 역사 해석 등에 대한 의견에 동의할 필요는 없어졌다. 그러나 바크스데일의 말을 빌자면, 모든 것이 언번들링되었을 때 돈을 벌 방법은 오직 하나, 다시 번들링을 시작하는 것뿐이다.

스트리밍 서비스는 TV를 언번들링하는 데 큰 공을 세웠지만 대규모 리번들링이 이미 시작되었다. 디즈니는 ESPN 같은 스포츠 채널과 20세기 폭스 등 영화사, 내셔널지오그래픽 같은 거대 다큐멘터리 업체를 공격적으로 인수하면서 예전 TV 방송 사업자들처럼 다양한 TV 채널을 제공하는 식으로 인터넷 TV의 리번들링을 시작했다. 아마존 또한 스포츠 생중계 서비스를 제공하기 위해 프리미어리그나 ATP 투어 등과 적극적으로 제휴하고 있다. 유튜브도 영화 대여 서비스나 라이브 TV 구독 서비스를 확장하면서 같은 길을 가고 있다. 이제 시청자들은 단일 채널 대신 패키지를 구매해야 하며, 패키지의 구성은 마음대로 선택할 수 없다. 디즈니를 구독하면 내셔널지오그래픽, 마블 슈퍼히어로, 폭스를 같이 구독하게 되는 식이다. 사회 정치 영역에서도 리번들링 현상을 볼 수 있다.

사회경제적 관점과 정치, 도덕에 대한 관점이 번들링된 것을 우리는 공격적인 트라이벌리즘(부족주의)이라고 부를 수 있다. 역량 있는 세대에 의해 힘을 얻게 된 이런 부족주의는 시장경제가 다음 세대에 최적화되어 존속하기 위해서 시급히 해체되어야 한다.

사람들은 종족과 집단으로 뭉치기를 좋아한다. 세계의 사회, 정치적 균형이 흔들리고 미래에 대한 서로 다른 전망들이 쏟아지는 이런 시대에, 사람들은 자기가 속한 집단과 커뮤니티에 강한 충성심을 형성한다. 그리고 집단의 결속력이 강할수록 집단행동의 힘을 새삼 실감한다. 우리는 항상 다양한 집단에 충성하라는 요구를 받는다. MZ는 자신이 무언가의 편에 서야 하고, 뒤로 물러나거나 방관자가 되어선 안 된다고 생각한다. 무언가 선택을 해야 한다. 과거에는 이렇지 않았다. 개인주의가 지배적이었던 과거에는 집단에 헌신하거나 대의를 따르는 것이 필수는 아니었다.

그러나 급진적인 개인주의가 지속 가능한 방법이 아니라는 인식에 따라, 우리는 자신을 한 집단의 일원으로 생각하게 되었고 시대의 현안에 적절히 참여하게 되었다. 사람들이 집단을 형성하고 이 집단에 충성하면서, 다른 집단을 이기기 위해 어떤 대가든 아끼지 않고 치르게 된다. 조너선 하이트는 "정치는 이기적이라기보다는 집단주의적"이라는 평을 내렸다. 미국의 당파 정치에서는 이런 특성이 뚜렷이 드러난다.

사람들의 선택지는 현실적으로 두 가지뿐이다. 작은 정부, 생명 존중, 총기 옹호, 복음주의적 민족주의가 묶인 패키지와, 큰 정부, 선택 존중, 총기 반대, 세속적 세계관이 들어 있는 패키지가 그렇다. 선택지가 두 가지뿐이라는 사실이 공정해 보이지 않지만, 이 선택지들은 뿌리 깊이 형성되어 온 집단 정체성이기 때문에 하나를 선택하는 편이 좋다. 이런 트라이벌리즘과 집단주의는 해마다 강해지는 것 같다.

우리는 정치의 큰 리번들링 이후 형성된 성에 갇혀 있기 때문에 집단 간 대화는 어떤 형태로든 불가능하며, 이는 매우 위험한 상황이다. '모 아니면 도'라는 접근 방식 때문에, 사람들은 자신과 반대 견해를 가진 사람들과 모든 면에서 의견을 달리해야 한다는 생각에 빠져 있다. 이는 지속 가능하지 않다. 이제 우리는 고립되어서는 안 된다. 우리는 견해를 언번들링할 수 있는 능력을 회복해야 한다. 미묘한 차이가 허용되는 대화를 할 수 있어야 한다. 특정 문제에 대해 어떤 사람이 가진 견해 때문에 그 사람이 편협하다거나 나약하다고 낙인찍지 않는 곳에서 말이다.

이런 고립된 성은 새로운 자본주의를 함께 구축하기에 필요한 세대 간 협력을 방해하는 주요 장애물 중 하나다. 집단주의가 너무 만연해 있다. 그 결과 그 사람이 어떤 견해인지 나이만으로 단정짓고, MZ와 베이비붐 세대가 서로를 어떻게 생각하는지 이미 확신하고 있기에 세대 간 대화가 원활하지 않다. 그러나 나는 경험을 통해 다른 방향도 얼마든지 가능하다는 사실을 알고 있다. 몇몇 분야에서 의견이 다를지라도 협력을 통해 강한 영향력을 행사할 수 있다는 이해만으로도 모두에게 나은 결과로 이어질 수 있다.

# CO-리더십은 집단주의와 다르다

얼마 전까지만 하더라도 현실적으로 실현 가능한 유일한 경제 및 정치 통치 시스템은 서구의 자유 시장경제라는 인식이 있었다. 자유 시장경제는 세계에 전례 없는 부와 발전을 가져왔고, 영원히 지속될 것처럼 보였다. 그러나 2010년대를 거치며 이런 생각은 상당한 도전에 직면했다. 사회, 도덕적 양극화가 커지면서 서구의 분열이 심화하는 가운데 중국이 눈에 띄게 성장했고, 비록 국가 주도이지만 새롭게 자신감을 가지면서 서구가 자체적으로 느끼던 의구심이 밝히 드러났다.

세계에서 가장 큰 두 국가, 중국과 러시아가 수면 아래에서 권위주의의 중심으로 건재한 상황에서 민주화는 미완의 과제로 남아 있다. 한편, 세계화가 진행되면서 이런 문제들은 더욱 복잡해졌는데 가치관이 충돌하면서 마찰도 커졌기 때문이다. 아시아와 라틴 아메리카 같은 신흥국의 많은 지역에서 자유 무역과 지식재산권이라는 미명하에 서구, 특히 미국 문화가 강제되고 있다는 반감이 널리 퍼져 있다. 이를 '워싱턴 컨센서스(Washington Consensus)'*라고 부른다.

심지어 글로벌 무역과 시장경제의 장점을 받아들이고 있

---

\* 워싱턴 컨센서스: 중남미 개발도상국에 대한 미국식 시장경제 체제의 대외 확산 전략을 뜻하는 말로 미국의 정치경제학자 존 윌리엄슨이 저서에서 제시한 남미 등 개발도상국에 대한 개혁 처방을 워싱턴 컨센서스로 명명한 데서 유래됨. - 옮긴이

는 곳에서도 고유의 전통과 관습, 그리고 그 가치를 보존해야 한다는 생각이 강하다. 화석 연료를 마음껏 사용하면서 경제 성장을 이룩한 선진국들이 이제 와서 저탄소 경제로의 전환을 촉구하며 가르치려 드는 것에 대해서도 많은 개발도상국은 깊은 반감을 보인다.

다자간 협력 방식은 자연스럽게 상품과 가치의 교환을 증가시키지만, 그 결과 사람들이 소중히 여기는 문화적 다양성이 희석되는 부작용도 있다. 수십억 세계인은 자기 고유의 역사, 제도, 삶의 방식을 소중히 여긴다. 아프리카, 브라질, 중국, 인도 국민은 자신의 문화를 기반으로 미래를 구축하고 있으며, 고립된 상태로 발전을 추구하던 과거의 태도를 버리고 글로벌 경제에 참여하고 있다. 신흥 시장의 경제가 성장하면서, 이곳 시장 참여자들은 상품과 함께 자국의 가치와 관습을 함께 타지에 수출하면서 고유의 가치를 더 자신 있게 주장할 수 있게 될 것이다.

세계화와 시민 사회의 미래는 경쟁적인 가치들을 서로 합의된 방식으로 조정하고, 오늘날 존재하는 다양한 정의와 선, 사회의 비전을 조화롭게 만드는 데 달렸다. 아마도 이것이 우리 시대가 직면하고 있는 가장 큰 도전일 것이나, 현재로서는 분열과 균열이 있다고 느껴진다.

미국, 영국, 튀르키예, 브라질 어느 나라든 정당과 지역 사회에 따라 사회가 극도로 양극화되고 있다. 2016년 있었던 미국 대선, 영국의 브렉시트 국민 투표, 튀르키예 군사 쿠데타 실패, 브라질의 민주주의 지지 대규모 시위 같은 예를 떠올려 보면 우리 사회가 더 협력적이고 '하나가 되는' 방향으로 나아가고 있다는 주장은 순진한 것이고 현실과 다르다고 생각된다.

이것이 바로 '집단주의'와 CO를 구분하는 것이 그토록 중요한 이유다. 우리가 목격했듯이, 집단주의는 개인보다 집단의 이상을 우선시하기 때문에 수백만 명이 우크라이나와 인근 지역에서 굶주림으로 죽어갔던 1930년대 소련 기근 사태와 같은 극단적인 결과를 낳기도 한다. 미래에 수십억 명이 영광스러운 공산주의 세계에서 살아갈 수 있는데 몇백만 명의 목숨 정도 희생하지 못할 이유가 무엇이겠는가? 집단주의는 개인의 무한한 가치와 존엄성을 인정하지 않으며, '더 큰 선'을 위해 개인을 희생하는 것을 꺼리지 않는다. 집단주의에서는 인간보다 사상이 더 중요하기 때문이다. 오늘날 우리가 목격하는 급진적인 협동은 이런 요소를 내포하고 있다.

MZ는 열정이 많으며 세상을 변화시키는 사상과 이상에 깊이 공감한다. 실제로 변화를 일으키기 위해서 놀라운 집단 행동 능력을 보인다. 지구 반대편에서 발의된 대의를 지지하기 위해 수십만에서 수백만 명이 움직인다. 놀라운 현상이다. 그러나 이 과정에서 급진적 집단주의로 빠지지 않는 것이 중요하다.

집단주의의 함정에 빠지면, 역설적으로 '강력한 지도자'가 부활하게 된다. 이때 부활한 강력한 지도자들은 혼란을 기회로 삼고, 집단주의 운동 내에서 개인의 역할이 축소된 점을 이용해 자신의 목적을 위해 집단의 에너지를 휘두른다. 전 세계적으로 새로운 포퓰리즘 운동이 부상하는 가운데 이런 경향이 이미 나타나고 있다. 자신이 추구하는 것에 좀 더 신중을 기해야 하는 시대가 되었다.

## 왜곡된 권위 제자리 찾기

나는 MZ세대가 권력, 권위, 그리고 리더에 대해 냉소적인 태도를 가지는 것을 이해한다. 부패에서 횡령에 이르기까지 고위층이 저지른 끔찍한 사례를 너무나 많이 봐왔다. 그중에서도 잔혹한 아동학대 사건은 가장 큰 악으로 BBC, 군대, 교회, 언론, FIFA, 정치 등 다양한 기관에 대한 젊은 세대의 신뢰를 무너뜨렸다. 모든 기관과 권력자는 어떤 식으로든 타락했다.

그러나 위계질서를 없애려는 모든 시도는 마치 중력의 법칙을 무시하는 것과 같은 결과를 초래했다. 맨몸으로 날아보려고 하자마자 중력의 영향을 느끼게 될 것이다. 여러 사람이 모인 곳에서는 언제나 위계질서가 나타나게 될 것이다. 카리

스마 넘치는 연설가, 거친 육군 장군, 또는 좋은 방향이든 나쁜 방향이든 주위에 사람을 모으는 마키아벨리(Niccolò Machiavelli) 같은 인물은 늘 존재한다. 타고난 리더가 존재한다는 세상의 진리를 없앨 수는 없으며, 권력의 공백이 발생하면 언제나 기회를 엿보는 사람이 나타난다. 어떤 리더십이 와도 이런 진리는 바뀌지 않는다.

그러므로 올바른 해답은 권위를 해체하는 것이 아니라, 권위를 바로잡는 데 있다. 경청하는 법과 올바로 반대하는 법을 배우는 것이다. 권력의 사용이 늘 권력의 남용으로 이어지는 것은 아니다. 우리는 리더들에게 더 많은 가치를 요구할 수 있으며, 리더십이 타락하지 않았는지 감시할 수 있다. 오랫동안 나는 훌륭한 리더들이 새로운 미래를 개척하는 모습도 보았고, 반대로 팔로워나 직원의 삶을 망쳐버린 리더들도 수차례 보았다.

소수 약자의 목소리를 듣지 않는 리더를 조심하라. 성공으로 자만해져 과대망상에 빠진 지도자를 너무 많이 보지 않았는가! 이들은 과도한 자신감 때문에 자신이 모든 문제에 대한 답을 가지고 있는 줄 안다. 어쩌면 실제로 매우 유능하고 똑똑할 수도 있지만, 자신만의 세계에 갇혀버린 리더들은 자기 자신이나 주위 사람들을 파멸로 이끌 일방통행을 걸어가는 것과 같다. 이런 리더들은 자기 능력을 과신해 종종 독단으로 무모한 결정을 내린다.

우리는 좋은 리더란 좋은 결정을 내리는 사람이라고 믿는 경향이 있다. 그러나 결정을 내리는 과정 또한 중요하다. 그러므로 주위의 의견을 차단하는 리더를 경계해야 한다. 빠른 판단을 내리는 리더를 칭송할 것이 아니라, 옳은 사람들과 함께 좋은 결정을 내리는 리더를 존중해야 한다.

급진적인 집단주의 또한 주의하라. 일반적으로 우리는 전체 그림을 보고 명확한 비전을 제시할 수 있는 리더를 따른다. 그러나 나무를 보지 못하고 숲만 보는 리더는 경계해야 한다. '큰 그림'과 '대규모 집단행동'에 너무 몰입하는 리더들은 종종 개개인의 권리를 간과한다. 이런 종류의 리더는 사람들을 끌어들이는 매력이 있고 확신을 주기 때문에 관료주의가 도저히 할 수 없는 방식으로 사람들의 마음을 사로잡는다. 그러나 이들의 명확한 비전에 개개인에 대한 공감이 빠져 있다면 언젠가는 '대의'를 위해 '소수의 약자'를 희생시키는 리더가 될 것이다.

리더가 바뀌어야 한다는 MZ세대의 주장은 옳다. 그러나 나쁜 리더가 많다고 해서 리더십 자체를 없애버릴 필요는 없다. 대신 리더십의 자질을 재정의하고, 리더들이 이런 자질을 갖추고 있는지를 검증할 수는 있다. 지난 30년 동안 불거진 여러 일 가운데 한 가지 중요한 것은 리더들에게 투명성을 요구하기 시작했다는 점이다. 의사결정과 이들이 저지른 실수, 그리고 도덕적 측면에서 투명하라는 요구다. 뚜렷한 비전과 좋은 의사소통 능력처럼 투명성 또한 좋은 리더십이 갖추어야 할 자질로 간주해야 한다.

CO-리더십은 부정부패에 대한 해법으로 투명성을 요구한다. 우리는 투명한 권위 구조를 구축해 공개되는 것을 두려워하지 않아야 한다. 지도자가 추락하는 것은 문제 자체보다는 그 문제를 은폐하려는 시도 때문이다. 권위에 대한 새로운 가치를 실현하기 위해서는 미래의 리더들이 투명하게 이끌도록 해야 하며, 이는 우리 모두의 공동 책임이다. 리더가 투명해질 수 있도록 우리가 여지를 줄 때만이 그들은 투명해질 수 있다.

리더가 투명하게 자신의 실수를 인정할 때 우리에겐 이들을 단죄하지 않을 책임이 있다. 리더들이 약점이나 실수를 내보일 때 공개적으로 비판을 받는 수준에 그치지 않고 공개적으로 망신당하는 일이 비일비재하다. 실수의 결과를 감내할 책임은 리더에게 있고, 그 실수에 따른 사회적 결과와 후유증을 적절하고 관대하게 처리해야 할 책임은 우리에게 있다.

나는 MZ가 20세기의 비극적 역사를 반복하지 않기를 바란다. 미디어에서 큰 목소리를 내는 몇몇 급진적인 사람을 제외하고, MZ세대 노사 대부분은 사실상의 공동체와 진정한 협력을 바라고 있는 것으로 보인다. 서로 다른 세계관의 이야기를 듣고 가치를 공유하며, 세상을 보는 다양한 방식을 이해하고자 하는 열망이 있다는 소리다.

내가 멘토링했던 많은 젊은이들 사이엔 상호 존중이 있었고, 반대편에 선 집단도 자신과 동일한 감정을 지닌 진정한 개인들로 구성되었다는 인식이 잘 형성되어 있었다. 나는 이것이 이 세대의 특징으로 자리잡기를 바란다. 서로 다른 문화나 세계관을 가진 다양한 참여자들이 서로 이해하고 지식 및 통찰력을 공유함으로써 합의를 이루는 다원주의적인 사회에서 협력하는 법을 배우는 세대가 되기를 바란다. 그 핵심은 인간성을 상실한 집단주의나 얄팍한 개인주의에 빠지지 않고, CO를 통한 협력과 리더십을 추구하는 것이다. 이는 과거에 시행착오를 통해 검증된 틀과 새롭게 떠오르는 문제, 즉 베이비붐 세대의 경험과 MZ세대의 통찰력을 융합하는 길이다.

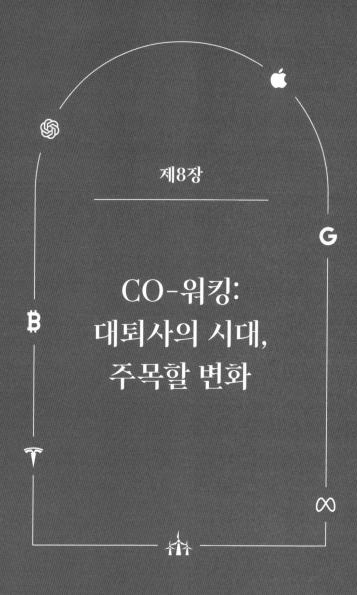

제8장

CO-워킹:
대퇴사의 시대,
주목할 변화

CO-리더십이 거시적으로 다 함께 잘사는 자본주의로 발전시키는 측면이라면, CO-워킹은 미시적으로 가장 기본적인 부분이다. 다가오는 변화에 효과적으로 대처하기 위해 자본주의를 효과적으로 보수하고 개혁하는 실질적인 수단이다. 함께 잘 일하는 방법을 배우는 것, 아니 우리는 이미 그 방법을 알고 있기에 재학습하는 것이 MZ와 베이비붐 세대 사이에서 발생한 적대감을 완화하는 데 도움이 될 것이다.

CO-워킹을 배우는 것은 앞부분에서 논의했던 여러 균열을 메우는 데도 주요한 역할을 할 것이다. 새로운 협력 방식을 확립하는 것은 신자본주의의 기반이 되고 다가오는 도전에도 부합할 것이다. 예전에는 불가능했던 방법으로 사람들을 한데 모으는 기술의 순기능을 받아들이면 우리를 갈라놓는 기술의 어두운 면을 멀리할 수 있다. 진정한 CO-워킹을 체화하면, 우리는 분열된 공동체를 재건할 수 있다. CO-워킹은 고립을 벗어나는 길이다.

CO-워킹이란 단순히 우리가 함께 협동하는 방식이나 장소(사무실, 집, 기타 창의적인 공간)에 국한되는 개념이 아니라 대상과도 관련되어 있다. 어떻게 해야 올바른 사람들로 구성된 기업,

조직, 팀을 꾸려 수익을 창출하면서도 더 나은 세상을 만드는 두 마리 토끼를 모두 잡고, 나아가 사회 전체적으로 가장 효과적인 가치를 창출할 수 있을지에 대한 문제다. 협력의 시점 또한 고려해야 할 문제다. 현대의 일터는 과거보다 유연해져 전통적인 업무 시간도 변화하게 되었다. 이런 변화에 가장 효과적으로 적응할 방법은 무엇일까?

## 명패로 책상을 꾸미던 시대는 갔다

내 직장 생활 중 대부분 동안, 내가 일하던 조직과 회사에 위계질서가 깊이 뿌리 내리고 있었다. 1980년대 은행업 전성기 시절, 우리는 의미 있는 일보다는 돈 버는 데 더 관심이 많았다. 나는 금융 전문가로서 엘리트주의와 개인주의 문화에 젖어 있었다. 직장 생활은 '사다리를 오르거나 밟히거나' 둘 중 하나였다. 금융업만의 이야기는 아니다. 1980년대 초반 직장 생활을 시작한 많은 사람이 당시 분위기를 기억할 것이다.

당시 직원들의 복리후생이나 정신건강은 고용주에게 중요한 관심사가 아니었다. 직원들이 열심히 일할 수 있도록 동기를 부여하고, 이직하지 않도록 하고, 적절한 보수를 제공하면 그만이었다. 자신의 역할을 잘 해내면 언젠가는 정상에 올라 그 혜택을 누릴 수 있음을 알았기에, 우리는 기꺼이 위계질서를 받아들였다. 그래서 우리는 매일 같이 사무실에 출근했다. 가끔은 열심히 일하는 척하느라 사무실 의자에 양복 재킷을 걸쳐두고 살짝 빠져나가 땡땡이를 치기는 했지만 말이다.

그러나 MZ세대는 이런 것을 받아들이지 않는다.

오늘날의 직장, 특히 새로운 조직은 급진적으로 수평적이고 협력적인 구조로 이루어져 있다. 자기 자리를 개인적인 사진이나 과거 업무 성과를 기념하는 '명패'로 꾸미던 시대는 가고, 소파나 공유 책상으로 이루어진 열린 사무공간의 시대가 왔다. 실제로 나는 런던의 대형 컨설팅 회사에서 근무하는 몇몇 지인들이 공유 업무 공간에서 일하게 되면서 겪는 위기에 대해 들은 바가 있다.

개인 사무실을 빼앗기고 '자율 좌석'에서 일해야 한다면 어떨까? 공간의 물리적 변화는 직장의 변화를 극명히 반영하는 단적인 사례다. 이는 21세기의 중심축이 '나'에서 '우리'로 이동하면서 업무 형태가 변하고 있음을 제대로 보여준다.

MZ는 위계질서나 엄격한 권위 구조를 좋아하지 않는다. 《하버드 비즈니스 리뷰(Harvard Business Review)》에 따르면 이 같은 공유 스타일의 사무실은 일의 의미, 업무 통제, 공동체 의식을 창출한다. 단순히 특정 제품이나 책상 배치, 또는 자리 선택권이 아니라 좀 더 평등한 공간을 통해 확산시키려고 하는 가치 체계 때문에 그렇다.

'코워킹 위키(https://wiki.coworking.org/)' 웹사이트에 게시된 코워

킹 선언문(Coworking manifesto)' 중 아래 글을 보면 이런 생각이 잘 설명되어 있다.[1]

> 신뢰에 기반한 지속 가능한 공동체를 만들기 위해 우리는 다음과 같은 가치를 중시한다.
> - 경쟁보다는 협력
> - 논쟁보다는 공동체
> - 방관보다는 참여
> - 말보다는 행동
> - 격식보다는 우정
> - 확신보다는 대담함
> - 전문성보다는 학습
> - 개성보다는 사람
> - '가치 사슬'보다는 '가치 생태계'

여기서 말하고자 하는 원칙은 분명하다. 과거 생산성과 효율성 향상의 수단이라 여겼던, 전통적인 '약육강식'과 '적자생존' 방식을 업무 환경에 받아들이지 않겠다는 것이다. 이 선언문에서 표방하는 첫 번째 원칙이 '경쟁보다는 협력'이라는 점에서, 내가 직장 생활을 시작하던 세상과는 극명하게 달라졌음을 알 수 있다.

# 재택근무가 가져온 변화

━━━❖━━━

코로나 팬데믹을 거치면서 사람들이 일하는 방식은 극명하게 바뀌었다. 2020년 이전에는 재택근무나 원격근무 형태가 매우 드물었다. 아이 돌봄 같은 긴급 상황이나, 온종일 수리공을 기다려야 하는 경우에 한해 1년에 한두 번 정도 있는 일이었다. 코로나 이전에 유연 근무제는 어린 자녀를 둔 직원들을 유치하기 위한 특별 혜택이었지만, 이제는 모든 사람의 당연한 권리가 되었고 모든 기업에서 이 권리에 대해서 인지하고 있다.

미국의 한 통계에 따르면 팬데믹 이전에 재택근무 형태로 일한 사람은 전체 고용 인구의 6%에 불과했고 노동자의 약 4분의 3은 재택근무 경험이 전혀 없었다. 그러나 팬데믹 이후에는 좀 더 유연한 원격근무 제도가 영구적으로 정착할 것으로 예상했다.[2] 실제로도 그렇게 바뀐 것으로 보인다.

2022년 5월 영국 통계청은 "팬데믹으로 인해 재택근무를 시작한 사람들 대부분이 앞으로는 재택근무와 사무실 근무를 병행하는 '하이브리드 근무' 형태를 선택하고자 한다"는 보고서를 발표했다.[3] 코로나 격리가 점차 사라지면서 재택근무 트렌드는 정점을 지난 것처럼 보이지만[4] 직장 문화가 팬데믹 이전으로 완전히 돌아갈 가능성은 희박하다. 대다수가 MZ로 구성된 노동자들은 최소한 어떤 형태로든 근무 유연성을 기대한다. 월~금 매일 9~17시까지 사무실에서 근무할 것을 요구하는 회사들은 최고의 인재를 영입하기가 어려울 것이다.

투자은행들조차 MZ에게 매력적인 선택지가 되기 위해 이 변화에 적응하고 있다. 씨티그룹은 스페인 코스타 델 솔의 해안 도시 말라가에 20대 초반의 직원들을 위해 새로운 허브를 열었으며,[5] 투자은행업계의 오래된 관행으로 굳어진 긴 업무 시간과는 별개로 말라가에서는 주말 특근 없는 하루 8시간 근무를 약속했다. 말라가 근무 직원들의 연봉은 런던과 뉴욕 직원들의 초봉인 10만 달러(한화로 약 1억 4,600만 원)의 절반 수준에 불과했지만, 30명 채용 공고에 3,000명의 지원자가 몰려들었다.

씨티그룹의 '은행, 자본시장 및 자문 사업부 글로벌 공동 부문장'인 마놀로 팔코(Manolo Falcó)는 이런 현상에 대해 이렇게 말했다.[6] "투자은행 산업 전체적으로 주니어 직급의 직원들이 업계를 떠나고 있으며, 그 메시지는 명확합니다. 많은 주니어 직원들이 더 나은 일과 삶의 균형을 찾아 떠나고 있습니다. 씨티그룹은 이런 상황을 이해하고 있습니다."

젊은이들은 자본주의 사회의 업무 방식에 변화를 요구하고 있으며, 기업들은 이에 맞춰 대응하고 있다. 지난 몇 년간 집과 직장의 경계가 희미해진 게 사실이다. 집에서 일하기도 하고, 직장에서 살기도 한다. 유연 근무로 인해 업무 시간과 업무 외 시간의 구분이 사라지게 되었다. 조직에서는 직원들이 추구하는 일과 삶의 균형을 보장함으로써 이런 변화에 대응해야 한다. 그렇지 못할 때 직원 입장에선 떠나면 그만이기 때문이다.

우리는 '대(大)퇴사의 시대'를 살아가고 있다. 대퇴사의 시대란 팬데믹이 발발한 이후 역사상 최대의 퇴사자들이 발생한 현상을 설명하기 위해 2021년 5월 만들어진 용어다. 통근하지 않고 장기간 재택근무를 했던 많은 사람, 특히 젊은이들은 일과 삶의 균형이 더 중요했다.[7] MZ세대에겐 선택의 여지가 있을 뿐 아니라, 베이비붐 세대가 가졌던 직장 충성심 같은 게 없기 때문이기도 하다.

베이비붐 세대는 직업 안정성을 중요하게 생각했지만, MZ는 다양성을 선호하며 몇 년마다 직장을 바꾸는 것에 큰 의미를 부여하지 않는다. 그러나 적절한 환경이 마련된다면 MZ도 한 직장에서 길게 일할 수 있다. 2016년 《포브스(Forbes)》에 밀레니얼 세대를 다룬 기사[8]는 이런 심리를 이렇게 요약했다. "이들은 자신과 잘 맞고, 소속될 수 있으며, 헌신할 수 있는 곳을 찾는다. 이들은 목적과 가치, 사명을 공유할 수 있는 자리, 자신을 빛내줄 수 있는 자리를 찾는다."

이런 사실은 남은 21세기 동안 우리가 일하는 방식에 중대한 영향을 미치게 될 것이다. 조용하지만 엄청나게, 일의 개념이 재정의되고 있다. 맥킨지 글로벌 연구소(McKinsey Global Institute)에 따르면 원격근무는 서구권에서 2024년까지 생산성을 연

1% 증가시킬 것이라고 한다. 대퇴사는 노동력에 변화를 일으켜 젊은이들의 열망을 새롭고 활기찬 미래의 업무에 통합하고 있으며, 기술은 기업들이 새로운 업무에 적응하는 데 도움을 줄 수 있다.

메타(Meta), 시스코(Cisco), 마이크로소프트(Microsoft) 같은 회사들은 새로운 스타트업들과 함께 가상회의 서비스를 제공하고 있다. 원격의료는 새로운 규범으로써 좀 더 포괄적이고 효과적이며 통합적인 새로운 의료서비스 모델의 밑바탕으로 기능하게 되었다. 가상 현실과 증강 현실은 맹장 수술 학습부터 접대 산업에 이르기까지 수십억 달러 규모의 산업으로 성장했다.

이 같은 새로운 업무 방식에서 다음과 같은 흥미롭고도 도전적인 질문들이 제기된다.

"원격근무, 재택근무부터 사이버공간에 이르기까지 노동자들을 보호하기 위해 투자자들은 어떤 책임을 져야 할까?" "업무의 재정의가 새로운 노동 분야 역량을 강화함으로 전 세계적인 불평등이 줄어들까, 아니면 정보통신의 격차로 오히려 불평등이 심화할까?" "가상 사무실은 세계적인 빈부 격차 문제를 해결할 수 있을까?"[9]

# 직장에서 잘 사는 법

━━━✳︎━━━

CO-워킹 관련 또 다른 핵심 질문은 "어떻게 집에서 잘 일할 것이냐?"가 아니라 "어떻게 직장에서 잘 살아갈 것이냐?" 하는 것이다. 이는 2022년 사우디의 리야드에서 개최된 세계 미래투자 포럼에서 각국 대표 4,000명 앞에서 내가 발표한 내용이기도 하다. 일은 집 또는 직장이라는 물리적 공간뿐만 아니라, 두 공간에서 살아가는 방식에도 통합되었다.

"직장이 어디에요?"는 이제 중요한 질문이 아니게 되었다. 내 손자는 자기 아빠에게 이렇게 물을 것이다. "할아버지가 일하러 간다고 했는데 그게 무슨 뜻이에요?" 이제는 일을 하러 어딘가로 갈 필요가 없다. 일하러 간다는 것은 베이비붐 세대의 사고방식이다. 그보다 더 중요한 질문은 "무슨 일인가?"다. 왜냐하면 일과 삶을 통합하려는 젊은 세대의 시도가 늘어나면서 일 자체가 변화하고 있기 때문이다.

유연 근무제는 이제 하나의 권리가 되었다. 그러나 자율 좌석제 같은 유연한 근무 환경은 고립과 몰개성화를 가져오는 것으로, CO와는 배치된다. 미래의 업무 공간은 특히 창의적인 산업에 종사하는 세대에 맞추어 재구성될 것이다.

사무실은 이른바 '창의적 클러스터(creative cluster)'로 변모할 것이다. 창의적 클러스터는 꼭 사무실일 필요는 없고, 술집이나 커피숍처럼 같은 분야에서 일하는 사람들이 모일 수 있는 공간이 될 수 있다. 정기 모임은 아니어도, 간헐적 모임이 마련될 것이다. 어찌 됐든 사람을 피할 수 없음을 인정해야 하기 때문이다. 당신 옆자리에서 당신을 귀찮게 하고 짜증나게 했던 사람은 온라인에서도 그렇게 할 수 있다. 사회적으로 모든 관계를 피할 수는 없지만, 적어도 우리는 한 세대가 사회적으로 연결되고자 하는 방식을 정할 수는 있다.

새로운 세대는 정해진 시간에 현실 속의 장소를 왔다 갔다 하고 싶지 않을 수도 있다. 이런 업무 방식은 창의적인 산업뿐만 아니라 일반적인 기업 업무 공간에도 적용되어, 소규모 커뮤니티들이 함께 일하는 환경도 그에 맞추어 조정될 것이다. 이런 환경은 소속감을 강화하고, 맞춤형 공간에서 CO-워킹을 촉진할 것이다.

우리 세대에게 "언제 업무가 끝나나요?" 하고 물어봤다면, 우리는 다섯 시 또는 여섯 시라고 대답했을 것이다. 하지만 MZ의 업무는 자정에 끝날 수도 있다. 대신 업무 시작은 여덟 시나 아홉 시로 정해지지 않고 창의성이 활성화될 때다. 업무 환경이 급속히 변화하고 물리적인 사무실에 대한 필요성은 사라지고 있지만, 어떻게 다른 사람과 함께 일해야 하는지는 여전히 중요한 화두다.

MZ의 관점에서 보면 협업은 그 어느 때보다 중요한 문제다. 단순히 물리적 장소나 가상 공간에 간다고 해서 정서적 욕구가 해소되는 것은 아니기 때문이다. 모든 것을 과하게 공유한다는 비판을 받는 세대답게, 이들은 부모 세대보다 자신의 정서적 욕구를 더 잘 표현하는 능력을 지니고 있다. 따라서 지금은 어디에서 무슨 일을 하는지보다, 일을 할 때 자신이 누구인가를 아는 것이 관건이다.

진정한 CO-워킹에서 '내가 누구인지를 아는 것'이 매우 중요하다. 이는 베이비붐 세대가 MZ에게서 배워야 하는 교훈이다. 동료들 간에 정서적인 유대가 형성되었을 때 공동 업무 효율이 상승할 가능성이 크게 증가한다. 칸막이 안에 갇혀 일하는 드론을 상상해 보라. 이들은 같은 사무실에 있으나 따로 떨어져서, '사장님'을 위해 자신의 인생을 허비하고 있다.

이는 미래의 MZ가 원하는 모습이 아니며, CO-작업장도 아니다. CO-작업장이란 진정한 협력이 있고, 동료들이 현실적, 정서적으로 서로를 이해하는 공간을 가리킨다. 구세대처럼 책상에 묶여 있지 않고 자유로워지면서 일과 삶의 균형이 개선되고 생산성이 높아지는 것을 알게 된 MZ는 생산성 증대에 박차를 가하고 있다. 몇 가지 간단한 툴만 있으면 조직 구성과 무관하게 이런 업무 환경을 구현할 수 있다.

나는 체육관에서 25세 개인 트레이너로부터 이 아이디어를 얻었다. 그에게는 부자 아버지가 있다. 아버지와 관계가 어떠냐고 물어보자, 그는 간단하고 솔직하게 답했다. "저와 아버지가 가진 인생관을 합치면 인생을 살아가는 완벽한 조합을 만들 수 있어요. 저는 아버지의 경험과 사업 기술을 배우고, 반대로 저는 아버지에게 감정지능을 계발하고 사람들에 대한 공감 능력을 기르라고 말씀드리죠."

MZ가 지닌 가장 특이하면서도 당황스러운 특징은 모순되고 상반되는 도덕적 견해를 동시에 지니면서 이를 표현하는 데 아무런 불편함을 느끼지 않는 능력이다. 연장자들은 젊은 이들의 이런 모습을 그들이 일관성이 없고, 나아가 좋은 것만 가지고 싶은 욕망 탓으로 치부하곤 한다. 특정 관점에 몰입하지 못하고 일관성을 견지하지도 못한다며 MZ세대를 불쾌해한다. 이런 비판은 어떤 측면에서는 사실이며, 이런 거울로 베이비붐 세대가 MZ를 들여다보는 것도 타당성이 있다.

그러나 MZ가 때로는 격렬하고 보수적인 관점에서 분노와 강한 반응을 보이면서도, 동시에 이런 감정에 조롱 섞인 반감을 표출하는 상반된 의견을 보이는 데는 더 깊은 이유가 있다. 나는 그 이유가 이 세대가 겪는 정체성 위기 때문이라고 생각한다. 복잡하고 모순된 세상에서 진정한 자아를 찾고, 편을 갈라 서로를 공격하는 캔슬 컬처의 세상을 살아내는 것은 쉬운 일이 아니다. 이런 가변적 정체성은 애매모호한 태도와 이랬다 저랬다 하는 관점으로 드러난다. 이는 MZ를 위한 변명이 아닌 설명이다. 아무튼지 이런 혼돈은 MZ들의 업무 능력뿐 아니라 멘탈 관리에 해로우며, 나아가 사회관계에도 심각한 문제를 유발한다. 우유부단함이나 결정력 부족이 생산적인 활동에 방해가 될 수 있다.

# 어떻게 반대 의견을 잘 말할 것인가?

나는 5년간 세계 성공회 수장이자, 캔터베리 대주교인 저스틴 웰비(Justin Welby) 밑에서 '화해 리더네트워크(Reconciling Leaders Network)' 의장을 맡았다. 이 단체의 설립 목적은 의견 차이를 인정할 줄 아는 것의 중요성을 알리고, 실질적인 해법을 개발하는 것이다. 협력을 위해 이는 매우 중요한 토대다. 현재 세대 간 단절은 의견 차이를 인정하지 못한 결과 발생했기 때문이다. 의견 차이를 인정하는 것은 모든 단계에서 협력과 배움으로 이어지므로 CO-작업장을 만드는 데 핵심이다. 화해 리더네트워크의 세 가지 핵심 메시지는 다음과 같다.[10]

- 호기심을 가져라: 다른 사람들의 이야기를 경청하고, 그들의 눈을 통해 세상을 보라.
- 현재에 집중하라: 사람들과 만나고 그 자리에 집중해라. 다른 사람을 진정성 있게 대하라.
- 새롭게 상상하라: 변화가 절실한 곳에서 희망과 기회를 찾아라.

다양한 나이, 배경, 생각, 이상 및 신념을 가진 사람들이 모인 진정한 CO-워킹 공간에서 업무 효율성을 높이려면 이런 원칙이 필요하다. 저스틴 웰비 대주교는 이렇게 말했다. "화해는 모든 차이를 없애는 것이 아니라, 우리가 차이를 대하는 방식을 변화시키는 것이다." 우리는 차이를 대하는 방식을 바꿔야 한다. 이는 CO-세계를 만들기 위한 근본이며, 진정한 CO-워킹을 위해 나아가는 방식의 기초다.

자본주의의 근간을 위협하는 장애물을 극복하는 데 웰비 대주교의 조언이 큰 도움이 되지 않는다고 생각할 수도 있다. 그러나 이는 CO를 향해 나아가는 데 필요한 지혜이며, 미래의 자본주의를 재정의하는 데 기업 또는 재계 바깥에서 구해야 할 선견지명이기도 하다. 핵심은 애초에 우리가 너무 자기중심적이고 개인주의적이었기 때문에 생긴 문제라는 것이다.

이번엔 켄터베리 대주교보다 좀 더 친숙한 조언을 들어보자. 세계 최고의 바이오 회사 암젠(Amgen)의 전 CEO이자 회장이었던 케빈 샤러(Kevin Sharer)는 2021년 《하버드 비즈니스 리뷰》에 경청의 중요성에 대한 글을 기고했다. 알다시피 경청은 CO-워킹의 세계를 구축하기 위한 핵심 원칙이다.

샤러는 암젠에서 CEO로 재직하던 중 위기가 닥쳐 직원의 14%를 해고해야 하는 상황이었을 때, 처음에는 "화를 내며 다른 사람들을 비난했다"라고 밝혔다. 그러나 나중에는 자신이 이 위기에 잘 대처하지 못했다는 사실을 깨닫고, "잘 경청하지 못했던 것이 특히 문제"였음을 알게 되었다고 털어놓았다.[11]

샤러는 앞으로는 반드시 다른 이들의 말을 경청하겠다고

결심했고, 그가 내놓은 해결책은 "누군가를 만나고 있을 때 한 번에 8가지 문제를 생각하는 대신 그 만남에 집중하기로 한 것"이었다. 이는 CO-워킹 환경을 조성하기 위한 매우 적절한 방법이다. 샤러의 글이 타깃으로 하는 독자는 너무 높은 자리에 있어서 "위험과 기회의 초기 징후를 감지하지 못할" 고위 임원이었다. 부하 직원들이 부정적인 소식을 전달하기를 꺼리거나, 고위 임원들이 너무 바빠서 중요한 경고 신호를 놓치는 경우가 많기 때문이다. 이런 점을 감안하면 샤러의 조언은 현재 높은 직책에 있는 베이비붐 세대의 이야기라고 생각하기가 쉽다.

그러나 내 생각은 다르다. 이 글의 핵심은 CO-워킹 시스템의 이상(ideal)이었다. 샤러와 공저자 애덤 브라이언트(Adam Bryant)는 누군가의 이야기를 들을 때 집중을 방해하는 요소 또는 판단을 없애고 오직 듣는 행위에 집중하는 '경청의 생태계'를 형성해야 한다고 했다. 어떤 환경, 심지어 업무 외적에서도 이런 생각이 CO 원칙에 부합하고 '내'가 아닌 '우리'로의 변화를 가져온다.

샤러와 브라이언트는 효과적인 경청을 위한 7단계 방법을 제시하며 글을 마무리했다.

1. 사각지대를 없앨 것. 모든 팀원이 팀장 이상 직급의 고위직
   을 포함해 다른 구성원들에게 정보를 공유할 것.

2. 계층 구조를 완화할 것. 직원들이 상대의 직급이나 직책을 어려워하여 소통에 방해가 되지 않도록 할 것.

3. 나쁜 소식도 공유하게 할 것. 기본적으로 전체 상황을 공유하고 정보나 소식을 숨기지 않도록 할 것.

4. 조기 경보 시스템을 확립할 것. 아이라 테크놀로지(Aira Technologies)의 CEO 아난드 찬드라세커(Anand Chandrasekher)는 나쁜 소식은 서면 보고로, 좋은 소식은 대면 보고로 처리하는 단순한 방식을 고안함.

5. 문제 해결을 위해 과정을 인정해 줄 것. 문제는 해결하기 위해 존재한다는 것을 보여줌으로써 구성원들이 문제에 대해 적극적으로 이야기하기 쉬운 분위기를 조성할 것.

6. 판단하거나 끼어들지 않고 경청할 것. 자신이 말할 기회만 노리지 말 것. 경청하고 바로 반응하는 법을 배울 것.

7. 적극적으로 의견을 구할 것. 협동이 빛을 발하는 대목이므로 CO 노동자에게는 가장 중요한 부분임.


가상 사무실 같은 새로운 업무 공간에서도 타인을 완전히 피할 방법은 없다. 사람들이 함께 일하는 모든 곳에는 의견 충돌, 논쟁, 분노가 존재한다. 긴장이 고조되고 상처받는 동료가 생긴다. 대면 업무든 화상 업무든 마찬가지다. 그러나 이런 긴장감이 CO-워킹 환경에서는 완화될 수 있다. 우리는 때로 동료들에게서 벗어나고 싶다고 느낄 수 있지만, 사실 혼자 일할 때보다 함께 일할 때 더 많은 것을 얻을 수 있다. 모든 사람이 적극적으로 경청하고 효과적으로 협동하는 CO-워킹의 세상에서 혼자 일한다면 불리함을 무릅써야 할 것이다.

## 세대 간 업무 방식의 차이

모든 사람이 적극적으로 경청하고 협력하는 CO-워킹 세상에서도 큰 걸림돌은 여전히 남아 있다. 세대 간 업무 수행 방식이 다른 데서 오는 문제가 특히 더 그렇다. 왜 우리의 업무 수행 방식은 다를까? 그것은 우리 세대가 자랄 때 학교에서 배웠던 방식과 젊은 세대의 방식이 명확히 다르기 때문이다. 단순히 교육 내용이 다르다는 뜻이 아니다. 물론 커리큘럼은 시간이 지나면서 바뀌지만, 그것보다는 우리의 교육 환경과 교육 방법이 달랐기 때문에 배움의 방식도 다를 수밖에 없었다.

우리 세대는 암기식 교육을 받았다. 수학 수업에서는 구구단 연습을 반복했고, 역사는 연대를 암기하는 식이었다. A가 B로, 또 나중에는 C로 이어지는 선형적인 학습 모델이었다. 학습은 책을 통해서 이루어지며, 책을 처음부터 끝까지 읽는 것이 성공에 이르는 길이었다. 교사는 교실 맨 앞에 서서 수업을 하고 학생은 노트 필기를 했다. 상호작용이라고 할 만한 게

많지 않았다. 교수 '기술'이라고 해봤자 천장에 달린 프로젝터가 전부였다.

학교와 학습 환경도 지금과는 달랐다. 학생들을 지도하고 가르치는 기술만이 아니라 학생과 교사의 관계도 달랐다. 예전에는 남자 교사가 더 많았다. 예를 들어 1970년대 후반 미국의 고등학교 교사는 대부분 남자였다.[12] 하지만 2020년대 초 영국에서 교사 75% 이상이 여자였다.[13]

내가 학교에 다니던 시절에는 학생과 교사의 커뮤니케이션은 일방통행이었다. 규율을 어기면 종종 신체적 체벌이 뒤따랐다. 영국의 모든 국공립 교육 기관에서 체벌이 금지된 것은 1986년이었고, 잉글랜드와 웨일스의 사립학교에서는 1998년, 스코틀랜드에서는 2000년, 북아일랜드에서는 2003년에야 체벌이 금지되었다.

이런 학습 환경은 MZ세대에게는 완전히 낯설 것이다. 오늘날에는 적어도 특정 정보를 찾는 데 별다른 노력이 필요하지 않기 때문이다. 필요한 정보는 스마트폰과 노트북에서 다 찾을 수 있다. 사실, 정보가 너무 넘쳐난다. 너무 많은 대답이 존재한다.

베이비붐 세대와 비교할 때 MZ세대는 훨씬 아동 친화적인 환경에서 구성주의 관점의 교육을 받았다. 구성주의란 학습자 참여를 중요시하는 교육 이론으로, 교육은 학습자가 지식을 단순히 전달받는 수동적인 과정이 아니라고 본다. 즉 교육은 교사가 일방적으로 설명하는 방식으로 지식을 습득하는 과정이 아니라, 경험과 사회적 대화를 통해 새로운 이해와 지식을 구성하고, 이미 알고 있는 것과 새로운 정보를 통합해 함께 구성해 나가는 과정으로 본다.[14]

구성주의 이론은 교육 방식에 엄청난 영향을 미쳤으며, MZ세대가 교육받은 방식에 잘 반영되어 있다. 선생님이 교실 앞에 서서 책을 소리 내어 읽거나, 프랑스어 문법을 다 같이 외우라고 시키는 수업 방식은 21세기에는 수용되기 어려울 것이다. MZ는 책이나 강의보다는 다른 사람들에게서 배우는 것이 더 생산적이라고 생각한다.

MZ의 학습 환경에서 볼 수 있는 유연함은 우리 세대가 경험한 계몽주의 사조와는 거리가 멀다. 당시에는 선생님이 유일한 정답이었고, 이를 반박할 길이 거의 없었다.

대부분 사람들이 지금의 중고등학교나 대학교에서 학생들을 가르치는 교수법이 50~60년 전에 비해 개선되었다는 사실에 동의할 것이다. 학생들의 참여를 자연스럽게 유도하는 것이, 특정 사실을 나열하고 이를 배우라고 시키는 것보다 더 생산적인 방식이라고 여긴다. 그렇다고 해서 모든 세대가 경험했고 여전히 선호하는 교육 방식을 완전히 바꿀 수 있는 건 아니다. 시간이 지나 교육 방식이 바뀐다 하더라도 특정 방식으로 학습했던 사람이 새로운 학습 방식을 받아들이게 되는 것은 아니다.

# 어떻게 함께 CO-세계로 나아갈까?

━━━✴━━━

이런 고찰을 통해, 공동의 목표를 달성하기 위한 세대 간 협력 방식을 구축할 때 몇 가지 흥미로운 시사점이 도출된다. 언제나 그렇듯 양측 모두의 이해가 필요한 일이다.

학습 방식의 차이로, MZ와 베이비붐 세대가 가장 많이 부딪치는 장소는 교육 기관과 직장이다. 2022년 대학을 예로 들면, 대학생은 대부분 Z세대일 것이고 일부 M세대가 있을 것이며, 교수진은 상당수가 베이비붐 세대다. 직장에서는 베이비붐 세대가 상위 직급을 차지하고 있지만 숫자로는 MZ가 그들을 밀어내기 시작했다. 이런 환경은 구성원들의 학습 방식에 영향을 받게 될 것이다.

이 서로 다른 두 집단은 21세기에 어떤 방식으로 업무를 할까?

교육의 영향으로, 대체로 베이비붐 세대는 문제 해결사 유형에 기대고, MZ는 솔루션 찾기 유형에 기댈 것이다. "베이비붐 세대는 구체적인 정보와 구조를 중시하는 반면, M세대는 좀 더 체험적이고 덜 구조화된 방식을 추구한다."[15]

그 결과, 기업계 전반에 걸쳐 학습 방식이 바뀌고 있다. 조직 내 스터디 커뮤니티의 경험 많은 동료들로부터 배우는 CO-학습이 외부 강사에게서 배우는 아웃소싱보다 부쩍 많아졌다. 외부 강의 없이 동료 실무자가 교육함으로써 기업 가치와 실무 능력도 전수받을 수 있게 되었다.

이는 앞서 리더십에서 살펴보았던 갈등을 떠올리게 한다. 해결책도 동일하다. 협력하며 함께 일할 실용적인 방법을 찾는 게 어려운 일이 아니다. 다만 상호 이해가 필요할 뿐이다. 다시 말하지만, 의사소통이 상호 이해의 핵심이다. 소통이 없이는 자신만 옳고 남은 틀렸다는 착각 속에 살아갈 것이다.

특히 MZ는 베이비붐 세대가 매우 다른 방법으로 학습해 왔다는 사실을 인정할 필요가 있다. 초등학생 때부터 대학생 시절은 인생에서 매우 중요한 형성기로, 세월이 아무리 흘러도 그때 형성된 습관을 고치기는 매우 어렵다. 자신의 학습 방식에 큰 문제가 없다고 생각할 때는 더욱 그렇다. 우리가 배운 방식은 지금까지 잘 통했고 가짜 뉴스와 변화무쌍한 사실이 판치는 이 시대에 더더욱 구체적인 정보가 필요하지 않을까 하고 생각하게 되는 것이다.

베이비붐 세대와 MZ 간에 존재하는 학습 방식의 차이는 상당히 명확하다. 이 차이점은 매우 기본적인 것들로 요약될 수 있다. 예컨대 MZ가 협업이라고 인식하는 것을 베이비붐 세대는 마이크로 매니지먼트, 즉 '세세한 것까지 불필요하게 챙기는 행위'라며 꺼릴 수 있다.

세대 간 가치 체계가 다르다는 사실 또한 염두에 둘 필요가 있다. 우리가 논의 범주에서 제외한 X세대(1965~1980년 출생)에 대해 잠깐 얘기해 보면, 이들을 규정하는 가장 큰 특징은 강한 독립성이다. X세대는 거의 병적인 수준으로 모든 일을 혼자 처리하려고 한다.[16] 그러므로 X세대에게는 일을 맡기고 알아서 하도록 내버려 두는 것이 최선이다.

하지만 베이비붐과 MZ는 그렇지 않다. 많은 MZ가 베이비붐 세대의 자녀이기 때문에 이들 세대 간에는 연결성이 있고, 따라서 자연스럽게 협업하는 것을 선호하는 경향이 있다. 이 두 세대 간의 갈등은 이들이 너무 밀접하게 연결돼 있기에 발생하는 것이며, 이 연결성은 CO 세상을 만들어나가기 위해 활용할 수 있다.

한 사람의 인생 경험을 바꾸는 것은 불가능하다. 베이비붐과 MZ세대는 매우 다른 환경에서 형성되었기 때문에 이들의 우선순위나 방법론이 서로 상충될 수밖에 없다. 그러나 CO 마음가짐으로 대하면 이 차이점을 강점으로 승화시킬 수 있다.

베이비붐 세대의 경험과 MZ의 통찰력을 합쳐야 한다는 주제로 다시 돌아오면, 이 두 가지 특질은 공존할 수 있다. 많은 지식이 있는 베이비붐 세대는 MZ를 대할 때 이들의 경험 부족과 일일이 가르쳐줘야 한다는 사실에 좌절감을 느낄 수 있다. 그러나 이는 체험학습을 중시하는 교사와 헬리콥터 부모 포함, MZ세대가 받은 교육의 산물일 뿐이다. 그렇다고 MZ세대가 기여할 부분이 없다는 뜻은 아니다. 사실, 이것은 서로 협력하고 배워나가자는 초대장이다.

우리는 각각 자기만의 세계에 틀어박혀 있다. 교육 방식과 학습 스타일, 그리고 기술의 차이가 이런 자기만의 세계를 만들었다. 서로에게서 배우고 함께 성취해 나가는 것이, 각각의 세계에 고립된 채 성취하는 것보다 훨씬 큰 효용을 가져다준다는 사실을 깨닫는다면 자기만의 세계를 박차고 효과적으로 CO를 실천할 수 있다. 다음 장에서는 우리가 왜 이런 사실을 이해해야 하는지에 대해 깊게 다뤄보려고 한다.

# 제9장

# CO-공감:
# 임팩트 투자부터
# 윤리적 투자까지

MZ세대가 변화를 대하는 태도의 중심에는 공감이 있다. 이는 자본주의에 중대한 영향을 미쳤다. MZ세대는 진정한 공감이 표출되지 않은 경제 시스템의 성장을 허용하지 않으려 한다. 이는 단지 환경·사회·지배구조(ESG: Environmental, Social and Corporate Governance) 보고서만이 아니라, 일상적인 기업 활동에도 해당하는 내용이다. MZ가 가장 중요하게 생각하는 것은 영향력이다. 투자에서도 재무 기준으로만 기업을 판단하지 않는 MZ 세대의 포괄적인 반응이 임팩트 투자*로 나타난다.

우리는 이것을 일상생활에서 쉽게 확인할 수 있다. 맥도날드에서 키오스크로 주문할 때, 어김없이 잔돈 기부에 대한 질문을 받게 되는데 이것이 바로 MZ 공감의 영향력이다. 이 세대는 진정으로 세상에 깊은 관심을 가진다. 연장자들이 공감이 없다는 뜻은 아니지만 두 세대를 비교해 보았을 때 MZ는 가치 체계에서 공감이 훨씬 높은 순위에 있다.

그런 관심이 현명하지 못하고 선동적인 방식으로 표출된

---

\* 임팩트 투자: 투자 행위를 통해 수익을 추구하는 것뿐 아니라 사회나 환경에 긍정적인 영향을 미치는 비즈니스나 기업에 자본을 투자하는 행위. - 옮긴이

다고 주장하는 사람이 있을지 모르지만, 관심 자체가 존재하지 않는다고 주장할 수는 없다. MZ세대는 정의감, 도덕적 의무, 타인의 고통에 대한 연민에 의해 깊은 동기부여를 받는다. 공감이란 CO 원칙에서 가장 기본적인 요소다.

어떤 단어를 볼 때 어원을 잘 곱씹어 보면 이해하는 데 도움이 될 때가 많다. 공감을 뜻하는 영어 'compassion'은 라틴어에서 '고통'을 뜻하는 'passio'와 '함께'를 뜻하는 'cum'이 합쳐진 단어로 "함께 고통받다" "함께 고통을 나누다"라는 뜻을 내포한다. 다른 사람의 고통에 대한 동정과 연민을 묘사할 때 '공감'을 사용한다. 공감은 감정적이고, 인지적이며, 행동적인 반응을 나타내는 단어다. 우리는 타인의 고통을 느끼고, 이해하며, 덜어주기 위해 행동한다.

## '몰랐다'는 핑계는 더는 안 통한다

정보화 시대인 오늘날, 그 어느 때보다 많은 사람의 고통이 수면 위에 드러나고 있다. 러시아가 우크라이나를 침략한 전쟁의 참상도 낱낱이 알려졌고, 성범죄 스캔들을 은폐하려는 교회 지도자들의 시도도 다 드러났다. 이제는 '몰랐다'는 이유로 타인의 고통에 공감을 보이지 않거나 고통받는 이들을 위해 행동하지 않는 것은 변명이 될 수 없다. 세상의 고통은 단순히 아는 정도를 넘어서, 문자 그대로 우리에게 한층 더 가까이 다가왔다. 디지털 플랫폼은 소외된 사람들의 목소리를 증폭시켰고, 이들이 겪는 고통을 그 어느 때보다 더 생생하고 시각적으로 전달한다.

튀르키예 해안에 떠밀려 온 어린이에 관한 기사를 종이 신문에서 읽는 것과, 같은 내용을 TV 뉴스나 인터넷 사이트에서 생생하게 여러 번 반복해서 보는 것은 전혀 다른 이야기다. 2015년 시리아가 무너지면서 발생한 대규모 난민 사태에서 정확히 이런 일이 발생했다. 시리아가 극단적인 무장단체 '이슬람국(IS: Islamic State)'에 의해 초토화되면서 수백만 시리아인들이 나라를 떠나 유럽으로 몸을 피했다. 어떤 이는 육로로 갔지만 바닷길을 택해 지중해를 건넌 사람도 있었다.

두세 살밖에 안 된 알란 쿠르디(Alan Kurdi)라는 소년도 그중 하나였다. 소년과 그의 가족은 튀르키예 해안에서 작은 고무 구명선을 타고 그리스로 향했다. 출발한 지 30분도 채 지나지 않아 보트는 전복되었고, 알란 쿠르디는 어머니와 형과 함께 익사하고 말았다. 이튿날 아침 일찍 튀르키예 당국은 소년의 시신을 해변에서 발견하고 사진에 담았다.

전 세계는 깊은 슬픔에 빠졌다. 예전에도 전쟁으로 희생된 어린이는 많았고, 수많은 어린이가 갈등과 정치적 폭력의 끔찍한 희생양으로 목숨을 잃었다. 고통의 현장이 카메라에 포착된 것이 처음도 아니었다(지난 100년간 사진은 세계가 겪는 고통을 폭로하는 가장 강력한 매체였다). 그러나 알란 쿠르디 사건이 그 전과 달랐던 점은 그로부터 몇 년 뒤 일어난 조지 플로이드 사건처럼 즉각적이고 한계가 없는 쌍방향 채널을 통해 퍼져나갔다는 점이다. '내셔널지오그래픽' 시청자와 《파이낸셜 타임스》 독자 말고도 수많은 사람이 사진 또는 동영상을 보고 참상에 대해 혐오와 연민을 느꼈다. 누구나 언제든 그 자료를 볼 수 있었고, 다른 사람들이 그 현장을 보면서 어떤 반응을 하는지도 볼 수 있었다.

사진 한 장이 천 마디 말을 대신한다는 말이 있다. 그렇다면 4K 동영상은 어느 정도의 영향력이 있는 것일까? 연결성과, 여기서 파생되는 모든 기술 발전으로 인해 이제 우리는 무지를 가장할 수 없게 되었다. "몰랐다"라고 더는 말할 수 없게 된 것이다. 기업들도 "몰랐다"라고 말할 수 없게 되었다.

페이스북, 인스타그램, 유튜브 같은 기업들은 마치 우리가 숨 쉬는 공기와도 같다. 이들 기업은 우리가 거주하는 마을이자 토론에 참여하는 광장과 같다. 알란 쿠르디의 죽음이 알려지고 나서 몇 주간은 마치 이 아이의 시신이 모든 광고판과 길모퉁이와 상점 창문에 붙어 있는 것 같았다. 아무도 소년의 죽음을 피하지 못하고 마주해야 했다. 그 황망함과 분노, 고통을 피할 수 없었다. 많은 사람이 그 장면을 보고 눈물을 흘렸다. 가족과 수천 마일 떨어진 곳에서, 자신과 아무런 상관도 없는 전쟁으로 희생당한, 이름 없는 아이의 죽음을 애도하며 눈물을 흘렸던 것이 언제였는지 기억하는가?

전 세계의 고통은 그 어느 때보다 적나라하게 노출되어 있고 우리 모두 이를 목격한다. 피할 수 없기에 직시할 수밖에 없다. 이런 장면은 우리에게 공감과 동정심을 불러일으킨다. 그러나 그 양상은 MZ와 베이비붐 세대에게 각기 달리 나타난다. 많은 MZ가 고통으로 가득 찬 세계에서 자신의 도덕관을 형성해 왔기에 그렇다. 실시간으로 타인의 고통을 알 길이 없어 눈을 감을 수 있었던 우리 세대와는 다르다. 적어도 우리 세대는 오늘날의 MZ세대처럼 고통과 불의를 지속적이고 비자발적으로, 직접 두 눈으로 직시하지 않아도 되었다.

두 세대 간의 오해는 종종 이런 차이에서 발생한다. 한쪽에서는 MZ가 '깨어 있다'라는 단어를 무기로 구색 맞추기에 급급하다고 비난하고, 다른 한쪽에서는 베이비붐 세대가 냉담하고 관심이 없다고 공격한다. 공감을 놓고 벌어지는 세대 간 갈등은 반드시 해결되어야 한다. 그리고 나는 해결책이 있다고 믿는다.

## 영성과 '구루'의 탐닉

내 딸 결혼식을 준비하면서 가장 즐거웠던 기억은 식장에서 제공할 칵테일을 시음하러 다니는 것이었다. 칵테일 전문가인 댄(Dan)이 여러 종류의 음료를 만들어 우리에게 고르도록 했다. 나는 댄에게 이런 칵테일 기술로 추구하는 목표가 무엇인지 물어보았다. 댄은 쓴맛과 단맛, 거친 맛과 부드러운 맛, 신선한 맛과 숙성된 맛 등 다양한 맛을 조합해 완벽한 칵테일을 찾으려 한다고 대답했다. 내가 물었다. "완벽하게 만족스러운 칵테일을 만드신 적이 있나요?" 댄은 "아니요. 하지만 인생이란 게 원래 여러 요소들을 섞어 완벽한 조합을 찾으려는 여정이 아닐까요?"라고 답했다.

댄이 MZ세대라는 점은 놀랍지 않을 것이다. MZ는 여러 영적인 경험을 통해 삶의 의미와 진정한 영성을 찾으려고 노력하는 세대다. 그런 점에서 칵테일 전문가가 추구하는 목표와 MZ는 서로 닮았다. 기존 종교의 시대는 가고, 사람들 스스로 재료를 선택하고 섞는 시대가 왔다. 영성의 시대다. 이는 목적과 의미를 찾는 절박한 외침이다.

이전 세대는 삶의 비물질적인 측면에 회의주의적 입장을 취하면서 완전한 공백을 남겼다. 그렇기에 지금 우리는 세속주의에서 벗어나 영성이 더 중요해진 사회에 살고 있다. 다만 이런 사실이 정형화된 종교를 통해서 표현되지 않았을 뿐이다. 이는《더 타임스》에서 제임스 매리엇이 주장한 바와 같다. "영적인 필요는 분명 존재한다. 속 편한 허무주의자였던 X세대보다 재산도 없고, 혼란과 미신에 빠진 우리 세대는 그 필요성을 더 절박하게 느끼고 있을 것이다. 기독교의 문제는 종교가 더는 출세에 도움이 되지 않는다는 점이다. 너무 피상적이고 비신앙적인 분석처럼 보일 수도 있겠지만, 이는 엄연한 사실이다. 종교가 힘을 얻으려면 교리적으로도 그렇지만 사회적으로도 매력적이어야 한다."[1]

기성 종교에 대한 신뢰를 잃은 젊은 세대와 소통하려면, 교회는 지금 젊은 세대가 완전한 삶을 살고자 하는 욕구가 커지고 있으며, 예배뿐 아니라 일상생활에서도 신앙과 의미, 그리고 일에서의 성취감을 느낄 수 있는 장소를 찾고 있음을 진지하게 받아들여야 한다.

종교를 경시하는 풍조에서 성장한 구세대는 새로운 세대로부터 영성을 진지하게 받아들이는 법을 배우고, 인터넷 시대의 유해성을 억제하는 비판적인 안목을 더함으로써, co-영성을 형성하는 데 도움을 줄 수 있다.

영성이 중요해지는 트렌드를 반영해 BBC는 '라디오 4' 채널에서 '이 시대의 구루들(The New Gurus)'이라는 시리즈를 방영한 적이 있다. 방송은 인터넷을 통해 새로운 구루들이 등장하고 있으며, 이는 마치 종교개혁만큼이나 중대한 변화라고 주장했다. 실제로 수십만에 달하는 자칭 영적 지도자들이 명상과 영성, 깨달음을 설파하고 있다. 이 구루들의 비결은 대중에게 필요하지만 일반인이 깨닫지 못하는 비밀스러운 지혜를 제자들에게 전달하는 것이다.

알코올을 혼합하는 전문가가 만들어낸 작품이 몸에 해로

울 수 있는 것처럼, 영성을 혼합하는 전문가들의 영향력은 사람들의 정신 상태를 해칠 수 있다. 효율적인 업무 수행과 생산적인 경제 활동에 참여하는 능력에도 악영향을 미칠 수 있다. 물론 긍정적인 측면도 있다. 정서적으로 안정되고 통합적이며 영적으로 조화된 경영자는 재무적인 숫자뿐 아니라 감정지능, 즉 공감을 중시하는 직장에서 생산성이 향상될 것이기 때문이다.

영국의 코미디언 러셀 브랜드(Russell Brand)는 대표적인 이 시대의 구루다. 브랜드는 스스로 난봉꾼이라고 공언했던 과거의 삶을 버리고 지금은 명상, 영성, 그리고 '더 높은 차원의 깨달음'을 통해 약 600만 명의 추종자들을 '깨우치고' 있다. 스탠드업 코미디언으로서의 정체성을 버린 그는 이제 진리로 향하는 여정을 인도하고 있으며, 추종자들에게 금기시된 지식을 전수하면서 종교적인 열정과 흥분을 끌어내고 있다. 이 사례는 MZ세대가 기술을 사용함으로써 더 효율적으로 일할 수 있게 되었지만, 명상 및 영성 관련 앱을 보면서 복잡한 재정과 업무 환경 및 직장 관계의 급격한 변화에 적응하는 데 도움을 줄 스승을 절실히 찾고 있음을 단적으로 보여준다.

이런 맥락에서 아이폰은 스티브 잡스의 의도대로 막대한 힘을 발휘하는 기기가 되었다. 아이폰은 단순히 잘 작동하는 기계 장치일 뿐만 아니라, 애초부터 삶의 모든 영역에서 기존 질서에 대한 직접적인 도전이라는 메시지를 전달하도록 설계

되었다. 이 메시지가 MZ세대에 제대로 통했다.

하지만 주의할 점이 있다. 아이폰이 MZ세대에게 강력한 힘을 부여했을 수는 있지만, 막대한 정신적인 혼란을 낳기도 했다. 글로벌 금융시장에 참여하는 MZ들은 특히 이 점에 주의해야 한다. 삶에서 의미와 목적을 찾는 것이 현세대만의 행태는 아니지만, 도움이 필요한 수많은 사람에게 사기꾼들이 수상쩍은 영적 활동을 효과적으로 전파할 수단이 이렇게 다양하고도 많았던 적은 없었기 때문이다.

직장인들에게 진정한 명상을 제공하는 캄(Calm)이나 헤드스페이스(Headspace) 같은 앱들의 가치를 폄하하려는 것이 아니다. 나 또한 아들이 창업한 행복 스타트업 '글로리파이(Glorify)'라는 앱의 대표를 맡고 있다. 나는 이것이 MZ의 통찰력과 베이비붐의 경험이 결합된 좋은 예시라고 생각한다. 글로리파이는 도전적이고 때로는 적대적인 세상에서 매일 평화를 누리며 살아갈 힘을 주기 위해 개발된 기독교 앱이다.

젊은이들이 자신의 삶에 영적 측면을 더해주는 구루를 찾는 이유는 자아실현에 있다. 그러나 기존 종교에서 벗어나기는 했지만 사람 마음의 깊이를 이해하고, 무엇보다 타인을 배제한 채 자기 안으로 파고드는 행동이 얼마나 위험한지를 알고 있는 이전 세대의 경험을 통해 수위를 조절할 필요가 있다. 뉴스를 읽고 SNS를 확인하며 세계인의 고통을 볼 때 매일 겪게 되는 공감 과부하에 대해서도 마찬가지다.

공감에 기반한 세계관에서 비롯된 임팩트 투자나 가치 기반 투자의 성장으로 시장경제에 분명히 긍정적인 영향이 있다. 윤리적 투자, 녹색채권, 물과 기후 관련 테마들은 이미 금융 경제의 주류에 편입되었다. 과거 세대에서는 이런 가치가 주로 자선단체를 통해 주변부에서 표현되었지만 MZ 투자자들은 이제 수익을 포기하지 않고도 윤리적 투자를 할 기회를 얻게 되었다. 마찬가지로, 장기 인프라 자본 중 일부 자금은 개발도상국에서 위생, 주택 보급, 기후 보호, 생물 다양성 보전 등을 위한 프로젝트에 투자되고 있으며, 리스크에 맞게 적절한 수익을 받고 있다.

## MZ의 윤리적 책임 의식

리투아니아 출신의 프랑스 철학자 에마뉘엘 레비나스(Emmanuel Lévinas)는 1960년대 '타자(他者)', 특히 '타자의 얼굴'의 중요성에 대한 글을 썼다. 1974년 출간된 저서 『존재와 달리 또는 존재성을 넘어(Otherwise than Being or Beyond Essence)』에서 그는 이렇게 말했다. "얼굴은 그 자체의 흔적이며, 나의 책임으로 맡겨졌다. 하지만 나는 그것이 부족하고 결핍된 존재다. 마치 내가 그의 유한성에 책임이 있는 것처럼, 그리고 내가 살아남았다는 사실에 죄책감을 느끼는 것처럼."

다시 말해, 우리가 다른 사람과 마주할 때면 우리 내면에서 어떤 특별한 일이 일어난다는 뜻이다. 나처럼 행동하고 의식적으로 자기 인생의 주체로서 살아가는 또 다른 인간인 '타자'를 인식하게 된다. 다른 사람의 현실을 진정으로 내면화하고 그들의 얼굴을 마주할 때, 우리는 그의 삶에 대해 필연적으로 도덕적 책임을 느낀다.

개인의 존재를 확신하는 유일한 방법은 자신의 존재라고 주장한 데카르트(René Descartes)의 "나는 생각한다, 고로 나는 존재한다"라는 명제와 달리, 레비나스는 우리가 진정으로 확신해야 할 가장 중요한 것은 "타자가 존재한다"는 사실일 것이라고 주장한다. 다시 말해 나와 같은 방식으로 주위 사람이 존재한다는 사실을 깨달아야 한다는 것이다.

'타자'의 얼굴에 대한 레비나스의 철학은 MZ세대가 한 번도 만난 적 없는 사람들에 대해 느끼는 윤리적 책임감과 공감을 설명하는 데도 적용될 수 있다. 이 윤리적 책임은 이들이 일하는 기업의 운영 방식에 반드시 반영되어야 한다. 윤리적인 책임감은 우리와 가까운 사람일수록 커진다는 점을 감안하면, 한 번도 만난 적 없는 사람에게 느끼기 마련인 도덕적인 '감정적 거리'는 SNS를 통한 즉각적인 연결성으로 인해 사라진 듯하다.

"눈에서 멀어지면 마음에서 멀어진다"라는 말은 이제 통하지 않는다. 물리적 거리가 더는 문제되지 않는다면 도덕성은 어떨까? SNS를 사용하는 한, 우리는 항상 다른 사람의 얼굴과 마주하게 된다. 그렇다면 '타자의 얼굴'이라는 개념도 재정의되어야 하지 않을까? 내 이웃은 누구인가?

　뿐만 아니라 우리는 데카르트의 근본 가정도 재평가하고 있다. 데카르트는 인간이 기본적으로 '생각하는 존재'이며 이성적인 이유에 의해 동기부여 된다고 주장했다. 타자와의 만남은 생각의 만남이기도 하지만, 또한 마음의 만남, 육체의 만남, 영혼의 만남이기도 하다. 인간을 인간답게 만드는 것은 이성적 사고 능력이라고 보는 것이 거의 500년 가까운 시간 동안 지배적인 관점이었다. "나는 생각한다, 고로 나는 존재한다"라는 문장은 이 관점을 완벽히 보여주고 있다. 근본적으로 우리를 사람으로 만들어주는 특질은 '생각'하는 능력, 즉 이성을 통해 합리적인 결론에 도달하는 능력이라는 것이다.

　이 관점에 따르면 우리 '사람은 막대기 위에 놓인 뇌'와 같은 것으로, 뇌가 몸과 분리되어 수조 속에 보관된다면 뇌만으로 '나 자신'이라고 주장할 수 있으므로 '내'가 수조 속에 들어 있는 셈이다. 이런 사고방식이 자유 시장을 확립하는 기초가 되었다. 사람들이 합리적인 결정을 하는 한 글로벌 경제는 번영할 것이기 때문이다. 그러나 이런 가정은 사실상 틀렸음이 입증되었다. 오히려 '사람은 막대기 위에 놓인 마음'이라고 말하는 편이 더 정확할 것이다. 만약 우리가 머리가 아닌 가슴으로 결정을 내린다면(MZ세대는 특히 더 그런 것처럼 보이지만) 글로벌 시장경제에는 어떤 영향이 있을까?

# 합리성이라는 미신

————※————

경제학의 영역에 존재하는 신화적인 존재가 있다. '호모 이코노미쿠스(Homo economicus)'다. 정치경제학자 호모 이코노미쿠스는 C. S. 데바스가 창안한 개념으로, 고전 경제학에서 가정하는 합리적인 경제 주체를 의미한다. 호모 이코노미쿠스는 사실, 숫자, 조사 결과, 정량적인 분석, 지표, 그리고 지수를 활용한다. 그는 합리적이며 공리를 추구하는, 다리가 달린 계산기와 같다. 호모 이코노미쿠스는 '달러를 사냥하는 동물'로서, 항상 최소한의 비용으로 최대한의 이익을 추구한다.

그러나 이런 존재는 실존하지 않는다. 튤립 파동*, 남해 포말사건**, 기술주 버블 같은 사건들을 보면 사람들이 언제나 합리적으로 행동하는 것은 아님을 알 수 있다. 멀리 갈 필

---

\* 튤립 파동: 튤립이 16세기 후반 튀르키예에서 유럽으로 유입되면서 17세기 초 귀족이나 부유층 사이에서 대유행함. 그 결과 다음 해에 수확할 알뿌리에 대한 선물 거래가 시작되면서 1933년부터 1936년까지 상류층은 물론이고 기술자, 하녀까지 투기성 선물 거래에 뛰어든 사태. 1937년 마침내 공황을 일으켜 구근 가격이 폭락함. - 옮긴이

\*\* 남해포말사건: 18세기 초 영국 정부가 재정난에 시달리면서 1711년 남해 회사(South Sea)를 설립하여 스페인령 남아메리카 및 태평양 제도의 무역 독점권을 가져가는 대가로 국채 1,000만 파운드를 인수하기로 함. 투기가 과열되면서 100파운드였던 남해 회사의 주가가 1,000파운드 이상으로 상승하나 나중에 회사가 부실하다는 사실이 밝혀지면서 주가가 폭락하고 많은 사람이 파산하게 된 사건. - 옮긴이

요도 없이 우리 가정에서도 이런 사실을 볼 수 있다. 우리는 내면 깊은 곳의 감정과 직관에 이끌리는 감정적인 존재다. 머릿속으로 따지지 않고 키스를 하고 때로는 동생을 때리기도 한다.

그러나 사람들에게 충분한 정보와 자유로운 결정권이 주어진다면 사람들은 자신의 이익을 극대화하는 선택을 할 것이라는 합리적 선택 이론이 금융 산업의 근간을 이루어 왔다. 이런 맥락에서, 합리적 선택 이론은 시장 가격이 모든 정보를 반영하고 있기 때문에 어떤 자산의 시장 가격은 미래 시장 가격을 가장 잘 예측하는 지표라는 '효율적 시장 가설'의 토대가 되었다. 자유 시장은 수많은 사람이 합리적으로 문제에 접근하는 방식이므로, 세계를 둘러싼 문제에 대한 수백만 인구의 합리성이 모여 가장 정확한 결과가 도출될 것이라고 여겨졌다.

글로벌 금융위기는 인간에 대한 오해, 즉 합리성에 대한 잘못된 가정에서 비롯되었다. 당시에는 합리적 선택 이론이 도덕적으로 옳은지, 혹은 현실에 부합하는지 깊이 있는 질문을 할 필요를 느끼지 못했다. 그저 사람들이 합리적으로 행동하는 존재이고, 정보가 완전히 제공되고, 계산을 통해 시장 가격에 반영되고, 금융 시스템이 잘 작동하면 그만이라고 믿었다.

하지만 안타깝게도 우리는 그 이야기가 끝이 아니라는 사실을 안다. 효율적 시장 모델을 움직이는 주체에 대한 관점부터 틀렸다. 우리는 항상 합리적으로 행동하는 존재가 아니다. 탐욕이 성과에 앞서고, 개인이 공동체에 앞서고, 단기적인 목표가 장기적인 목표를 앞서면서 부채와 자본 사이의 경계가 흐릿해졌다. 은행은 비용을 계산하지 않고 무(無)에서 신용을 창조해 냈다. 금융기관은 수백억 달러의 신용을 만들어낼 수 있다고 믿었지만, 그에 따른 책임은 지려 하지 않았다. 은행은 규제된 환경 속에서 신용을 만들어냈지만, 자신의 행동에 대한 책임을 질 준비는 안 되어 있었다.

정부와 개인 또한 막대한 빚을 지고 빌린 돈을 현명하게 사용하지 않았다. 영국의 예를 들면, 여당은 경제가 비교적 호황일 때 선거에서 이기기 위해 정부 적자를 늘리면서 공공 지출을 늘리는 정책을 펼쳤다. 정부의 세수와 지출 간의 격차에서 발생하는 구조적인 적자는 세수가 풍부한 호황기에 줄어들었어야 했다. 그러나 정부는 불황기에 대비하지 않았다. 어린아이라도 합리적으로 생각해 보면 어려울 때를 대비해 돈을 모아놓아야 한다는 사실을 알 것이다. 차라리 어린이들이 국정을 운영했으면 나았을지도 모른다.

결과적으로, 합리적인 자아가 사람들의 사고와 행동을 이끌어 왔다는 믿음은 환상이었다는 사실이 드러났다. 적어도 이런 가정에 크게 결함이 있다는 점을 알게 되었다. 누구나 때로는 리스크를 잘못 인지하고 자신의 결정에 따르는 파급 효과를 계산하지 못할 때가 있다. 편견을 뒷받침하는 증거를 선호하는 확증 편향을 모든 사람이 가지고 있다. 그리고 군중 심리에 휩쓸리면서도 자신이 용기 있게 자율적인 결정을 했다고 자기 자신을 속이기도 한다. 우리의 행동은 인간이 합리적인 존재라는 믿음을 배반한다.

우리는 이런 원칙에 기반해 지어진 세계를 선조로부터 물려받았다. 사실, 우리는 아직도 계몽주의의 언어 속에 상당히 갇혀 있다. 그래서 이성과 논리, 사실, 물질적인 재화가 우리의 삶을 결정하는 원칙이라고 보는 경향이 있다. 영혼, 정신, 신비, 비물질적인 것들은 우리 문화에서 의심과 경멸로 대해야 하는 낯선 단어로 전락했다. 그 어떤 평론가나 학자도 진지하게 받아들이지 않는 단어로 말이다.

점차 우리는 우리 자신의 자아 인식이 허구였음을 깨닫게 되었지만, 문제의 진짜 심각성을 여전히 받아들이지 못하고 있다. 합리적인 계몽주의 시민은 우리의 정치적, 경제적 시스템의 토대였으며 기관과 시장, 정부 모델이 운영되는 기반이었다. 근대(Modernity) 1.0시대라 할 수 있는 지난 300년 동안, 우리는 일차원적인 세계관을 수용해 왔고, 이는 반복적으로 재앙을 가져왔다. 급진적으로 개인주의적이고, 과도하게 합리성을 부여한 '자아'의 개념을 받아들였지만, 세상은 일차원으로 이루어지지 않았기에 이는 잘못된 것이었다. MZ는 시스템의 결함을 목격하면서 이런 사실을 잘 알고 있다. T. S. 엘리엇(T. S.

Eliot)은 "지난해의 단어는 지난해의 언어로 보내고, 내년의 단어는 새로운 목소리를 기다리네"라고 했다. 새로운 목소리는 MZ세대에게서 나올 것이다.

## 비경제적 동기의 중요성

다행히 경제계에서도 이런 이해가 점차 확산되고 있다. 글로벌 금융위기 이후, 경제학자 조지 애컬로프(George Akerlof)와 로버트 J. 실러(Rober J. Shiller)는 『야성적 충동(Animal Spirits)』이라는 책을 썼다. 책의 요지는 인간의 행동과 결정을 이끄는 많은 힘은 단순히 합리적이지 않으며, 깊은 감정과 열정에 뿌리를 두고 있다는 것이다. 이들은 다음과 같이 썼다.

애덤 스미스의 사고 실험은 사람들이 경제적 이익을 합리적으로 추구한다는 사실에 기초하고 있다. 물론 그렇다. 그러나 애덤 스미스는 사람들이 비경제적 동기에 의해 움직이기도 하며, 때로는 비합리적이거나 잘못된 선택을 한다는 점을 간과했다. 즉, 인간에 내재한 동물적 본능을 고려하지 않은 것이다.

MZ세대의 시대인 미래로 걸어가면서, 우리는 '비경제적'

동기와 비합리적인 '동물적 본능'을 반드시 염두에 두어야 한다. 이런 것들은 인간으로서 저질러서는 안 되는 잘못이 아니라, 사람을 사람답게 만드는 요소다. 이는 사람 안에 내재한 다면성이며, 새로운 자본주의는 이를 반영해야 한다.

사람은 기계적으로 식품 저장고와 효율성을 극대화하려는 생각에 사로잡힌 단순한 수렵 채집자가 아니다. 사랑과 증오, 절망과 희망, 탐욕과 관대함 등 다양한 깊이와 넓이를 가진 감정에 이끌려 예측할 수 없고 비합리적으로 보이는 방식으로 행동하는 존재다. MZ세대는 이를 이해하고 있다.

경제학자 외에도, 철학자와 사회학자들 또한 이런 진실에 눈을 떴다. 철학자 제임스 스미스(James K. A. Smith) 또한 인간의 핵심을 단순히 '사고하는 실체(res cogitans)'라고 바라보는 관점에 대해 지적했다. 그는 이렇게 썼다. "다시 말해, 우리는 인간을 거대한 머리와 작고 보잘것없는 몸을 가진 커다란 버블헤드 인형이라고 상상해 왔다."

스미스는 2000년대 초반부터 인간을 단순히 이성적으로 사고하는 존재로 정의하는 관점은 근본적으로 잘못되었다고 주장해 왔다. 우리의 행동 대부분은 합리적인 사고가 아니라, 우리가 품고 있는 깊은 가치와 사랑, 그리고 좋은 인생에 대한 관점에 의해 결정된다는 것이다. 인간은 근본적으로 '전례적(liturgical)' 존재다. 우리의 행동은 우리가 궁극적인 가치로 숭배하는 것, 즉 우리가 사랑하고 갈망하는 대상에 의해 좌우된다. 스미스의 인간관에서는 마음이 주도적인 역할을 한다. 그는 어떤 사람이 진정으로 무엇을 믿고 있는지 알고 싶다면 그 사람의 말이 아니라 행동을 보라고 말한다. 그 행동이 그 사람의 인간성을 드러내기 때문이다. 사람은 머리로만 움직이지 않는다.

정치학자 조너선 하이트 또한 사람은 이성적 존재이기에 앞서 직관적인 존재라고 주장한다. 순간적인 직관에 따라 도덕적 판단을 내리고, 이성적인 사고는 그 후에 따라온다는 것이다. 사실 그렇지 않은가? 예를 들어 이성적으로 생각해 보면 잘못된 일이기는 하지만 첫인상은 엄청나게 중요하다. 우리의 지성은 인간성의 더 본능적이고 감정적인 부분에 종속된다. 대량 학살이 나쁜 일이라는 것은 이성적인 판단의 영역이 아니다.

광고계에서도 이성적인 설득으로는 소비자들의 행동과 구매 습관에 영향을 미칠 수 없다는 것을 알아차렸다. 예전에는 TV 광고에서 특정 제품을 합리적으로 구매해야 한다고 설득하기 위해 제품의 5가지 장점을 나열하고는 했었다.

행동과학에서 중요한 책 중 하나인 『생각에 관한 생각 (Thinking, Fast and Slow)』에서 저자 대니얼 카너먼(Daniel Kahneman)은 인간의 뇌가 두 가지 '시스템'으로 작동한다고 보았다. 시스템 1과 시스템 2가 함께 우리의 생각과 행동을 결정한다. 시스템 1은 뇌의 감정과 직관을 담당하고, 시스템 2는 심사숙고와 논리를

투자세대 대전환

담당한다. 광고와 설득에서 두 가지 시스템 모두 중요한 역할을 하지만, 카너먼은 행동과 변화를 끌어내는 데는 시스템 1이 훨씬 더 중요한 역할을 한다고 주장한다. 소비자에게 선택받기 위해서는, 자신의 가게가 더 나은 10가지 이유를 설명할 것이 아니라 더 깊은 곳에 호소해야 한다는 소리다.

'존 루이스(John Lewis)' 크리스마스 광고가 대표적인 사례다. 영국에 살지 않는 독자들을 위해 설명하자면, 존 루이스는 영국의 백화점 이름으로, 아름답고 감동적인 크리스마스 광고로 유명해졌다. 이 광고가 감상적이라고 하는 사람들도 있지만, 크리스마스 광고라는 점을 감안하면 그럴 만도 하다.

이 광고는 하나의 전통이 되었고, 가을 내내 사람들은 존 루이스가 이번에는 어떤 광고를 선보일지 기대하며 기다린다. 어떤 해에는 한 어린이가 크리스마스 선물을 '받기'를 고대하는 것처럼 보였지만, 나중에 알고 보니 선물을 '주고 싶어서' 기다렸다는 반전이 있었고, 또 어떤 해에는 한 소년과 그의 반려 펭귄이 서로 사랑하는 법을 배우는 스토리가 나왔다. 이 광고들은 존 루이스 역사상 가장 효과적인 광고로 자리잡았다.

이 광고들이 효과적인 이유는 사람들의 마음에 호소하며, 크리스마스 시즌에 느끼는 따뜻하고 행복한 감정과 존 루이스를 연결시키기 때문이다. 예전의 광고는 훌륭한 고객 서비스 때문에 존 루이스에서 쇼핑해야 한다고 강조하며 소비자

를 설득하려 했다. 흥미롭게도 그 광고들은 별로 성과를 거두
지 못했다.

우리 삶의 모든 부분과 지난 수십 년간의 연구는 사람이
본질적으로 이성적인 존재가 아니라는 사실을 보여주었다. 경
제학, 광고, 신학, 신경과학 등 어느 분야에서도 더 이상 사람
을 '막대기 위에 놓인 두뇌'라고 바라보지 않는다.

## MZ의 뭉칫돈이 흐르는 곳

근대 이후 MZ세대는 인간이 본질적으로 합리적이라는
가정에 사로잡히지 않은 거의 첫 세대다. 이들은 논쟁이 이성
적인 주장을 주고받는 데서 끝나지 않는다는 사실을 빠르게
이해했다. 도덕성은 계산할 수 있는 것이 아니며, 정의도 절차
적인 문제에 국한되지 않는다는 점을 이해한다. MZ세대는 베
이비붐 세대에게는 낯선 감정적 진실을 또래들과 공유한다.
"당신의 감정은 비합리적이네요"는 MZ세대에게 가장 큰 실
례의 말일 것이다.

세상의 모든 문제와 제도는 마땅히 두뇌로 해결해야 한다
는 세계관, 즉 '이성의 독재'에서 벗어난 첫 세대가 바로 MZ
다. 젊은 세대가 어떤 결정을 내릴 때 얼마나 다양한 요소들
을 고려하는지 보면 늘 놀라게 된다. 이들은 머리로만 생각하

투자세대 대전환

는 것이 아니라 직관과 감각으로도 여러 요소를 고려한다. 마치 이들은 공장 노동자나 아마존 배달 기사 한 명 한 명을 포함한 온 세상의 무게를 어깨에 지고 있는 것처럼 보인다.

오늘날 젊은이들의 마음속에는 진정한 연민과 배려가 깃들어 있다. 이들은 진정으로 선한 사람이 되어 다른 사람들에게 선을 베풀고 싶어 한다. 범지구적으로 상호 연결된 협력적인 세계관은 금융계를 포함해, 과거에는 공감이나 윤리와 무관하다고 생각되었던 기존 제도에 중대한 영향을 미쳤다. 국가의 부흥을 측정하는 방법조차 점차 공감적이고 윤리적인 잣대로 이동하고 있다.

한 예로, 국내총생산(GDP: Gross Domestic Product)은 국민총생산(GNP: Gross National Product)과 함께 경제 활동의 척도로 사용되어 왔다. 그러나 MZ는 ESG 같은 지표를 반영해 국가의 '부'를 측정할 수 있는 새로운 기준과 방법을 찾고 있다. 새로운 지표가 도입되면 군사 무기 공급망에 관련되어 있거나 환경에 부정적인 영향을 미치는 기업과, 직원 관리 구조나 임금 체계가 열악해 사회적 불안을 초래하는 기업은 배제될 것이다. ESG 펀드는 국가 지수 펀드를 대체하는 투자처로 각광받고 있다. 이런 지표들은 경제적인 면만을 들여다보지 않고 비경제적인, 인간적인 측면까지 포괄한 경제적 건전성을 총체적으로 측정하기 때문에, 국가의 부를 더 진정성 있게 측정한다고 할 수 있다.

본질적으로, 이런 변화는 MZ들이 인류의 미래에 대해 개인적으로 느끼는 책임감, 즉 공감에서 비롯되었다. 자아를 확장하여 '나'가 아니라 '우리'를 아우르는 이 감각을 나는 CO라고 정의했다. 이는 GDP와 ESG를 포괄하는 종합적인 사고로서, 이전 세대에는 함께 고려되지 않았던 요소들을 통합하는 확장된 관점이다. 또한 난민의 고통을 먼 거리에서도 함께 느끼며 도덕적 책임감을 확대하는 것이기도 하다. MZ의 집단적인 윤리 기준은 놀라울 정도로 높다.

## 진정한 CO-공감이란

CO 세상을 가져올 진정한 공감은 우리가 적대감을 느끼거나 반감을 품는 이들까지도 포용한다. 분노와 격노는 혁명을 일으킬 수 있지만, 그 과정에서 사회에 깊은 균열을 일으킬 것이다.

이 글을 읽고 있는 독자라면 환경 문제나 인종 관계, 경제 시스템 내에서 자신이 지고 있는 윤리적 책임에 대해 생각해본 경험이 있을 것이다. 어쩌면 일부 독자는 이런 주제에 깊은 관심을 가지고 동료들과 밤새 토론을 하며, 우리 사회가 어떻게 나아가야 할지, 각 시민이 일상 속에서 어떤 원칙을 따라야 하는지 논의해 본 적이 있을지도 모른다.

재활용을 하고, 최대한 많은 가정용품을 재사용하거나 제

투자세대 대전환

로 웨이스트 제품으로 교체해야 한다는 주장, 투표만이 아니라 소비를 통해서도 의견을 표출해야 한다는 주장 등은 모두 중요한 주제를 포함한다. 살아가면서 따라야 할 규칙을 함께 정하는 과정은 CO 목표를 실현하는 데 중요한 역할을 할 것이다.

많은 규칙은 세계의 극빈층에 대한 공감과 연민에서 출발하겠지만, 이런 문제를 깊이 생각할 여유가 없는 사람들에게 너무 큰 부담을 지우지 않도록 조심해야 한다. 이 책을 읽고 있는 여러분은 자신이 타인보다 지적으로 더 많은 혜택을 누리고 있음을 인정할 필요가 있다. 이런 혜택은 물질적인 혜택보다 훨씬 중요하다.

여러분에게는 너무나 명확해 쉽게 실행할 수 있는 규칙과 원칙들이, 다른 이들에게는 엄청난 부담이 될 수 있다. 좀 더 풀어서 설명하자면, 공감을 베풀지 못하는 이들에게도 공감과 연민을 보여주어야 한다는 소리다. 스스로 도울 여력이 없는 이들에게 공감과 연민을 보이기는 쉬워 보이지만, 그나마 자기 앞가림 정도는 하는 사람들에게 공감과 연민을 보이는 것은 상대적으로 어려운 일이다.

그러나 공감과 연민은 CO를 실현하기 위한 필수 조건으로서 우리의 책임을 요구한다. 순간적으로 느끼는 감정에서 멈추지 않고, 이를 의지와 행동으로 구체화하는 결심과 노력이 필요하다. 진정으로 상대방을 실체적이고 중요한 존재로 받아들이고, 이들의 행복에 대한 책임 의식을 가져야 한다. 공감은 고통받는 이들에게 우리의 마음을 열어두고, 공감을 느끼지 못하는 사람들에게조차 연민을 베풀어야 한다는 사실을 일깨워 준다.

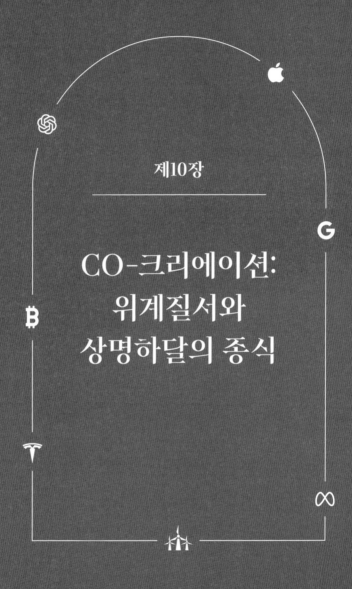

제10장

# CO-크리에이션:
# 위계질서와
# 상명하달의 종식

힘과 영향력, 자본이 한 세대에서 다른 세대로, 즉 베이비
붐 세대에서 MZ세대로 이동하고 있다. 그동안 이 두 세대 사
이에 통합 요소보다는 갈등 요소가 많다는 생각이 지배적이
었다. 향후 수십 년 동안 지속 가능한 자본주의를 만들어내고
성장하기 위해서는 이를 바로잡아야 한다. 이는 경제적으로
필수적인 일이다.

　시장경제의 변화는 자본이 기성세대에서 젊은 세대로 이
동하는 것뿐 아니라 서구에서 아시아로, 탈탄소화의 흐름에
따라 갈색 에너지에서 녹색 에너지로, 성평등에 따라 남성에
서 여성으로 이동하면서 촉발되고 있다.

　우리는 세대 간 긴장, 개인주의적 자본주의, 기술의 위험
성, 진리와 진실의 가변성 등 2020년대 우리 사회에 존재하는
균열을 분석했다. 그리고 이 균열을 치유하고 더 강력한 자본
주의를 구축하는 방법이 CO에 있다는 결론에 도달했다. CO
를 바탕으로 구축된 새로운 자본주의는 더 평등하면서도 혁
신과 이윤 창출을 장려하며, 성장을 저해하는 집단주의로 빠
지지 않도록 막아줄 것이다. 이를 달성하기 위해서는 CO-리
더십, CO-워킹, 그리고 CO-공감을 실천하는 법을 배워야 한

다. 마지막으로 다룰, 어쩌면 가장 중요할지도 모르는 CO 원칙은 CO-크리에이션이다.

## 혁신의 필요성

CO-크리에이션은 비즈니스 세계에서는 이미 확립된 관행이다. 2022년 7월 12일 《포브스》는 "공동 크리에이션: 혁신을 원하는 조직을 위한 강력한 도구"[1]라는 제목의 글을 게재했다. 이 글은 미국 경기 침체를 피하기 위한 기업의 혁신에 대한 필요성을 강조했으며, 공동 크리에이션을 그 방안으로 제시했다. 버크벡 런던대학교 학장 무투 데 실바(Muthu De Silva)는 공동 크리에이션을 "고객이나 다른 이해관계자와 협력하여 제품이나 서비스를 만들어내는 과정"[2]이라고 정의했다. 기사에서는 공동 크리에이션의 장점으로 기업이 고객의 필요와 욕구를 더 잘 이해하고 그에 맞는 새로운 아이디어나 솔루션을 개발할 수 있다는 점을 꼽았다.

이 책에서 기업과 고객의 관계라든가, 제품을 어떻게 개발해야 하는가를 다루려는 것은 아니지만 서로의 필요를 더 잘 이해하고 그에 맞추어 새로운 아이디어나 솔루션을 어떻게 개발할 수 있는지 살펴보려고 한다. 그러므로 이미 사용되고 있는 공동 크리에이션의 정의를 우리의 필요에 맞추어 확장함으로써 CO-크리에이션이라는 개념을 도출할 수 있다. CO-크리에이션은 이제까지 논의했던 균열을 회복하고 새로운 자본주의를 구축하는 데 핵심이 된다.

혁신은 CO의 발전에 필수적이다. 제품이나 사고의 범위에 국한되지 않고, 전체 시스템의 혁신이 필요하다. CO는 전후 세대의 급진적인 개인주의에서 벗어나 협동과 공감, 공동체, 집단적 경험을 우선시하는 방향으로의 전환을 의미한다. 이 혁신이야말로 '나'에서 '우리'로의 전환을 실현하고 자본주의를 바람직한 형태로 보존하는 데 필요하다. '나'에서 '우리'로 전환해야 한다는 당위성은 개인이 함께하기 위해 포기해야 하는 것보다 CO를 통해서 협력함으로써 더 많은 것을 얻을 수 있다는 이해에서 비롯된다.

자본주의 시스템 자체가 영원히 사라지지 않도록 하기 위해서는 새로운 자본주의를 구축해야 한다. 이는 한 개인이나 그룹이 할 수 있는 일이 아니므로, 베이비붐 세대나 MZ 혼자서는 해낼 수 없다. 혼자 혁신하거나 창조하려는 시도는 실패로 돌아갈 것이며, CO-크리에이션이 필요한 것도 그래서다. 앞서 논의했듯이 CO-크리에이션은 모든 이해관계자의 필요와 아이디어를 함께 고려하기 때문이다.

새로운 세대의 통찰력과 기성세대의 경험을 합치기 위해 MZ와 베이비붐 세대는 함께 노력해야 한다. 세대 고유의 단점이 있기에 한 세대만으로는 전체 프로젝트에서 실패하게 될 것이다. 전 세계적으로 CO를 실현하기 위해서는 동양과 서양이 동참해야 하며, 탄소 중립으로 나아가기 위해서는 갈색 에너지와 녹색 에너지의 조화가 필요하다.

## 개인주의 vs. CO-운명

내가 말하는 CO란 개인주의에 대한 거부다. 급진적인 개인주의는 신뢰의 기반을 무너뜨리며 2008년 글로벌 금융위기를 초래했고, 그 결과 이제 곧 사회의 주도권을 잡게 될 MZ세대는 부모인 베이비붐 세대에 대한 불신과 반감을 키우게 되었다. 따라서 이 문제는 반드시 CO를 통해 힘을 합쳐 풀어나가야 한다.

CO-크리에이션은 모든 사람이 결과에 이해관계를 가지고 있으며 모든 사람의 의견이 가치 있게 여겨진다는 뜻이다. 구세대의 자본주의에서는 위계질서가 확고히 구축되어 있었다. 윗사람의 아이디어가 사다리를 타고 내려갔고 아랫사람들이 실행에 옮겼다. MZ는 이런 방식으로 일하지 않는다. 상명하달 방식은 조직에 유익할 수 있는 아이디어를 무시하는 방식이기도 하기에 누구에게도 생산적이지 않다. 나아가, 조직 구성원 모두가 같은 목적을 공유할 수 있다는 생각을 무시하는 방식이기도 하다. 이제는 돈을 버는 것만이 전부가 아니므로,

목적이 자본주의의 미래에 절대적으로 중요한 요소가 되었다. 목적은 조직과 그에 속한 직원들이 모두 같은 윤리와 가치를 공유하는 것을 의미한다.

최근 몇 년간, 특히 팬데믹 이후 목적에 대한 논의가 활발하게 이루어졌다. MZ세대를 중심으로 한 사람들은 이제 월급만이 아니라 자신이 시간을 투입해야 하는 이유를 원한다. 모든 개인은 자신만의 목적을 지니며, 맥킨지의 네이나 딩그라(Naina Dhingra)는 이를 "방향성과 의도를 가지고 자신이 의미 있는 일에 기여하고 있다는 이해를 가지는 것"[3]으로 정의했다. 직원들은 자신이 속한 조직에 목적이 있길 원하며, 조직의 목적이 자신의 목적과 합치되기를 희망한다.

사실 나는 목적보다는 'CO-운명(destiny)'이라는 말을 더 좋아한다. 왜냐하면 개인의 목적은 고립된 상태에서 존재할 수 없기 때문이다. 한 사람의 목적이 실현되기 위해서는 동료, 상사, 조직과 합치되어야 한다. 따라서 CO-크리에이션은 모두가 CO-운명을 공유할 때만 가능하다. 목적을 공유해야만 모든 이가 같은 생각으로 나아갈 수 있기 때문이다. CO-운명은 개인주의와 반대되는 개념으로, 우리가 추구하는 새로운 자본주의에서 중요한 역할을 하게 될 것이다. 이는 이해관계를 함께한다는 의미로, 모두가 성공과 실패에 대한 책임을 함께 지고, 조직과 협력 프로젝트의 미래에 동참하게 된다는 뜻이다.

# 인공지능 vs. CO-운명

AI의 주도권을 둘러싼 마이크로소프트와 구글, 챗GPT와 빙 사이의 전쟁이 연일 헤드라인을 장식하고 있다. 단순히 우리가 일하는 방식뿐만 아니라, 인간이 기술적 우주 속에서의 미래 운명을 어떻게 정의할지 재편할 새로운 시대가 시작되고 있다.

미래생명연구소(Future of Life Institute)에서 작성한 공개서한에 일론 머스크, 애플의 공동 창업자 스티브 워즈니악(Steve Wozniak) 등 2,000명의 유명인사가 서명했다. 이 서한에서는 AI가 인간의 경쟁적 지능에 얼마나 심각한 위협을 미치는지 평가할 방법이 마련될 때까지 AI 트레이닝을 일시 중단해야 한다는 요청이 담겨 있었다. 서한은 다음과 같은 의문을 제기했다. "종국에는 인류를 앞서고, 능가하며, 인류의 쓸모를 없애고, 인류를 대체할 비인간 지성을 개발해야 하는가?"

이 질문은 MZ세대가 인류에 미치는 결과를 고려하지 않고 새로운 영역으로 빠르게 기술을 확장하려는 가운데, 연장자 세대가 지혜와 자제력을 발휘하는 좋은 예시로서, 이 시대 CO-운명을 단적으로 보여주고 있다. 머신러닝의 새로운 영역으로 빠르게 돌진하려는 MZ에게 자제력이 그리 매력적인 덕목은 아닐지 모르지만, 이는 인류의 미래를 함께 만들어나갈 때 연장자들이 기여할 수 있는 부분이다.

# 책임감의 공유

━━━ ❖ ━━━

책임을 공유한다는 말을 달리 표현하면 어떤 문제를 함께 하는 것이라고 할 수 있다. MZ세대는 이 개념을 시장경제에도 적용해야 한다고 강력히 주장하며, 책임 공유가 미래 자본주의의 핵심이 될 것은 기정사실화되고 있다. 영리 기업의 사회, 환경적 성과에 인증을 부여하는 비콥(B Corp) 운동 같은 프로젝트는 책임 공유라는 개념을 완벽히 구현하고 있다. 비콥 인증을 부여하는 비랩(B Lab)은 "모든 사람과 공동체, 그리고 지구를 위한 글로벌 경제 변화를 목표로 하는 비영리 네트워크"[4]다.

비랩은 "포용적이고, 공정하며, 재생 가능한 경제를 위한 글로벌 운동의 리더"인 기업에 인증을 부여한다. 이 같은 조직이 존재한다는 사실은 전 세계 기업들이 비즈니스 관행에서 점차 사회적, 환경적 영향을 고려하기 시작했다는 사실을 방증한다. 기업 스스로가 이런 변화에 적응하지 않는다면 열정적인 활동가들이 이를 지키도록 강제할 것이다.

사회적 책임을 다하지 못해 적발된 대표적인 사례로는 미국의 석유 가스 기업 엑손모빌(ExxonMobil)을 들 수 있다. 엑손모빌은 2022년 《포춘》 500에서 미국에서 여섯 번째로 큰 기업에 선정되었다.[5] 2021년 5월, '엔진 넘버원(Engine No.1)'이라는 소규모 헤지펀드는 엑손모빌이 기후 위기에 대응하는 전 세계적 트렌드에 맞춰 기업 전략을 수정하지 못하고 있다는 사실을 인정해야 한다고 경영진을 압박했고, 결국 엑손모빌은 이사회에 3명의 이사를 신규 선임해야만 했다.

《뉴욕타임스》는 "엑손모빌의 표 대결 패배는 사회운동가들의 부상을 알리는 신호"라는 제목의 기사를 보도했다.[6] 엔진 넘버원은 엑손모빌의 주식 중 단 0.02%만을 보유했지만, 이 작은 지분으로 블랙록, 뱅가드 그룹, 스테이트 스트리트 같은 대형 주주들을 설득해 이 운동에 동참하도록 움직였다. 그 결과, 엑손모빌은 이사회 구성원을 늘리고 지속 가능한 투자 경험을 보유한 이사를 신규 선임했다.

변화를 강제하는 엔진 넘버원의 전략은 사실 환경 원칙보다는 수익성에 대한 영향에 좀 더 무게중심을 두고 있었다. 흥미로운 사실은 이 운동이 가족 식사 자리에서 시작되었다는 점이다. 2019년, 엔진 넘버원의 회장 크리스토퍼 제임스(Christopher James)는 저녁 식사 자리에서 학생이었던 아들들의 반론에 부딪혔다. 에너지 회사에 투자하면서 어떻게 스스로 환경 운동가라고 할 수 있냐는 것이었다.[7] 이 가족 간의 대화는 결국 세계 최대 에너지 기업 중 하나인 엑손모빌에 변화를 가져온 핵심 계기가 되었다.

목적, 또는 CO-운명은 이렇게 실현되었고 엑손모빌의 변화를 강제한 주주 운동은 CO-크리에이션의 대표적인 사례다. 제임스 혼자서는 이루어낼 수 없었던 일이다. 블랙록을 비롯한 다른 기관투자자의 지원과, 이 운동을 처음으로 생각해 낸 사회적으로 깨어 있는 어린 아들들과 함께 이루어낸 결과다.

## CO-학습으로의 이동

앞 장에서 언급한 공감적 혼란은 MZ세대가 노동 인구에서 차지하는 비중이 상승하고, 더 힘 있는 위치에 오르게 되면서 점점 더 심해질 것이다. 엑손모빌과 같이 거대한 기업조차 이 변화에 저항할 수 없다는 점을 거울삼아 전 세계 기업들은 이 변화에 적응하거나 도태되거나, 아니면 강제로 변화하게 될 것이다. 현재 의사결정권자의 위치에 놓인 베이비붐 세대도 마찬가지다. MZ세대의 수적 우위는 머지않아 압도적인 수준이 될 것이며, CO-크리에이션에서는 베이비붐 세대 또한 중요한 역할을 담당할 것이므로 이런 추세에 저항할 필요가 없다.

CO-크리에이션에서 중요한 점은 모든 이가 자기 몫을 해야 한다는 점이다. 베이비붐 세대는 MZ세대에게 조언을 하고, 자신들이 과거에 한 실수를 되풀이하지 않도록 끌어주는 역할을 맡고 있다. 그 결과, 두 세대가 함께 목적을 만들어내고, 이를 공유하며, 서로의 강점을 활용할 수 있다. 분명한 점은, 전문성은 베이비붐 세대에서 MZ세대로 흘러갈 것이라는 사실이다. 연장자들은 경험과 지혜를 지니고 있으며 자본과 힘, 영향력을 물려주듯 이런 무형의 자산도 함께 물려줄 수 있다.

하지만 CO-삶, CO-크리에이션, CO-워킹, CO-운명의 세상에서는 MZ도 베이비붐 세대를 도와줄 방법이 있다. 이것이 바로 '문제를 함께하는' 접근 방식으로, 가능한 모든 분야에서 전문성을 찾아내고, 이를 가장 유익한 방식으로 활용하는 것이다.

쉬운 예로 기술의 활용을 들 수 있다. 2020년 팬데믹이 한창일 당시, 영국의 리서치 기업 유고브(YouGov)의 설문 조사에 따르면, 고위 직원들의 기술 문맹이 생산성을 저하한다고 밝혀졌다. 설문 조사를 의뢰한 유닐리(Unily)는[8], "40세 이상의 직원 3명 중 1명은 간단한 기술 문제에 대해 최소 주 1회 이상 지원을 요청했으며, 주니어 직원들은 고위 직원들의 기술에 대한 이해 부족으로 업무 흐름이 끊기고 생산성이 저하된다고 생각한다"라고 발표했다.

이 문제를 해결하기 위해 나온 말이 '리버스 멘토링(reverse mentoring)'으로, 고위 직원들이 주니어 직원들에게 훈련받는 것을 가리킨다. 이 방법으로 엄청난 효과를 볼 수 있는 분야는 명확하다. 특히 기술 영역과 2020년대에 큰 사회적 영향력을 가지게 된 SNS 사용에 대해서는 분명한 이점이 있다. 그러나 리버스 멘토링 제도가 가지고 있는 명백한 이점에도 불구하고, 조사에 참여한 직원 중 79%가 직장에 리버스 멘토링 프로그램이 갖추어지지 않았다고 응답했다.

세대 간에 배움, 즉 CO-학습을 통해 화해를 도모할 엄청난 기회가 있다. 배움을 주고받는 상황에서는 장벽이 허물어지기 때문이다. CO-크리에이션과 CO-학습은 조직 내에서 고위 직원과 주니어 간의 격차를 다소 해소해 주며, 서로에게 자신의 가치를 보여줄 기회를 준다. 10여 년 전만 해도 자신의 기술을 보여줄 수 없었던 주니어 직원들뿐만 아니라, 고위 직원들에게도 직위 때문에 형성된 장벽을 허물 좋은 기회다.

낡은 자본주의였다면 리버스 멘토링 같은 개념은 비웃음의 대상이었을 것이다. 하지만 MZ세대가 점차 주도권을 잡고, 보다 수평적인 구조가 자리잡은 지금 세상에서는 이런 움직임이 생산성에 큰 영향을 미칠 수 있다. 베이비붐 세대와 MZ 간에 적극적이고 활발하고, 때로는 비판적으로 일어나는 CO-학습은 두 세대를 단순히 화해시킬 뿐 아니라 조직이 직원들로부터 최고의 아이디어와 혁신을 끌어내고, 결과적으로 최고의 성과를 얻어내는 방법이 될 수 있기 때문이다.

# 자본주의 종말의 네 기수

나는 어니스트 오펜하이머(Ernest Oppenheimer)가 1917년 설립한 광산 회사, 앵글로아메리칸(Anglo American)의 고문이었다. 1954년, 오펜하이머는 앵글로아메리칸 그룹에 대해 이렇게 말했다. "우리 그룹의 목표는 주주들을 위해 이익을 창출하는 것이지만, 이 목표는 우리 그룹이 속한 지역 사회에 실질적이고 지속적인 기여를 하는 방식으로 달성할 것입니다." 그 당시로써는 선견지명 있고 존경받을 만한 목표였다.

오펜하이머가 "주주들을 위해 이익을 창출한다"는 대목에서 말을 멈추었다면 큰 주목을 받지 못했을 것이다. 그다음 발언인 우리가 속한 공동체에 지속적인 기여를 한다는 내용 때문에 그는 큰 주목을 받았다. 이는 CO의 각별한 목표이자, MZ세대의 기본적인 목표이기도 하다. 그렇다고 해서 MZ는 오펜하이머가 말한 앞부분, 즉 '주주 이익 창출'을 경시하지도 않는다. 차이점이 있다면 MZ CEO라면 문장의 앞뒤를 바꾸어서 "우리 그룹의 목표는 우리 그룹이 속한 지역 사회에 실질적이고 지속적인 기여를 하는 것이지만, 주주들을 위해 이익을 창출하는 방식으로 이를 달성할 것이다"라고 말할 것이다.

이는 좀 더 포용적이고 목적 있는 자본주의로 가는 좁은 길을 어떻게 헤쳐나갈 수 있을지를 비교적 잘 요약한 문장이다. 즉, MZ의 선한 의도와 통찰력, 그리고 베이비붐 세대가 힘들게 얻은 경험과 선견지명을 결합해 CO 세상을 창조하는 길이다.

하지만 우리가 가고 있는 길은 위험하고 도전으로 가득 차 있다. 이 장을 마무리하면서 나는 우리가 직면한 가장 위험한 네 가지 함정에 대해 경고하고자 한다. 나는 이것들을 "자본주의 종말의 네 기수"라고 부르며 개인주의, 이상주의, 완고함, 무지를 가리킨다. 이 책 전반에 걸쳐 나는 네 가지 주제 모두를 간간이 다루었다.

개인주의는 과거로 남겨져야 하며, 2008년 글로벌 금융위기 이후 역사 속에 묻혔다. 이상주의는 억제될 필요가 있다. 특히 MZ세대는 현실적인 시각이 필요하다는 점을 이해해야 하며, 베이비붐 세대는 MZ가 이를 이해하도록 도울 수 있다.

완고함은 모든 사람이 피해야 하는 특성이다. 완고함은 트라이벌리즘의 원인이며, 우리를 자기만의 세계에 가두어 온 주범이다. 많은 사람이 듣는다고 말하지만, 진정으로 경청하는 이는 소수다. 완고함을 벗어나기 위해 우리는 다른 사람의 견해를 경청하고 자기 생각을 바꿀 준비가 되어야 한다. 마지막으로 과거와 현재의 실수에서 배우지 못하는 무지는 새로운 자본주의로 가는 길에 걸림돌이 될 것이다.

CO는 이런 실수에 대한 해법이다. CO-리더십, CO-워킹, CO-공감, CO-크리에이션, CO-운명, CO-학습 등 우리는 혼자 일할 때보다 힘을 합칠 때 더 많은 것을 얻을 수 있음을 이해한다면 자본주의의 파멸에서 멀어질 수 있을 것이다.

'나'에서 '우리'로의 전환은 어려운 도전이지만, 우리가 생각하는 것보다는 실현 가능성이 높다. 필요한 자원은 모두 갖추어져 있으므로, 우리는 CO의 자세로 이 자원을 결집하기만 하면 된다.

맺음말을 대신하며

# 세대 대통합을 위한
# 제언

영국의 전 총리 윈스턴 처칠은 이렇게 말했다. "더 오랜 과거를 돌아볼수록 더 멀리 내다볼 수 있다." 젊은 세대는 이성, 자유, 과학을 바탕으로 인류를 위한 포용적인 공동체를 건설하고자 하는 전후 세대의 노력을 보았지만, 이와 동시에 그 시도가 실패하는 것 또한 목격했다.

## 세대 간 대치 상황

사회 전반에 걸쳐 갈등은 치유되기는커녕 오히려 심해지고 있다. 재정 자문과 금융시장 접근성에서 불평등이 커지면서 경제적으로 양극화되고 있다. 속된 말로, '가진 자'는 계속 소유를 늘리고 있고 '가지지 못한 자'는 상대적으로 더 큰 불평등 속에 빠져들고 있다. 그 결과 젊은 세대는 진정한 공동체와 공정성, 그리고 정의에 대해 더욱 갈구하고 있다. 이 세대는 경제적, 사회적, 기술적, 도덕적 힘을 동원해 이런 이상을 실현하려 할 것이다. 이런 분열이 계속된다면 세대 간 대치 상황은 위험한 국면으로 빠질 것이다. 새뮤얼 헌팅턴(Samuel P.

Huntington) 저서의 제목처럼 '문명의 충돌'은 빠르게 세대의 충돌로 이어질 것이며, 이는 지속 가능한 경제 성장을 위협하는 가장 큰 요인이 될 것이다.

나는 젊은 세대가 단순히 이성과 과학, 자유에 기반하여 CO를 추진하고자 하는 것이 아니라, 이전 세대가 받아들였던 포스트 계몽주의의 틀을 넘어서려 한다고 생각한다. MZ는 이런 틀이 자신들이 추구하는 공동체를 구성하는 데 실패했다는 사실을 봐왔다. 중요한 점은 이들이 공동체를 추구할 때 영적인 요소를 더하려고 한다는 사실이다. 영성 지능이 높은 이 새로운 세대는 사회와 경제가 영성과 무관하다고 여겨 이를 배제했던 이전 세대와 대조적인 모습을 보인다.

실질적인 공동체를 구축하려고 했던 이전 세대의 시도는 필요한 결속력을 갖추지 못해 실패로 돌아갔다. 다음 세대는 완전히 통합된 세계관을 형성하고자 하며, 그 중심에는 근본적으로 새로운 형태의 공동체가 자리하고 있다. 이는 경제적 동기부여, 창의성, 가치 창출이라는 자본주의의 장점을 통합하면서도 공동체 안에서만 실현되고 발휘될 수 있는 사회적 에너지를 지닌 공동체. 사회적으로 힘을 얻은 자본주의는 시장경제가 생존하기 위한 자본주의의 다음 버전일 수 있다.

MZ세대는 새로운 공동체를 통해 전쟁, 깊은 갈등, 사회적 불안이 여전히 존재하는 현실을 해결하고자 한다. 핵 위협, 도덕적·사회적·정치적 혼란 등 거시적인 문제들도 마찬가지다.

이성주의적 가정에 기초하여 활성화된 공동체를 건설할 수 있다는 꿈은 이미 실패로 돌아갔다.

CO-운명은 베이비붐 세대와 MZ가 협력해 미래를 함께 만들어나가기에 세대의 충돌을 피할 수 있는 길이다. 두 세대 모두 CO-크리에이션의 열매를 통해 통합, 사회적 정의, 인종적 평등을 추구하지만 의견 차이의 뿌리를 이해하고 어떻게 대처해야 하는지에 대한 방법은 아직 찾지 못했다.

공동체는 우리를 둘러싼 세계에서 쉽게 도출된 공동의 목표만으로는 세워질 수 없고, 사람들을 한데 모으고 동기를 부여하는 더 큰 결속력이 필요하다. 이 세대는 새로운 사회 계약의 도래를 예견하고 있으며 재무적인 능력과 동기, 힘과 영향력으로써 공동체가 분열된 근본적인 원인을 해결하고 새로운 공동체로 나아갈 수 있다고 자신하고 있다. 이들은 자신들이 살아가는 사회가 분열되었을 뿐 아니라, 국가와 개인 모두 전례 없는 수준의 부채를 지고 있고 거의 파산 상태임을 깨달았다. MZ세대는 자신들이 이런 부채를 짊어지고 있으며, 집을 사기는커녕 적정한 임대 주택을 찾는 것조차 힘겨워, 부동산 상승 사다리에 오르지 못한다는 사실을 알고 있다. 반면, 이 부채가 불어나게 된 주범인 베이비붐 세대는 자산 인플레이션으로 인한 혜택을 누리고 있다.

이 부채를 줄이기 위해서는 통합되고 사회적으로 힘을 얻은 시장 주도의 목표를 수립해야 한다. 이 목표에서는 이윤 추구와 목적 있는 삶, 그리고 공동의 가치가 상호 배타적이지 않고 시장경제의 씨실과 날실로서 촘촘히 엮여 있어야 한다. MZ세대가 과거 세대에 비해 집을 사기가 왜 그렇게 어려운지를 설명하는 통계를 살펴보자. 지난 50년간 영국의 주택 가격 평균 상승률은 근로자 평균 임금 상승률 대비 두 배의 상승세를 보였다. 이 통계는 소득 대비 자산 가격이 얼마나 빠르게 상승했는지를 보여주는 지표다.

베이비붐 세대의 경각심은 새로운 자본주의를 구축할 때 중요한 기반이 될 것이다. 단순하고 비현실적인 사회적 목표를 앞세워 시장경제에 대해 이념적으로 공격하는 흐름에 맞설 필요가 있다. 이전 세대의 경험을 끌어와 시장이 주도하고 가치를 창출하는 경제가 얼마나 가치 있는 것인지 잊지 않아야 한다.


## 삶과 일의 충돌
——◈——

통계에 따르면 평균적인 노동자는 일생 동안 약 7만 시간을 직장에서 보낸다고 한다. 일터는 인생에서 매우 큰 부분을 차지하지만, 많은 사람이 일에서 진정한 기쁨이나 목적을 찾지 못하고 있다.

사람들은 직장에서 맞닥뜨리는 도전에 부담감을 느끼거

나 반대로 단조로움에 지루함을 느낀다. 상당수가 회사에서 제대로 인정받지 못하고 있다고 생각하고 과로하면서 번아웃된다. "열심히 일하고 열심히 살아야 한다"는 문화 때문에 긴 업무 시간, 적은 휴가, "잠은 죽어서 자면 된다"라는 식의 사고방식을 자랑스럽게 여긴다. 이런 사고는 우리의 우선순위와 목표 설정에 영향을 미친다.

그러므로 만족스러운 삶을 살고자 한다면 개인적인 신념이 어떻든 일에서 목적의식을 찾을 필요가 있다. 서구 사회에서 종교의 영향력이 줄어들면서 목적의 필요성은 더욱 절실해졌다. 목적의 정의가 다소 모호할 수는 있겠지만 목적 없는 조직에서 일하고 싶은 사람은 아무도 없다.

코로나 팬데믹은 재택근무와 직장근무의 충돌을 증폭하고 가속화했다. 그 결과 이런 질문들이 제기되었다. "일은 내게 어떤 의미를 지니며, 내 삶에서 어떤 역할을 하는가?" "일은 단순히 생활을 유지하기 위한 수단에 불과한가? 아니면 더 목적 있고 의미 있는 무엇인가?"

개인의 목적은 그 사람의 인생에서 무엇이 중요한지에 대한 포괄적인 감각이다. 어떤 이는 목적을 일종의 '북극성'처럼 생각하기도 한다. 우리는 목적에 의지해 각자 방향과 의도를 가지고 산다. 목적이 뚜렷하면 자신이 무엇을 위해 기여하고 있으며, 의도한 대로 나아가고 있는지 명확히 인식할 수 있다. 목적을 가지고 살아갈 때, 우리는 본능적으로 매일 아침 깨어

투자세대 대전환

나 에너지와 열정과 동기부여를 받고 세상의 끊임없는 도전에 맞설 준비를 한다.

2022년 7월 13일 맥킨지 조사[1]에 따르면 약 70%가 일을 통해 목적을 찾는다고 답했다. 특히 밀레니얼 세대는 자신이 하는 일을 인생의 소명으로 여기는 경향이 더 크며, 선한 영향력을 행사하려는 기업들과 함께하고자 한다. 일에서 성취감을 찾는 것은 매우 중요하다.

한편 '조용한 퇴사' 트렌드가 점차 확산되고 있다. 이는 MZ세대가 일에 대한 열정을 잃고 그저 매일 정해진 일정을 간신히 해나가는 현상을 가리킨다. 최소한의 업무만 수행하는 것이 직장에서 득을 보는 것이라는 사고방식이다. 그에 따른 결과는 매우 심각하다. 직원들의 무관심과 동기 저하 때문에 생산성이 하락한다. 우리는 반드시 일터에서의 목적 문제를 해결해야 한다. MZ세대에게 "나를 위해 일하라!"라는 말은 통하지 않는다. 그보다는 "나와 함께 일하라!"라는 외침이 이 시대의 정신에 부합한다. 점점 더 많은 노동자가 단순히 월급이 아니라 의미를 찾고 있다.

그렇다면 누가 누구에게 적응해야 할 것인가라는 질문이 남는다. MZ는 자신이 직장에 맞추는 것이 아니라 직장이 자신의 생활 방식에 맞추어야 한다는 인식을 가지고 있다. 연륜과 경험을 갖춘 리더들이 이런 트렌드를 감안해 더 큰 성취감을 원하는 젊은 세대의 욕구를 듣고 함께 해결책을 찾아 나서는 것이 중요하다. 기업에서도 세대 간 갈등 해소는 희망으로 가득 찬 CO-운명을 되살리는 흥미로운 과정이 될 것이다.

## 끝이 없는 게임

직장에서 세대 간 변화에 대해 다루어야 할 또 다른 중요한 요소가 있다. 내가 사회에 첫발을 내디뎠을 때, 직장인의 일생은 보통 다음 4단계를 밟았다. 1단계 학자금 대출 없이 학위 취득 후 안정적으로 취직, 2단계 몇 번의 이직, 3단계 더 나이를 먹으면서 파트타임으로 여러 직장을 전전, 4단계 두둑한 연금을 받고 대출 없이 집 한 채 이상 보유하며 은퇴.

그러나 MZ세대는 이런 경로를 걷지 않는다. 기대 수명이 85세 이상으로 길어진 이 젊은이들의 인생에는 4단계가 아니라 명확히 정의되지 않은 하나의 긴 흐름이 존재한다. 작가이자 사상가인 사이먼 시넥(Simon Sinek)은 이런 현상에 대해 "현세대는 결승선이 없고 기회와 경험이 계속 증가하는 끝없는 게임을 하고 있다. 계획은 사라지고 눈앞에 당면한 선택을 처리하는 것만이 남았다"라고 평했다.

MZ에게 학자금 대출은 수십 년간 부담이 된다. 직업 안정성은 사라졌으며 잦은 이직이 예상된다. 전 세계적으로도 MZ가 집을 소유하는 것은 이루기 힘든 꿈이 되었고, 은퇴는

먼 미래의 일로 베이비붐 시대의 낡은 소망일 뿐 현실이 아니다. 삶의 질과 건강을 지키려면 일과 삶의 균형이 필요하고, 직장에서 이 부분을 고려해야 한다. 여기에는 재교육과 자기계발, 가족과의 시간을 위한 휴가가 포함되어 있다. 많은 기업이 구인 시장에서 경쟁력을 유지하기 위해 노동자들의 변화하는 요구에 적응하고 있다.

젊은 노동자들의 이런 요구를 충족시키면서도 생산성을 저해하지 않도록 나이 많은 고위 임원들이 견고함과 회복력을 새롭게 다져야 할 필요가 있다. 24시간 내내 '항상 연결된' 디지털 환경이 MZ세대에게 어떤 파괴적인 영향력을 미치는지, 나이 많은 우리 세대는 좀 더 이해할 필요가 있다. MZ는 사무실을 주머니 속에 넣고 다니는 세대이므로 번아웃의 위험이 있고, 지속 가능하지 않은 업무 패턴과 생활 리듬을 가지기 쉽다. 이에 대해 경고할 필요성이 있다.

수많은 MZ가 정신건강 문제로 고통받고 있다는 사실은 이 시대의 폐단이다. 원격근무와 팬데믹으로 인한 고립감 해소에 필요한 관계와 공간을 우리 연장자 세대가 제공할 수 있다면, 다음 세대는 좀 더 풍요롭게 성장할 수 있을 것이다.

베이비붐 세대는 자신의 실수와 실패를 공유함으로써, MZ세대가 무서운 속도로 변화하는 사회와 직장에 적응하도록 도와줄 수 있다. 그와 동시에 베이비붐 세대는 MZ세대가 직면하고 있는 경제적 압박을 이해하고 이들의 통찰력을 무시하지 않도록 주의를 기울여야 한다. 이 젊은 세대는 이전 세대가 당연하게 여겼던 혜택을 충분히 누리지 못하는 현실 속에서 고군분투하고 있기 때문이다.

나는 본문에서 빠른 속도로, 점점 더 적대적이고 위협적으로 변모하는 세상에서 연장자 세대와 젊은 세대가 모두 CO를 통해 의미와 목적을 찾을 방법을 살펴보았다. 핵심은 세대끼리 고립되고 트라이벌리즘으로 인해 분열되면서 두 세대 모두 불안과 복잡성이 한층 심해졌다는 것이다.

기술 발전에 힘입어 우리는 전 세계 사람들과 실시간으로 빠르고 정확하게 소통할 능력을 갖추게 되었지만, 이것이 세대 간 가교 역할을 하지는 못했다. 오히려 기술 혁신은 세대 간의 틈을 더욱 벌리는 결과를 낳았다. 기술 발전은 우리가 서로 소통하고 연결되는 방식을 저해했다. 강둑에 흘러넘치는 홍수처럼 기술은 그 어느 때보다 더 넓은 영역을 덮고 있지만, 세대 간에 효과적인 이해와 의사소통의 흐름을 만들어내는 데는 깊이가 부족하다.

MZ세대는 변화를 요구한다. 매일 뉴스에서 이들의 운동을 볼 수 있다. 그레타 툰베리의 기후 변화 운동에서부터 #네버어게인(NeverAgain)*, #블랙라이브스매터에 이르기까지 세계

---

* 네버어게인 운동: 나치가 저지른 유대인 학살 같은 일이 재발되지 않도록 이스라엘을 보호해야 한다는 독일의 사회운동. - 옮긴이

의 젊은이들은 사회적인 대의를 구심점으로 하여 점점 더 연대하고 있다. 많은 나라를 여행하고 전 세계적으로 연결된 MZ세대는 인류가 중대한 세계적 문제에 직면하고 있다는 사실을 인지하고 있으며 이를 해결해야 할 책임감을 느낀다. 이들은 기업에 들어가 점점 더 높은 영향력을 쌓으면서 인류를 위해 많은 기여를 하기를 기대할 것이다.

반면 베이비붐 세대는 과거 경험에 의지해 변화에 저항하려는 성향이 있으며, 변화를 원하는 MZ세대를 도와주는 대신 저지하려고 하는 경우가 많다. 동시에 이들은 젊은 세대가 미숙하고 지식이 짧고, 인내심과 집중력이 부족하며, 경험 많은 어른들에 대한 존경심이 없다고 불평한다.

여러 세대가 어우러진 일터에서 이처럼 서로에 대한 불만이 쌓이면서 업무에 방해가 되고 있다. 세대 간 의사소통 부족과 서로 상충되는 기대 때문에 직장에서 세대 간 갈등이 일어난다. 이는 인재 유출을 초래할 뿐 아니라 세대별 강점을 활용해 혁신을 이룰 기회를 저해한다.

세대 간의 불신과 소외감이 커지면서, 자기 신뢰와 자기 효능감도 떨어지고 있다. 기술의 급격한 발전으로 세상은 완전히 뒤바뀌었고, 그에 따라 베이비붐 세대는 자신이 여전히 의미 있는 존재인지 의문을 갖기 시작했다.

문화적 지형이 끊임없이 변화하는 상황에서, 베이비붐 세대는 세상을 다 가진 듯 자신감 넘치는 젊은 세대가 자기 영역을 침범한다는 위협을 날마다 느낀다. 반면 젊은 세대는 인터넷 3.0에 대한 기대와, 가상화폐와 메타버스의 발전을 비롯한 다른 모든 사회적 상호작용에 대해 확신을 가지고 일을 추진한다. 이들은 기술의 빠른 변화를 놓치지 않고 받아들인다. 디스코드(Discord) 같은 디지털 커뮤니티가 있어 자유, 정의, 이성, 그리고 인간의 경험 전반을 아우르며, 진정한 인류 공동체와 연결을 창출하려고 노력하지만, 비물질적이고 초월적인 차원에는 아직 못 미치고 있다.

## MZ세대의 깊은 불안감

한때 서구 사회의 사상적 바탕 중 하나였던 기독교는 이제 불신의 대상이 되었다. 세속적인 종교가 형성되었고, 자본시장과 현세대의 정신건강에 뿌리 깊은 영향을 미치는 교리가 힘을 얻고 있다. 새로운 예언으로 무장한 이 세대는 자신의 신념을 강화해 주는 새롭고 통합적이며, 가치 중심의 세상을 적극적으로 옹호하고 있다. 현재의 분열이 계속되고 자본주의 생태계가 완전히 파괴되지 않으려면 새로운 자본주의가 태동해야 한다는 방증이다.

지나치게 자신만만하고 연결성을 추구하는 유능한 젊은 세대의 기저에는 유례없는 수준의 불안이 깔려 있다. 도덕적이고 윤리적인 문제에 맞닥뜨리자, 확실하다고 생각했던 것들이 사실상 실패했음이 드러났다. 구글도 알렉사도 답을 주지 못한다면, 어디서 명확한 답을 구할 것인가?

CO-운명을 통해, 우리는 인간적인 방식으로 인류의 미래를 보장하고 시장경제의 활력을 유지할 방법을 찾아낼 수 있다. 이것이 바로 목적의 차이에서 오는 세대 차이를 해결하는 방법이다. 베이비붐 세대의 경험과 시행착오, 그리고 교훈은 다음 세대가 상처 입지 않고도 이들의 지혜와 관점, 이해를 배울 수 있도록 가르쳐준다.

직접 경험이 아니더라도 간접 경험을 통해서도 학습할 수 있다. 시장경제의 생존과 지속 가능한 성장을 차세대에도 이어가기 위해서는, 현재 권력을 쥔 세대의 경험과 떠오르는 세대가 파트너십을 통해 서로의 능력을 조화롭게 조율해 과한 변동성을 피할 수 있어야 한다. 특히 기술 변화의 속도, 미래 경제 전망, 그리고 무엇보다 AI의 빠른 발전이 인류의 공동 이익에 반하지 않도록 조처가 필요한 상황에서 이는 더욱 중요한 문제다.

세대 차이는 발전을 방해하거나, 아니면 변화를 촉진하는 중요한 역할을 할 것이다. 이 세상에는 연장자의 경험과 지식, 그리고 젊은 세대의 에너지와 사회적 책임감이 모두 절실히 필요하다. MZ는 큰 틀에서 사회에 무엇이 중요한지 잘 알고 있지만, 이들의 이상을 현실로 만들기 위해서는 베이비붐 세대와 X세대의 지원이 필요할 것이다.

MZ세대는 베이비붐 세대에게 인공지능이나 SNS 같은 기술 도구를 받아들이고 활용하도록 도울 수 있다. 이런 분야에서는 MZ가 더 많은 경험이 있기 때문이다. 그러므로 두 세대 간에 열린 대화를 계속하고 낯선 아이디어나 시도되지 않았던 새로운 접근 방식을 기꺼이 수용하는 자세가 필요하다.

두 세대 모두 적극적이고 의도적인 경청을 통해 서로에게 겸허한 자세를 가질 수 있다. 특히 자본시장과 관련해서는 더욱 그렇다. 우리가 경청하고 대응하는 자세에 따라 직장에서 일어나는 끔찍한 무신경함을 방지할 수 있다. 기업의 비전과 목적을 효과적으로 명확하고 섬세하게 전달하지 않고서는 자본시장도 존재할 수 없다. 이는 투자자와 시장 등 외부 요소에도 영향을 미치겠지만 내부적으로도 임원의 효율성과 생산성을 높이고, 무엇보다 명확한 의사결정을 하도록 해줄 것이다.

릭 워렌(Rick Warren)이 쓴 『목적이 이끄는 삶(The Purpose Driven Life)』은 "당신만의 문제가 아니다"라는 문장으로 시작된다. 이 말은 새로운 시대의 미래에 중요한 진리다. 두 세대가 함께 목적의 동반자이자 목적을 추진하는 존재로서, 일터에서 서로의 강점을 강화하고 더 큰 목적의식을 확립할 때 혼자서 노력할 때보다 훨씬 더 효율적으로 역량이 강화될 것이다.

이는 직장뿐 아니라 자본주의 생태계의 미래를 평가하는 중요한 결정과도 관련되어 있다. 이 문제가 중요한 이유는 무엇이 실제 현실인지에 대한 정의가 완전히 바뀔 수 있는 변곡점에 인류가 서 있기 때문이다. 이는 우리가 앞으로 내릴 모든 경제적인 판단에 영향을 미칠 것이다.

양자 컴퓨팅, 인공지능, 머신러닝을 바탕으로 실제 세계가 우리 눈앞에서 변화하고 있다. 두 세대는 힘을 합쳐 이 변곡점에서 얻을 수 있는 막대한 이점을 분석하고 추구하는 한편, 위험 요소를 단단히 관찰하고 설명하며 규제해야 한다.

뉴턴이 마무리한 과학혁명만큼이나 중요한 새로운 패러다임 속에서, 우리는 사회의 경제 발전에 참여하는 모든 사람의 에너지와 강점을 모을 필요가 있다. 그러나 인공지능을 기반으로 한 새로운 세계에서 사람들의 협력이 중심에서 주변부로 밀려난다면 어떻게 될까?

## 영성을 찾는 세대

옛날에는 종교가 명확한 지침을 제시하며 자본주의 체제를 올바른 도덕적 선택으로 이끌었고, 기관이 직면하는 문제들에 대해 올바른 행동 방침을 제시했다. 많은 종교가 여전히 이런 역할을 하고 있다.

뒤이은 세대에서는 이성, 즉 삶의 논리가 모든 형태의 현실을 결정한다고 믿었다. 이성적으로 알 수 없고 과학적으로 입증되지 않은 것은 진실이라고 인정받지 못했다. 종교적 신념은 단순한 신앙이 아니라 삶 속에서 실천되어야 했고, 개인의 행동과 태도, 대인관계 등 모든 측면에 영향을 미치며 삶을 이끌어야 했다. 현대 자본주의는 종교만큼이나 깊은 영향을 주며 사람들을 형성해 왔다.

이후 세대도 여전히 이성과 논리, 데이터를 모든 현실과 도덕적 판단의 궁극적 기준으로 삼았다. 과학적으로 알 수 없고 실증적으로 입증되지 않은 것은 유효하거나 신뢰할 수 없다고 여겨졌다. 현대 자본주의는 고집스러운 업무 윤리를 채택하며 개개인을 지목해 칭찬하거나 비난했고, 다른 사람들과 경쟁적인 관계를 형성하도록 몰아갔다. 경제적인 성공과 실패는 개인의 책임이며, 한 사람의 정체성은 경제적인 승리와 패배로 국한되었다. 이토록 치열한 개인주의적 상황에서 성공과 실패는 경쟁적인 투쟁의 결과다. 즉, 다른 사람을 '상대로' 성공하거나 실패할 수는 있지만 다른 사람과 '더불어' 성공하거나 실패할 수는 없었다.

이전 세대는 물질적이지 않은 가정이나 진리를 깨달았다고 주장하는 개인이나 기관을 노골적으로 거부했다. 이들은 자신의 신념을 확고하게 고수하고 타협할 여지를 두지 않았다. 그렇다면 이들이 추구했던, 순전히 과학적이고 이성적인 접근이 과연 제대로 기능했는가 하는 질문은 피할 수 없다.

반면 지금 세대는 삶의 모든 면에서 즉시 적용하고 통합할 수 있는 진정한 영성을 찾고 발견하고자 진지하게 추구한다. 이들은 일상적인 규범을 초월하는 가치를 직관적으로 중시하고, 공감을 몸소 실천하며, 다른 사람들에게 필사적으로 자신을 표현하려고 하는 세대다.

《이코노미스트》 편집장을 역임한 작가 존 미클스웨이트(John Micklethwait)는 저서 『다시 돌아온 신(God is Back)』에서 "최근의 세상은 세속화되고 있지 않다. 오히려 거리와 권력의 회랑에서 종교가 부활하고 있다"라고 언급했다.

회의적인 태도를 취하고 다른 사람들에게 자신의 믿음과 깊은 감정적 필요를 공유하지 않았던 이전 세대 사람들에겐 여전히 극복해야 할 높은 장벽이 남아 있다. 자신의 약한 모습을 드러내 보이는 것이 이들에게는 어려운 일이다. 감정지능은 여전히 지적 능력과 객관적 이성이라는 우월한 특성을 보완하는 부차적 요소로 치부된다.

그러나 이런 사고방식은 수십 년간 문화적으로 억눌려 왔던 MZ세대가 부상하면서 도전을 받고 있다. 상담사와 정신건강 의료서비스의 이용 증가 추세는 정신건강 문제에 대한 사회적 낙인이 줄어들었음을 보여준다. 전체적인 정신건강 문제를 더욱 잘 인식하고 수용함에 따라 심리적인 문제나 직장에서 스트레스와 감정을 관리하는 방법에 대한 공개 논의가 더 활발해지기를 기대한다.

사람은 고정관념을 무비판적으로 수용하고 주어진 역할

을 그저 수행하는 인형이 아니라는 인식이 확산되면서, 성취를 향한 감정적, 영적 갈망이 표출되고 있다. 새로운 세대는 사람의 행복이 무엇인지에 대한 전체론적인 관점을 바탕으로 목적을 실현할 사회 규범을 재정의하고 재정립하려고 한다. 이는 심리상담사가 한몫 챙길 기회도, 산업 전반에 걸쳐 학습된 무기력을 조장하는 기회도 아니다. 오히려 예전 세대에게는 없었던 복잡성과 불확실성에 대처할 회복력을 찾을 기회다. 이런 토대 위에서 사회적으로 힘을 얻은 자본주의가 세워질 것이다.

전 세계와 연결되는 장치를 주머니에 넣고 다니며, 화면을 넘기기만 해도 새로운 관계를 맺을 수 있는 이 시대, 충충이 쌓인 복잡함과 불안감의 수준은 사회의 모든 측면에 더욱 깊고 넓게 스며들 것이다. 단기적으로는 목적의 부재로 인한 충족감 상실을 덮어버릴 수 있겠지만, 장기적으로 계속 가릴 수는 없다. 베이비붐 세대는 가벼운 이슈라고 생각해 과거의 사회적 담론에서 거론되지 않았던 문제들을 재검토할 필요가 있다. 이는 MZ세대가 일하고 돈과 에너지를 투입하는 방법에 가시적인 영향을 미칠 것이다.

베이비붐 세대가 자신의 취약한 부분을 진지하게 드러내기 주저하는 이유 중 하나는, 엄격하지 못하고 비합리적인 이런 행위로 인해 자신이 금융시장에서 탈락될 수 있다는 뿌리 깊은 회의주의 때문이다. 그러나 이런 관점은 완전한 삶을 추

투자세대 대전환

구하는 MZ세대의 바람을 간과한 것이다. 완전한 삶의 경험은 이성적 분석의 대안이 아니라, 젊은 세대의 감정적, 영적인 필요를 채워주는 보완적 활동이다. 이 세대에게 회복력과 정신적 자원을 강화해 준다면, 그들은 부담을 이겨내고 합리적인 재정적 판단을 내릴 인재가 되어 기업과 조직에 큰 이익이 될 것이다.

## 훼손된 관계의 회복

내 견해로는 글로벌 금융위기 당시 가장 큰 패착은 인간을 분리된 기능 단위로 나눌 수 있다는 생각이었다. 회사 임원들은 주중에는 죽도록 일하고, 주말에만 부모 노릇을 할 수 있는 존재로 여겨졌다. 사람을 원자화할 수 있다고 생각하면서 온전한 존재가 될 가능성이 훼손되었고, 한 개인의 삶과 직장에서 수행하는 역할이 분리되었다. 그 결과 사무실 밖 개인의 가치나 윤리적 입장과는 별개로, 재정적 리스크가 없고 탐욕에 대한 억제나 규제만 없다면 자신은 무조건 성공한다는 잘못된 믿음이 만연해졌다.

자본주의 경제의 근간이 되는 일터에서 자신이 단순히 돈만 다루는 노동자가 아니라 업무상 역할과 도덕적 책임을 진 재무적, 도덕적, 윤리적 존재라는 사실을 자각할 때 비로소 개인의 삶의 목적이 달성될 수 있다고 나는 생각한다. 글로벌 금융위기가 발생한 원인은 인간을 구성하는 세 가지 요소, 즉 재무적, 도덕적, 윤리적 정체성 중 재무적 판단만을 사용했기 때문이다. 이로 인해 베이비붐 세대는 MZ의 신뢰를 잃었고, 목적 있는 삶의 근간인 신뢰 관계가 깨졌다. 세대 간의 관계는 항상 신뢰의 속도에 맞추어 발전한다.

CO-목적을 부여해 회의적인 냉소주의를 완화하고 전체적인 삶의 경험을 찾는 미래 세대가 숨 쉴 공간을 만들어준다면 공포의 근원은 사그라들고, 생태계 전체가 무너지는 일을 막을 수 있을 것이다. 개인의 인격과 직업적 역할을 통합함으로써 서로 다른 세대에 속한 사람들이 함께 탐구하고, 분석하고, 격려하고, 코칭하고, 서로를 바로잡아 나갈 것이다. 자본주의 체계가 앞으로도 유지되기 위해서는 이런 상호 보완성은 필수 불가결하다.

새로운 세대는 예전 세대의 사고방식을 탈피하면서도 진정성 있고 참된 공동체를 원한다. 이들은 예전 세대가 가졌던 합리주의적인 토대뿐 아니라 이성과 정의, 자유에 기초하여 CO를 형성하고자 한다. 예전 세대가 추구해 온 틀은 이들이 구축하고 그 일부가 되기를 원했던 공동체를 만들어내지 못했다.

다음 세대는 서로 다른 공동체를 품는 하나로 통합된 세계관을 형성하고자 한다. 하지만 이들은 과거의 교회 같은 이

투자세대 대전환

상과 선험적인 경험을 갖추지 못해 목적과 이윤을 동시에 추구하는 공동체를 만들지 못하고 있다. 이런 공동체는 동기부여를 줄 수 있는 경제적 이익을 창출하며, 가치 창출 경제에서 이윤을 창출하는 자유와 함께 공동체 안에서만 실현할 수 있는 사회적인 에너지도 내포한다. 인공지능은 이런 실존적인 갈망을 채워줄 수 없다. 변화는 선택이 아니라 불가피한 현상임이 극명하게 드러난 세계에서 파트너십을 세우기 위해서는, 사회적으로 힘을 얻은 목표를 설정할 필요가 있다.

우리는 우리를 둘러싼 단절된 현실에서 벗어나고자 하는 새로운 패러다임을 구축하면서 격려받고 힘을 얻어야 한다. CO-목적은 미래를 재구상하고 인류에게 다시 희망을 부여할 것이며, 서로 다른 세대가 경험한 좋은 점들을 인정하고, 수십 년 전에는 상상하기도 힘들었던 새로운 현실을 만들어나가며 함께 학습하고 협력하는 길로 나아가도록 해줄 것이다.

## 타협할 수 없는 가치

세대 간 협력은 자본주의를 위기에서 구해내는 열쇠다. 지금 자본주의는 심각한 위기에 직면하고 있다. 전 세계적으로 다음 세대가 국가 주도의 성장 전략이나 시장경제에 큰 정부 정책을 받아들여야 다음 단계에서 최상의 자본주의 체제를 이룩할 수 있을 것이라는 시각이 있다. 큰 정부로 회귀해야 한다는 이런 생각은 매우 위험하며, 코로나 팬데믹 상황에서 사실상 모든 국가에서 나타난 것처럼 무능한 관리 능력과 부정부패라는 대가를 치르게 될 것이다. 그러므로 베이비붐 세대에게는 자유가 위기에 처했다는 사실을 MZ세대에게 설득할 책무가 있다.

자유를 지키기 위해서는 경계를 게을리하지 않아야 한다. 정부가 추진하는 모호한 목표로는 자본주의에 필요한 변화를 이루어낼 수 없다. 자신의 이윤을 추구하는 시장경제의 목표가 공동선으로 이어진다는 점도 한편으로는 사실이지만, 정부 주도보다는 역동적인 인센티브나 가치 기반으로 이루어지는 것이 훨씬 바람직하다. 이상주의적인 사람들이 상상 속에서 믿고 있는 정부에 대한 의존은 지양해야 한다. 중앙정부의 권위는 국민의, 국민에 의한, 국민을 위하여 잠시 빌려온 것이라는 사실을 상기할 필요가 있다.

사회가 처한 여러 도전을 감안하면, 지금은 정부가 앞으로 해야 할 역할과 시장경제에 대한 개입에 대해 서로 다른 세대가 진지하게 논의해야 할 시점이다. 인센티브를 기반으로 한 시장경제가 무너지는 것을 막는 것이 일차 목표다. 자본주의는 필요한 변화에 효과적으로 대응하기에 충분히 유연하고, 가치를 창출하고, 자유를 수호하며, 선택의 자유를 보호하고, 개인과 공동체 기반의 자선 활동을 지지하는 체제다. 앞서 나열한 가치들은 민주적이면서도 책임 있는 정부가 가장 중점적으로 수호해야 할 자유이며, 정부의 권위는 부여받은 권리가 아니라 국민에게 다시 돌려주어야 하는 책무라는 사실을 인지해야 한다.

너무 늦기 전에 우리는 예전 세대가 자유를 위해 어떤 대가를 치렀는지 계속 상기해야 한다. 한 세대가 아무리 경제적인 번영을 원할지라도 공공의 선을 대가로 치러서는 안 된다. 서로 다른 세대가 힘을 합치는 CO를 인식하기 위해서는 세대 간 대화가 가장 중요할 것이며, 이는 지속 가능하고 풍요로운 미래를 가져오는 원동력이다.

MZ세대가 주도하고 베이비붐 세대가 협력하는 사회적 힘을 얻은 자본주의는 인류의 얼굴을 변화시킬 것이다.

지금은 그 어느 때보다도 서로의 필요, 문제점, 관점, 강점, 약점, 시각, 심지어 두려움까지 이해해야 할 때다. 이것이 세대 간 협력의 힘을 키우고 희망적인 CO-운명을 구현하는 열쇠가 될 것이다. 세대의 충돌은 세대의 CO로 대체될 것이다. 그리고 현재의 자본주의 시스템은 CO의 반석 위에서 새롭고, 역동적이고, 지속 가능하며, 사회적으로 힘을 얻은 시스템으로 발전해 인류 전체에게 그동안 듣도 보도 못한 풍요와 생산성으로 우리를 이끌 것이다.

## 들어가는 말: 100조 달러 넘는 자산이 MZ세대로 상속되고 있다

1  https://www.cerulli.com/press-releases/cerulli-anticipates-84-trillion-in-wealth-transfers-through-2045

2  https://www.barclays.co.uk/smart-investor/news-and-research/#ref1

3  https://www.thetimes.com/article/how-house-prices-made-britain-an-inheritocracy-75gl7mnfv

4  https://www.allianz-trade.com/en_global/news-insights/economic-insights/the-world-is-moving-east-fast.html

5  Ibid.

6  https://www.unfpa.org/sites/default/files/pub-pdf/EN-SWOP14-Report_FINAL-web.pdf

7  https://www.hsbc.com/news-and-views/views/hsbc-views/seven-steps-to-tackle-a-usd50-trillion-challenge

8  https://eciu.net/analysis/briefings/net-zero/net-zero-economy-and-jobs#:~:text=A%20net%20zero%20economy&text=Economies%20do%20not%20stand%20still,the%20economy%20will%20be%20reduced

9  https://www.cnbc.com/2022/05/03/money-decisions-by-women-will-shape-the-future-for-the-united-states.html#:~:text=Today%2C%20women%20control%20more%20than,the%20end%20of%20the%20decade

10 https://www.mckinsey.com/industries/financial-services/our-insights/women-as-the-next-wave-of-growth-in-us-wealth-management

11 https://www.thetimes.com/article/we-are-a-nation-divided-as-never-before-by-age-5j50d9qpt

12 https://www.statista.com/statistics/367796/uk-median-age-by-region/

13 https://www.thetimes.com/article/we-are-a-nation-divided-as-never-before-by-age-5j50d9qpt

14 https://www.bbc.com/news/uk-63857329

## 제1장 | 팽팽한 세대 간 긴장

1 https://www.forbes.com/sites/chriswestfall/2022/01/19/no-one-wants-to-workthe-why-behind-the-great-resignation/?sh=748c3c0b72d7

2 https://twitter.com/paulisci/status/1549527748950892544

3 https://investors.fiverr.com/news-releases/news-release-details/fiverr-announces-fourth-quarter-and-full-year-2021-results

4 《타임》 2020년 2월호

5 https://theconversation.com/london-2012-olympics-how-it-boosted-medal-winning-but-failed-to-inspire-a-generation-187383

6 https://www-jstor-org.lonlib.idm.oclc.org/stable/pdf/591659.pdf

7 https://www.theatlantic.com/family/archive/2021/10/millennials-gen-z-boomers-generations-are-fake/620390/

8  http://www.stat.columbia.edu/~gelman/research/unpublished/cohort_voting_20191017.pdf

9  《타임》2020년 2월호, p.44.

10  https://eu.usatoday.com/story/money/2020/06/12/how-many-people-were-born-the-year-you-were-born/111928356/

11  https://www.ft.com/content/7892b5bd-610b-4bfe-bd91-9f252e3850ba

12  1979~1987년 미 연방준비제도 의장을 지낸 폴 볼커는 높은 수준의 인플레이션을 종식시킨 공로를 인정받았다.

13  https://www.entrepreneur.com/money-finance/3-ways-to-prepare-yourself-for-the-great-wealth-transfer/434715

14  https://thetimes.co.uk/article/cancel-culture-young-people-aren-t-intolerant-olivia-petter-pxwb6536s

15  Ibid.

16  https://www.brookings.edu/research/lessons-from-the-end-of-free-colW-lege-in-england/

17  https://www.cfr.org/backgrounder/us-student-loan-debt-trends-economic-impact

18  https://www.globest.com/2022/04/26/the-share-of-millennials-owning-homes-is-dwindling/?slreturn=20220921105702

19  https://www.thetimes.com/article/we-are-a-nation-divided-as-never-before-by-age-5j50d9qpt

20  https://www.generationrent.org/about_renting

21  https://www.theguardian.com/money/2022/aug/06/quiet-quitting-

why-doing-the-bare-minimum-at-work-has-gone-global

22 https://www.gallup.com/workplace/349484/state-of-the-global-work/-place-2022-report.aspx

23 https://www.thetimes.co.uk/article/how-america-is-alienating-us-from-europe-r3g6xgcm6?shareToken=4780e4f3f8b61c8edb7e9e8447 2677b0

24 Ibid.

25 https://www.nytimes.com/2022/10/21/world/europe/marlene-engelhorn-wealth-tax.html

26 Ibid.

27 Ibid.

## 제2장 | 자본주의의 위기

1  https://unherd.com/2022/07/how-we-became-the-dropout-society/

2  Yuval Noah Harari, *Sapiens*, Harper Perennial, p. 275.

3  https://www.independent.co.uk/news/science/apollo-11-moon-landing-mobile-phones-smartphone-iphone-a8988351.html

4  https://www.cityam.com/worlds-smes-will-need-as-much-as-50-trillion-to-make-net-zero-says-hsbc-and-bcg-report

5  https://www.wsj.com/articles/melvin-plotkin-gamestop-losses-memestock-11643381321

6  https://x.com/mtballensweig/status/1591319274307850241?s=20&t=OgQWVoe413GfoUtUBNrGKw&mx=2

7  https://www.coingecko.com/en/global-charts#:~:text=The%20

global%20cryptocurrency%20market%20cap,a%20Bitcoin%20
domiW-nance%20of%2036.91%25

8 https://www.forbes.com/sites/stevenehrlich/2022/12/13/
exclusive-transcript-the-full-testimony-sbf-planned-to-give-to-
congress/?sh=456a68223c47

9 https://edition.cnn.com/audio/podcasts/one-thing/episodes/312ab652-
ed99-407d-8768-af6d0141cdfb

10 https://nymag.com/intelligencer/article/sam-bankman-fried-ftx-
bankW-ruptcy-what-happened.html

11 https://nymag.com/intelligencer/article/sam-bankman-fried-ftx-
bankruptcy-what-happened.html

12 https://www.cnbc.com/2022/11/11/ftx-ceo-sam-bankman-fried-
lost-billionaire-status-filed-bankruptcy.html

13 https://www.reuters.com/technology/goldman-sachs-hunt-bargain-
crypto-firms-after-ftx-fiasco-2022-12-06/

14 https://www.spectator.co.uk/article/like-it-or-not-cryptocurrency-
is-here-to-stay

15 Ibid.

16 https://tech.eu/2022/07/25/despite-market-worries-peter-thiel-
backed-shares-nabs-40-million-for-its-social-investing-app/

17 Ibid.

18 https://www.ftadviser.com/regulation/2022/11/21/fca-warns-
against-gamification/

19 https://time.com/6095560/china-common-prosperity/

20 https://www.reuters.com/world/china/chinas-push-common-prosperity-does-not-mean-killing-rich-official-2021-08-26/

21 https://www.lse.ac.uk/ideas/Assets/Documents/updates/LSEIdeas-Decoding-Chinas-Common-Prosperity-Drive.pdf

22 https://www.quantinuum.com/about

23 https://crypto.com/research/2021-crypto-market-sizing-report-2022-forecast

## 제3장 | 기술이 불러온 세대 균열

1 https://www.marcprensky.com/writing/Prensky%20-%20Digital%20Natives,%20Digital%20Immigrants%20-%20Part1.pdf

2 https://www.youtube.com/watch?v=EuWUjLocHrI

3 https://millennialjournal.com/2020/10/05/pope-francis-on-the-problem-with-social-media-and-digital-relationships/

## 제4장 | 개인주의에 대한 도전

1 https://www.highsnobiety.com/p/social-media-narcissism/

2 https://www.vogue.com.au/culture/features/admit-it-you-love-yourself-when-did-we-become-so-selfobsessed/news-story/7a199fa21a172ecd0579d55534413f58

3 https://www.mentalhealth.org.uk/our-work/public-engagement/unlock-loneliness/loneliness-young-people-research-briefing

4 https://quarterly.gospelinlife.com/a-biblical-critique-of-secular-justice-and-critical-theory/

## 제5장 | 진리가 사라진 시대

1 https://www.edelman.com/trust/2022-trust-barometer?utm_source=substack&utm_medium=email

2 https://unherd.com/thepost/kathleen-stock-wins-free-speech-debate-at-cambridge/

3 https://www2.deloitte.com/content/dam/Deloitte/es/Documents/human-capital/Deloitte-ES-HC-Millennial-Survey-2019.pdf

4 https://www.edelman.com/trust/2022-trust-barometer?utm_source=substack&utm_medium=email

5 https://www.the-tls.co.uk/articles/cynical-theories-helen-pluckrose-james-lindsay-book-review/

## 제6장 | 세대 협력에 이르는 구체적인 해법

1 https://www.thetimes.co.uk/article/the-young-are-in-desperate-need-of-optimism-btwf0kj2t

## 제7장 | CO-리더십: 사이버 시대, 누가 위대한 리더인가?

1 https://www.edelman.com/sites/g/files/aatuss191/files/2022-01/Trust%2022_Top10.pdf

2 https://www.eff.org/cyberspace-independence

3 Foroohar, R., *Don't Be Evil*, p. 3.

4 https://www.theguardian.com/society/2019/dec/17/decade-of-perpetual-crisis-2010s-disrupted-everything-but-resolved-nothing

5 https://www.theatlantic.com/ideas/archive/2020/08/22-year-old-

blogger-behind-protests-belarus/615526/?

## 제8장 | CO-워킹: 대퇴사의 시대, 주목할 변화

1 https://wiki.coworking.org/w/page/35382594/Coworking%20
Manifes%5C-to%20

2 https://www.ncci.com/SecureDocuments/QEB/QEB_Q4_2020_
RemoteWork.html

3 https://www.ons.gov.uk/employmentandlabourmarket/
peopleinwork/employmentandemployeetypes/articles/
ishybridworkingheretostay/2022-05-23#:~:text=More%20than%20
three%2Dquarters%20(78,had%20fewer%20distractions%20
(53%25)

4 https://www.thetimes.co.uk/article/work-from-home-trend-has-
peaked-linkedin-survey-finds-8s5jv70bq

5 https://www.bbc.co.uk/news/business-62908411

6 Ibid.

7 https://www.weforum.org/agenda/2022/06/the-great-resignation-
is-not-over/

8 https://www.forbes.com/sites/davidsturt/2016/01/13/true-or-false-
employees-today-only-stay-one-or-two-years/?sh=43a1f0c6b4c7

9 https://fii-institute.org/conference/fii-6/

10 https://www.archbishopofcanterbury.org/priorities/reconciliation/
difference-course

11 https://hbr.org/2021/03/are-you-really-listening.

12 https://www.theatlantic.com/education/archive/2019/02/the-explosion-of-women-teachers/582622/

13 https://www.ethnicity-facts-figures.service.gov.uk/workforce-and-business/workforce-diversity/school-teacher-workforce/latest/

14 https://www.buffalo.edu/catt/develop/theory/constructivism.html

15 https://edtheory.blogspot.com/2019/11/generational-differences-and-its-impact.html

16 https://www.purewow.com/family/gen-x-characteristics

## 제9장 | CO-공감: 임팩트 투자부터 윤리적 투자까지

1 http://www.thetimes.co.uk/article/christian-beliefs-have-lost-their-social-cachet-w59n6lgd5

## 제10장 | CO-크리에이션: 위계질서와 상명하달의 종식

1 https://www.forbes.com/sites/benjaminlaker/2022/07/12/co-creation-a-powerful-tool-for-organizations-looking-to-become-more-innovative/?sh=6cd083e4579d

2 Ibid.

3 https://www.mckinsey.com/capabilities/people-and-organizational-perW-formance/our-insights/the-search-for-purpose-at-work

4 https://www.bcorporation.net/en-us/movement

5 https://fortune.com/fortune500/

6 https://www.nytimes.com/2021/06/09/business/exxon-mobil-engine-no1-activist.html

7 https://www.wsj.com/articles/the-hedge-fund-manager-who-did-battle-with-exxonand-won-11623470420

8 https://www.unily.com/insights/blogs/unily-and-yougov-find-employees-could-hold-the-key-to-a-strong-comeback-from-covid-19

## 맺음말을 대신하며: 세대 대통합을 위한 제언

1 https://www.mckinsey.com/capabilities/people-and-organizational-perW-formance/our-insights/the-great-attrition-is-making-hiring-harder-are-you-searching-the-right-talent-pools.

# 투자세대 대전환

초판 1쇄 발행 2025년 2월 25일

| | |
|---|---|
| 지은이 | 켄 코스타 |
| 옮긴이 | 이선애 |
| 편집 | 오경희 |
| 디자인 | 이재호 |

| | |
|---|---|
| 펴낸이 | 이경민 |
| 펴낸곳 | ㈜동아엠앤비 |
| 출판등록 | 2014년 3월 28일(제25100-2014-000025호) |
| 주소 | (03972) 서울특별시 마포구 월드컵북로22길 21, 2층 |
| 홈페이지 | www.dongamnb.com |
| 전화 | (편집) 02-392-6901  (마케팅) 02-392-6900 |
| 팩스 | 02-392-6902 |
| SNS | 📘 📷 blog |
| 전자우편 | damnb0401@naver.com |

| | |
|---|---|
| ISBN | 979-11-6363-941-1 (03320) |